# Warum wir Hunde lieben,
# Schweine essen
# und Kühe anziehen

Melanie Joy

# WARUM WIR HUNDE LIEBEN, SCHWEINE ESSEN UND KÜHE ANZIEHEN

## Eine Einführung in den Karnismus

*Aus dem amerikanischen Englisch von*
*Achim Stammberger und Benedikt Zopes*

*In genderneutralerer Schreibweise überarbeitet von*
*Simon Kneip und Benedikt Zopes*

**Melanie Joy** hat in Harvard Psychologie studiert und an der Saybrook University promoviert. Ihr Forschungsgebiet umfasst vor allem die Psychologie des Essens von Tieren und den sozialen Wandel. Sie ist weithin als Vordenkerin und vor allem für ihre Pionierarbeit bei der Entwicklung ihrer Theorie des Karnismus anerkannt. Joy ist preisgekrönte Autorin von sechs Büchern und eine international anerkannte Rednerin und Coachin, die ihre Arbeit und Thesen in mehr als fünfzig Ländern auf sechs Kontinenten vorgestellt hat.

Diese Ausgabe wurde zuerst 2020 von Red Wheel veröffentlicht,
einem Imprint von Red Wheel/Weiser, llc.


1. Auflage November 2022
ISBN 978-3-95575-175-3

Gestaltung und Satz: Oliver Schmitt
Druck und Bindung: CPI Books GmbH, Leck

Ventil Verlag, Boppstraße 25, 55118 Mainz
www.ventil-verlag.de

# INHALT

*Für alle, die Zeug:innen sind.*
*Eure Augen weisen uns den Weg.*

# VORWORT ZUR ZEHNJÄHRIGEN JUBILÄUMSAUSGABE

von Yuval Noah Harari

Gäbe es einen olympischen Wettbewerb, um herauszufinden, wer das unglücklichste Lebewesen auf der Erde ist, gäbe es wahrscheinlich drei Kandidaten für die Goldmedaille: die Kühe, Hühner und Schweine, die wir züchten, um unsere Gelüste und Bedürfnisse zu befriedigen. Warum haben diese Tiere ein so schreckliches Leben?

Es mag zunächst den Anschein haben, dass domestizierte Tiere gute Leben führen, vor allem wenn man sie mit denen von Wildtieren vergleicht. Man denke zum Beispiel an eine Kuh in einem Milchbetrieb und an ein Zebra in der afrikanischen Savanne. Das Zebra verbringt seinen ganzen Tag damit, nach Nahrung und Wasser zu suchen, und manchmal findet es weder das eine noch das andere. Es befindet sich in ständiger Gefahr: durch Raubtiere, Krankheiten und Naturunglücke wie Fluten und Dürre. Eine domestizierte Kuh hingegen scheint die ständige Fürsorge der Bäuer:innen zu genießen, die sie mit Nahrung, Impfstoffen und Medikamenten versorgen und sie vor Raubtieren und Naturkatastrophen schützen. Doch anders, als viele von uns zu glauben gelernt haben, leben Nutztiere unter Bedingungen, die wir vermutlich verwerflich fänden, wären es Hunde oder Katzen, die so leben müssten – und trotzdem landen diese Individuen früher oder später im Schlachthof. Selbst dort, wo die körperlichen Grundbedürfnisse von Nutztieren erfüllt werden, ignoriert man ihre sozialen und emotionalen Bedürfnisse. Moderne Agrikultur behandelt diese Tiere wie Maschinen zur Produktion von Milch, Fleisch und Eiern, und nicht wie Lebewesen mit einem reichen Innenleben voller Gefühle und Empfindungen.

Wollen wir die Gefühlswelten von Nutztieren verstehen, dürfen wir unseren Blick nicht nur auf die Lebensbedingungen richten, mit denen sie in den Industriegesellschaften des 21. Jahrhunderts konfrontiert sind, sondern müssen unsere Perspektive auch um die Lebensbedingungen ihrer Vorfahren vor Tausenden und Millionen Jahren erweitern. Geschichtliche Wurzeln zu untersuchen, um modernes Leben besser zu verstehen, fällt in das wissenschaftliche Fachgebiet der evolutionären Psychologie. Und deren Erkenntnisse sind für alle Tiere relevant – für Kühe, Hühner und auch für Menschen. Nehmen wir etwa unsere Vorliebe für süßes und fettiges Essen. Im 21. Jahrhundert hat diese Leidenschaft keinen Zweck mehr. Im Gegenteil: Sie ist destruktiv. Heutzutage führen Fettleibigkeit und Diabetes zu mehr Todesopfern als Hunger, Kriege und Terrorismus zusammen. Für eine durchschnittliche Person ist die Wahrscheinlichkeit viel größer, sich zu oft bei McDonald's zu überfressen und daran zu sterben, als bei einem Anschlag von al-Qaida umzukommen. Warum also tun wir uns das an?

Weil unsere Gefühlswelten nicht auf die heutige Industriegesellschaft gemünzt sind, sondern auf die Leben unserer Vorfahren vor Zehntausenden Jahren in der afrikanischen Savanne. Vor 50.000 Jahren lief eine meiner Vorfahrinnen durch die afrikanische Savanne und stieß auf einen Baum voller reifer, süßer Früchte.

Unter diesen Umständen war es die richtige Reaktion, so viele Früchte wie möglich zu verspeisen, und zwar so schnell es geht, bevor stattdessen die Paviane aus dem benachbarten Rudel alle Früchte finden und auffressen. Hätte meine Vorfahrin eine seltene genetische Mutation in sich getragen, durch die sie keinen Geschmack an süßer und fettreicher Nahrung fände, hätte sie wahrscheinlich nicht überlebt. Öffne ich heutzutage die Tür meines Kühlschranks und erblicke einen Schokoladenkuchen, ist meiner DNA und den Neuronen in meinem Gehirn nicht klar, dass ich im 21. Jahrhundert lebe. Sie denken, dass ich mich immer noch in der afrikanischen Savanne befinde, also werde ich ein starkes Bedürfnis verspüren, den Kuchen zu essen.

Das Gleiche gilt auch für andere Tiere. Man nehme etwa Hundewelpen und ihr Bedürfnis zu spielen. Warum spielen sie so gerne? Weil ihre Vorfahren, Wölfe, vor vielen tausend Jahren auf Spiele angewiesen waren, um zu überleben. Wölfe sind soziale Tiere. Sie können weder überleben noch sich fortpflanzen, ohne mit anderen Wölfen zusammenzuarbeiten. Junge Wölfe lernen die Spielregeln dieser Zusammenarbeit, indem sie Spiele spielen. Verspürte ein Wolfwelpe aufgrund einer seltenen genetischen Mutation keinen Drang zu spielen in sich, bedeutete das seinen Tod.

Was passiert, wenn wir heute einen kleinen Welpen nehmen, in einen Käfig sperren, ihm Wasser, Futter und Medizin geben und, wenn er die Pubertät erreicht hat, eine läufige Hündin mit seinem Samen schwängern? Dieser Welpe muss nicht mehr spielen, um zu überleben. Trotzdem wird er einen starken Drang zu spielen verspüren. Darum wird er, obwohl es ihm weder an Futter noch an Obhut fehlt, sehr unglücklich sein. Das liegt daran, dass seine emotionalen Bedürfnisse nicht seinen gegenwärtigen Zustand reflektieren, sondern den Einfluss eines früheren Entwicklungsprozesses.

Das gilt natürlich auch für Nutztiere. Selbst dann, wenn Bäuer:innen ihren Kühen und Hühnern genug Futter, Wasser, Medizin und Schutz geben, werden deren emotionale und soziale Bedürfnisse ignoriert, weswegen diese Tiere intensives Leid durchstehen müssen.

Natürlich können wir uns die schwierige Frage stellen, ob es richtig ist, Tieren Emotionen und soziale Bedürfnisse zuzuschreiben. Machen wir uns dann nicht der Vermenschlichung von Tieren schuldig, so wie ein kleiner Junge, der gegen einen Tisch rennt, und dann glaubt, der Tisch habe ihm absichtlich wehgetan, als habe er Gefühle und Absichten, so wie es Menschen tun? Nach dem besten Wissen und Gewissen von Wissenschaftler:innen handelt es sich hier allerdings keineswegs um Vermenschlichung.

Emotionen sind keine spirituelle Eigenschaft, die Gott nur Menschen gegeben hat, damit sie Gedichte schreiben und Gefallen an Musik finden können. Emotionen sind biochemische Mechanismen, die sich durch natürliche Ausleseverfahren entwickelt haben, damit Tiere besser in der Lage sind, sich den Problemen zu stellen, denen sie täglich gegenüberstehen. So haben sie eine bessere Chance zu überleben und sich zu vermehren. Nach unserem besten Wissen haben Säugetiere und Vögel und zumindest einige Reptilien und Fische Gefühle. Also betrachte ich eine Kuh, der ich Gefühle zuspreche, nicht als menschliches Wesen. Ich betrachte sie als ein Säugetier. Und das ist auch gut so, denn schließlich *ist* sie ein Säugetier.

Was bedeutet es, wenn Emotionen biochemische Mechanismen sind, die dem Lösen von Problemen dienen? Man nehme folgendes Beispiel: Ein Pavian sieht Bananen an einem Baum hängen, bemerkt aber einen Löwen in Nähe dieses Baumes. Sollte der Affe versuchen, an die Bananen heranzukommen und riskieren, von dem Löwen gefressen zu werden? Im Prinzip handelt es sich hier um ein mathematisches Problem, bei dem es darum geht, Wahrscheinlichkeiten zu berechnen. Ist es wahrscheinlicher, dass der Affe verhungern wird, wenn er diese Bananen nicht isst, oder ist es wahrscheinlicher, dass er beim Versuch, an die Bananen zu gelangen, als Löwenfutter enden wird?

Um dieses Problem zu lösen, muss der Affe viele Variablen berücksichtigen: Wie groß ist die Distanz zwischen mir und den Bananen? Wie groß die zwischen den Bananen und dem Löwen? Wie schnell kann der Affe laufen? Wie schnell der Löwe?

Ist der Löwe satt und schläfrig, oder ist er hungrig und wach? Drei kleine, grüne Bananen sind eine ganz andere Geschichte als zehn große, reife Bananen. Doch diese externen Variablen allein reichen nicht aus. Um eine wahrhaft weise Entscheidung zu treffen, muss der Affe auch seinen inneren Zustand berücksichtigen. Wie hoch ist sein aktuelles Energielevel? Ist es sehr niedrig, könnte er verhungern, also ist es das Risiko wert, selbst ein hohes. Hat er in diesem Moment aber noch viel Energie und die Bananen stellen nicht mehr als einen Luxus dar, ist es das Risiko nicht wert.

All diese Variablen sollten in die Rechnung miteinbezogen werden. Geht die Rechnung auf, wird der Affe überleben und seine Gene weiterreichen. Ein besonders feiger Affe, der die Gefahr zu stark gewichtet, wird verhungern und die Gene, die ihn zu diesem feigen Affen gemacht haben, nicht an die nächste Generation weitergeben. Ein leichtsinniger Affe, der der Gefahr nicht genug Gewicht einräumt, wird von dem Löwen gefressen werden. Auch seine Gene werden die nächste Generation nicht erreichen. Evolution basiert auf Statistiken: Diese dienen den verschiedenen Spezies als Filter, der zu jeder Minute jeden Tages dafür sorgt, dass die nächste Generation die Gene derjenigen Tiere erhält, welche die ihnen verfügbaren Daten optimal ausgewertet haben.

Wie genau sieht dieser Auswertungsprozess aber aus? Der Affe greift nach keinem Stift, den er sich hinter's Ohr geklemmt hat, und holt auch kein Notizbuch aus seiner Jackentasche, um dann anzufangen, Laufgeschwindigkeiten und Energielevel zu berechnen. Er hat auch keinen Taschenrechner. Sein Körper und seine Gefühle sind der Taschenrechner. Was wir in der Alltagssprache als Emotionen, Gefühle oder Empfindungen beschreiben, sind in Wirklichkeit Berechnungen.

Der Affe ist hungrig oder satt, empfindet den Löwen entweder als mehr oder als weniger bedrohlich; er fühlt sich von den Bananen angezogen oder abgestoßen. Im Bruchteil einer Sekunde wird er einen Rausch an Empfindungen wahrnehmen: Er wird plötzlich Lust und Wagemut spüren, seine Brust wird anschwellen, er wird tief einatmen, seine Muskeln anspannen und dann ... Los! Zu den Bananen! Oder aber Angst macht sich in ihm breit, er lässt die Schultern hängen und seine Muskeln entspannen sich. Oh je! Da ist ein Löwe! Hilfe! Und manchmal sind die Zahlen so uneindeutig, dass eine Entscheidung schwierig wird. Dann ist der Affe verwirrt und zögerlich. Ja ... Nein ... Sollte ich ... Sollte ich nicht ... Verdammt! Was soll ich nur tun?!

Natürlich unterscheiden sich Tiere wie Affen und Kühe in ihren Gefühlen und auch die menschliche Gefühlswelt sieht anders aus. Es gibt einzigartige Emotionen, die nur Menschen spüren. Scham zum Beispiel ist vermutlich so eine Emotion. Kühe schämen sich soweit wir wissen nicht. Wahrscheinlich gibt es auch einzigartige Gefühle, die nur andere Tiere spüren, aber das können wir natürlich nicht wissen.

Es gibt aber auch grundlegende Emotionen, die alle Säugetiere gemeinsam haben. Die grundlegendste davon ist wohl die Liebe zwischen einer Mutter und ihren Jungen. Diese Emotion gibt den Säugetieren sogar ihren Namen. Das englische Wort *mammal* kommt vom lateinischen *mamma*, was Brust bedeutet, und auch das deutsche Wort »Säugetier« hat einen direkten Bezug zur Muttermilch. Innerhalb des emotionalen Systems, das dich und mich zu Säugetieren macht, lieben Mütter ihren Nachwuchs so sehr, dass sie ihm erlauben, an ihrem Körper zu saugen. Die Jungen hingegen verspüren ein überwältigendes Verlangen danach, eine Beziehung zu ihrer Mutter aufzubauen und in ihrer Nähe zu bleiben. Ein neugeborenes Säugetier, dem seine Mutter aus irgendeinem Grund gleichgültig ist, wird nicht lange überleben. Und eine Mutter, die diese Gleichgültigkeit gegenüber ihrem Nachwuchs verspürt, kann zwar ein langes, bequemes Leben führen, ihre Gene jedoch nicht an die nächste Generation weiterreichen. Für Kühe, Hunde, Wale und Igel gilt das gleiche System. Über andere Emotionen lässt sich streiten, aber es besteht kein Zweifel, dass sich alle Säugetier-Arten durch mütterliche Liebe und eine starke Verbindung zwischen Mutter und Nachwuchs charakterisieren lassen.

Es dauerte viele Jahre, bis die Wissenschaft das realisierte. Bis vor kurzem noch hinterfragten Psychologen die Existenz und Notwendigkeit der emotionalen Verbindung zwischen Mutter und Nachwuchs, selbst beim Menschen. In der ersten Hälfte des 20. Jahrhunderts wurde das Feld der Psychologie vom Behaviorismus bestimmt. Behavioristen gingen davon aus, dass die Beziehung zwischen Eltern und Kindern auf materieller Belohnung basiert: dass Kinder lediglich Nahrung, Medizin und Schutz brauchen und sich ihren Eltern nur verbunden fühlen, weil diese ihre materiellen Bedürfnisse decken. Kinder, die sich außerdem nach Wärme, Umarmungen und Küssen sehnten, galten als »verwöhnt«, und Pädagogen warnten Eltern davor, ihre Kinder zu umarmen und zu liebkosen, weil diese dann Unselbstständigkeit, Egoismus und geringes Selbstvertrauen entwickeln würden.

John Watson, einer der seinerzeit bekanntesten Experten auf dem Feld, riet Eltern 1928: »Umarmen und küssen Sie Ihre Kinder niemals und lassen Sie sie auch nicht auf Ihnen sitzen. Wenn Sie müssen, küssen Sie ihnen einmal die Stirn, wenn Sie ihnen eine gute Nacht wünschen. Morgens sollten Sie es dabei belassen, ihnen die Hände zu schütteln.« Das in den 1920ern und 1930ern beliebte amerikanische Magazin *Infant Care* vermittelte Eltern die Idee, dass Disziplin und das Stillen materieller Bedürfnisse die korrekten Leitprinzipien der Kindeserziehung seien. 1929 wurde Eltern in einer Ausgabe des Magazins empfohlen, sie sollten einen vor Hunger weinenden Säugling »nicht halten, nicht schaukeln, damit er aufhört zu weinen, und nicht füttern, solange nicht gerade Essenszeit ist. Es wird dem Baby nicht wehtun zu weinen, das gilt selbst für Neugeborene.«

Zu den Wissenschaftlern, die diese Herangehensweise hinterfragten, gehörte der amerikanische Psychologe Harry Harlow, der sich auf Primatenforschung spezialisiert hatte. In den 1950ern und 1960ern führte Harlow eine Reihe an Experimenten an Rhesusaffen durch. Direkt nach der Geburt trennte er die kleinen Äffchen von ihren Müttern und zog sie in isolierten Käfigen groß. In jeden Käfig gab er zwei Affenpuppen, die die Mutter ersetzen sollten. Eine »Mutter« war eine Puppe aus Metalldraht. Sie hatte eine Flasche Milch eingebaut, an der das Jungtier sich säugen konnte. Eine zweite »Mutter« bestand aus Holz, Stoff und Samt, damit sie sich anfühlte wie ein echter Affe, war jedoch mit keiner Flasche ausgestattet. Harlow ging im Sinne der behavioristischen Psychologie davon aus, dass die Äffchen sich an die Metallmutter hängen würden, die ihre materiellen Bedürfnisse befriedigte, und kein Interesse an der nutzlosen Samtmutter zeigen würden.

Zu Harlows Überraschung hingen die Affen an der Samtmutter und verbrachten ihre Zeit nahezu komplett bei ihr. Ab und zu gingen sie zur Metallmutter, um gestillt zu werden, danach kehrten sie aber sofort in die Arme der Samtmutter zurück. Harlow glaubte, den Affen sei kalt und dass sie sich nur an die Samtmutter klammerten, um sich aufzuwärmen. Also installierte er eine Glühbirne in der Metallmutter, damit von ihr mehr Wärme ausging als von ihrem samtenen Gegenstück. Ohne Erfolg. Die meisten Äffchen bevorzugten weiterhin die Samtmutter. Selbst als Harlow beide Mütter direkt nebeneinander stellte, blieben sie bei der Samtmutter, sogar dann, wenn sie aus der Milchflasche der Metallmutter tranken.

Harlow kam zu dem Schluss, dass die Samtmutter den Äffchen etwas gab, das über Ernährung und Körperwärme hinausging: eine emotionale Bindung. Millionen Jahre an Evolution hatten in ihnen ein starkes Bedürfnis nach emotionaler Zuneigung hinterlassen, von dem sie sich eine stärkere Chance auf Erfüllung bei einem weichen, pelzigen Bezugsobjekt ausrechneten. Darum entwickeln kleine Kinder auch emotionale Bindungen zu Puppen, Decken und Stoffen statt zu Holzstücken, Steinen und Gabeln. Für diese Äffchen war das Bedürfnis nach emotionaler Bindung so groß, dass sie die nahrungsspendende Metallpuppe stehenließen, um ihre Aufmerksamkeit dem Objekt zu widmen, das dieses Bedürfnis erfüllen zu können schien. Leider konnte die Samtmutter keine wirkliche emotionale Bindung mit ihnen eingehen. Darum wuchsen diese Affen mit vielen psychologischen Komplexen auf, obwohl all ihre materiellen Bedürfnisse gestillt worden waren. Als sie ausgewachsen waren, schafften sie es nicht, sich in die Affengemeinschaft zu integrieren und Nachwuchs zu zeugen.

Auch wenn sie gegenüber den Affen grausam war, trugen Harlows Forschung dazu bei, unser Verständnis von menschlicher emotionaler Bindung zu revolutionieren. Heute ist jeder vernünftig denkenden Person klar, dass Kinder vom ersten Tag an emotionale Bedürfnisse haben, und dass ihre mentale wie körperliche Gesundheit auf die Erfüllung dieser Bedürfnisse genauso angewiesen ist wie auf Nahrung, Medizin und Schutz. Das gilt natürlich nicht nur für menschliche Kinder, sondern auch für den Nachwuchs anderer Säugetiere. Schließlich wurden Harlows Experimente nicht an Menschen ausgeführt.

Wie die Expert:innen für Kindererziehung vor einem Jahrhundert konzentrierten sich Bäuer:innen im Laufe der Geschichte auf die materiellen Bedürfnisse von Kälbern, Lämmern und Fohlen, während sie deren emotionale Bedürfnisse ignorierten (außer wenn diese emotionalen Bedürfnisse im Interesse der Menschen lagen). Darum basiert die Milchindustrie seit der Agrarrevolution auch darauf, die grundlegendste emotionale Bindung zu brechen, die es in der Welt der Säugetiere gibt: Der Nachwuchs wird von der Mutter getrennt. Eine Kuh gibt keine Milch, bevor sie ein Kalb geboren hat, also sorgen Milchbäuer:innen dafür, dass Kühe

Kalb um Kalb zur Welt bringen. Doch werden die Kälber kurz nach ihrer Geburt von ihren Müttern getrennt. Sie verbringen ihre Kindheit ohne jeglichen Kontakt zu den Zungen, den Zitzen, den Körpern ihrer Mütter. Was Harry Harlow in kleinem Maßstab tat – mit ein paar Hundert Rhesusaffen-Müttern und -Kindern –, tut die Milchindustrie täglich Hunderten von Millionen von Individuen an.

Heutzutage sind mehr als 90 Prozent aller größeren Tiere auf der Erde Nutztiere: Kühe, Schweine, Schafe und Hühner. Milliarden an Tieren mit reichen Innenleben voller Gefühle, Empfindungen, Bedürfnisse und Ängste verbringen ihr Lebens als Maschinen zur Produktion von Fleisch, Milch und Eiern in industrieller Massenfertigung. Es liegt in unser aller Verantwortung, sich des unermesslichen Leids bewusst zu werden, das wir Menschen diesen Tieren zufügen. Und es liegt in unser aller Verantwortung, unser Bestes zu tun, um dieses Leiden zu verringern.

Melanie Joys Buch ist ein wichtiger und wegweisender Beitrag zu diesem Kampf für das Wohlergehen von Tieren. Es erklärt wortgewandt, wie das globale System der Tierausbeutung errichtet wurde, was es am Laufen hält und wie es Milliarden von Lebewesen auf unerträgliche Weise leiden lässt, während die meisten von uns diesem Leid keine Beachtung schenken oder keinen Grund sehen, etwas dagegen zu tun. Dieses Buch hilft uns dabei, ein paar Schritte zurück zu treten, um den »Karnismus« als solchen zu betrachten. So sind wir besser dazu in der Lage, kritisch zu denken und Teil der Lösung zu werden, um eine mitfühlendere und nachhaltigere Welt zu schaffen.

*Die Größe einer Nation und ihre moralische Reife lassen sich daran messen, wie sie ihre Tiere behandelt.*

Mahatma Gandhi

KAPITEL 1

# LIEBEN ODER ESSEN?

*Wir sehen die Dinge nicht so, wie sie sind,*
*wir sehen sie so, wie wir sind.*

Anaïs Nin

Versetzen Sie sich für einen Moment in folgende Szene: Sie sind bei Freund:innen zu einem festlichen Abendessen eingeladen. Gemeinsam mit den anderen Gäst:innen sitzen Sie an einem stilvoll gedeckten Tisch. Der Raum ist angenehm warm, das Kerzenlicht spiegelt sich in den Kristallgläsern mit Wein und man unterhält sich ganz entspannt. Aus der Küche duftet es verführerisch nach reichhaltigen Speisen. Sie haben den ganzen Tag nichts gegessen und Ihr Magen knurrt.

Nach einiger Zeit – es kommt Ihnen wie Stunden vor – erscheint die Gastgeberin und bringt aus der Küche eine appetitlich dampfende Schüssel mit Geschnetzeltem. Der Wohlgeruch von Fleisch, Gewürzen und Gemüse durchzieht den Raum. Sie nehmen sich eine kräftige Portion, und nachdem Sie von dem zarten Fleisch einige Bissen gekostet haben, fragen Sie die Gastgeberin nach dem Rezept.

»Das gebe ich dir gerne«, antwortet sie. »Als Erstes nimmst du fünf Pfund Golden-Retriever-Fleisch, gut mariniert, und dann ...« *Golden Retriever?* Wahrscheinlich werden Sie mitten im Kauen erstarren, als Ihnen klar wird: Das Fleisch in Ihrem Mund stammt von einem *Hund.*

Und jetzt? Essen Sie weiter? Oder stößt Sie der Gedanke ab, dass auf Ihrem Teller Golden Retriever liegt und dass Sie gerade davon gegessen haben? Lassen Sie das Fleisch einfach weg und essen nur noch das Gemüse? Wenn es Ihnen so geht wie den meisten von uns (insbesondere im »Westen«), dann dürfte die Feststellung, dass Sie gerade Hund gegessen haben, Ihren anfänglichen Genuss unwillkürlich in einen gewissen Widerwillen verwandeln.* Auch das Gemüse im Gericht ekelt Sie jetzt womöglich an, als wäre es durch das Fleisch irgendwie verunreinigt.

Doch nehmen wir an, Ihre Gastgeberin lacht und sagt, es sei nur ein Scherz gewesen. Das Fleisch sei gar kein Golden Retriever, sondern Rindfleisch. Welches Gefühl haben Sie jetzt beim Blick auf Ihren Teller? Kommt Ihr Appetit zurück? Essen Sie mit der gleichen Begeisterung weiter wie am Anfang? Vermutlich werden Sie sich weiterhin etwas unbehaglich fühlen – obwohl Sie wissen, dass das Geschnetzelte auf Ihrem Teller genau dasselbe ist, das Sie eben noch äußerst appetitlich fanden. Und dieses Unbehagen könnte Sie auch beim nächsten Mal durchaus wieder befallen, wenn Rindergeschnetzeltes auf dem Tisch steht.

Was ist hier los? Wie kommt es, dass manche Lebensmittel eine derart emotionale Reaktion auslösen? Wie kann es sein, dass wir ein Lebensmittel unter dem einen Namen äußerst schmackhaft finden, unter einem anderen aber praktisch nicht essbar? An der Hauptzutat des Geschnetzelten – Fleisch – hat sich überhaupt nichts geändert. Es war von Anfang an das Muskelfleisch eines Tieres und ist es auch geblieben. Es wurde lediglich (scheinbar und ganz kurz) zu Fleisch von einem anderen Tier. Wieso reagieren wir auf Rindfleisch und Hundefleisch so völlig unterschiedlich?

Die Antwort darauf lässt sich in einem Wort zusammenfassen: *Wahrnehmung*. Wir reagieren auf verschiedene Sorten

* Natürlich gibt es auch Menschen, für die der Gedanke, Hunde zu essen, nicht abstoßend, sondern interessant ist. Diese Menschen bilden in unserem Kulturkreis aber eine Minderheit, und das vorliegende Buch bezieht sich auf das allgemeine Empfinden.

Fleisch nicht deshalb unterschiedlich, weil diese sich physisch unterscheiden würden, sondern weil wir sie als unterschiedlich wahrnehmen.

## WARUM HUNDE ESSEN EIN PROBLEM IST

Eine solche Wahrnehmungsverschiebung kann sich anfühlen wie ein Wechsel mit dem Auto auf die Gegenfahrbahn: Wenn Sie die durchgezogene Linie überqueren, erleben Sie die Situation plötzlich völlig anders. Dass Wahrnehmungsverschiebungen eine so starke Reaktion auslösen können, liegt daran, dass unsere Wahrnehmung zu einem großen Teil unser Wirklichkeitsempfinden bestimmt. Wie wir eine Situation einschätzen und empfinden, hängt davon ab, wie wir sie wahrnehmen, welche Bedeutung wir ihr geben. Unsere Einschätzungen und Empfindungen wiederum bestimmen häufig unser Handeln. Die meisten von uns nehmen Hundefleisch ganz anders wahr als Rindfleisch, daher ruft Hundefleisch ganz andere Denk-, Gefühls- und Verhaltensreaktionen hervor.*

Ein Grund für unsere derart unterschiedliche Wahrnehmung von Rindfleisch und Hundefleisch ist, dass wir Kühe**

* Dass das Fleisch bestimmter Tierarten abgelehnt wird, ist als kulturelles Phänomen auf der ganzen Welt verbreitet. Und Tabus in Sachen Fleischverzehr sind weitaus gängiger als Tabus bei irgendwelchen anderen Nahrungsmitteln.[1] Tabubrüche in Verbindung mit Fleisch haben zudem die stärksten emotionalen Reaktionen – meist Ekel – und die schärfsten Sanktionen zur Folge.[2] Auch bei den Nahrungsverboten der großen Weltreligionen ist Fleisch fast immer das Tabuobjekt, ob es nun um eine vorübergehende Beschränkung geht (wie beim Fleischverzicht von Christ:innen in der Fastenzeit) oder um dauerhafte Entsagung (wie bei verschiedenen vegetarisch lebenden Buddhist:innen).

** Rindfleisch stammt zwar sowohl von Kühen als auch von Bullen, der Einfachheit und Gängigkeit wegen verwende ich in diesem Kapitel aber für alle Rinder nur den Begriff »Kühe«.

und Hunde ganz unterschiedlich sehen. Mit Kühen kommen wir am häufigsten in Kontakt, wenn wir sie essen (oder anziehen); nicht selten sogar nur dann. Sehr viele von uns aber haben zu Hunden ein Verhältnis, das sich in vielerlei Hinsicht kaum von unserem Verhältnis zu Menschen unterscheidet. Wir sprechen sie mit Namen an. Wir verabschieden uns, wenn wir weggehen, und begrüßen sie, wenn wir zurückkommen. Wir schlafen mit ihnen in einem Bett. Wir spielen mit ihnen. Wir kaufen ihnen Geschenke. Wir tragen ihr Bild in der Brieftasche bei uns. Wir bringen sie zu Ärzt:innen, wenn sie krank sind, und geben oft sehr viel Geld für ihre Behandlung aus. Wir beerdigen sie, wenn sie sterben. Sie bringen uns zum Lachen und zum Weinen. Sie sind unsere Helfer:innen, unsere Freund:innen, unsere Familie. Wir lieben sie. Wir lieben Hunde nicht deshalb und essen Kühe nicht deshalb, weil Hunde und Kühe von Grund auf unterschiedlich wären – Kühe haben genauso Gefühle, Vorlieben und ein eigenes Bewusstsein wie Hunde –, sondern weil wir sie als unterschiedlich *wahrnehmen*. Und infolgedessen nehmen wir auch ihr Fleisch unterschiedlich wahr.

Dass unsere eigene Wahrnehmung von Fleisch davon abhängt, von welcher Tierart es stammt, ist die eine Seite. Auf der anderen Seite nehmen unterschiedliche Menschen ein und dasselbe Fleisch oft auch ganz unterschiedlich wahr. Ein:e Hindu beispielsweise würde auf Rindfleisch unter Umständen genauso reagieren wie ein:e Christ:in bei uns auf Hundefleisch. Diese verschiedenartige Wahrnehmung liegt daran, welches *Schema* wir jeweils verinnerlicht haben. Ein Schema ist eine psychische Grundstruktur, die unsere Überzeugungen, Vorstellungen, Wahrnehmungen und Erfahrungen prägt und von diesen ihrerseits geprägt wird. Sie sortiert und interpretiert die von außen einströmenden Informationen automatisch. Wenn Sie zum Beispiel das Wort »Ober« hören, stellen Sie sich vermutlich einen Mann in schwarzer Livree vor, der in einem teuren Restaurant arbeitet. Und obwohl es viele Frauen in diesem Beruf gibt, obwohl viele Oberkellner:innen heute modern gekleidet sind, obwohl viele außerhalb der gehobenen Gastronomie arbeiten: Sofern Sie selbst nicht häufiger mit solchen Menschen in verschiedenen Situationen zu tun haben, wird Ihr Schema dieses verallgemeinerte Bild eines Obers aufrechterhalten. Denn Verallgemeinerungen sind genau das, was unsere Schemata liefern sollen. Ihre Aufgabe besteht darin, die riesige Flut an Reizen, denen wir beständig ausgesetzt sind, zu ordnen und zu interpretieren – und in allgemeine Kategorien zu fassen. Schemata fungieren als geistige Klassifikationssysteme.

Für jeden Themenbereich haben wir ein solches Schema, auch für Tiere. Ein Tier kann beispielsweise als Beutetier, Fressfeind, Schädling, Haustier oder Nahrungsmittel eingeordnet werden. Wie wir ein Tier einordnen, bestimmt dann wiederum, wie wir uns zu ihm in Beziehung setzen: ob wir es jagen, vor ihm fliehen, es ausmerzen, lieben oder essen. Zwischen den Kategorien kann es gewisse Überschneidungen geben (ein Tier kann Beutetier *und* Nahrungsmittel sein), aber wenn es um Fleisch geht – oder um Eier oder Milchprodukte* –, dann sind die meisten Tiere entweder Nahrungsmittel oder eben nicht. Mit anderen Worten: Wir besitzen ein Schema, das Tiere als essbar oder als nicht essbar einordnet.**

Und wenn wir es nun mit dem Fleisch eines Tieres zu tun haben, das wir als nicht essbar einordnen, geschieht etwas Inte-

* Beispielsweise würden die meisten Menschen aus westlichen Kulturkreisen keine Eier von Krähen essen oder Katzenmilch trinken.
** Schemata können hierarchisch strukturiert sein und untergeordnete, spezifischere Subschemata enthalten. So besitzen wir zum Beispiel ein allgemeines Schema für »Tier« und darin die Subschemata »essbar« und »nicht essbar«. Diese Subschemata können ihrerseits in weitere Subschemata unterteilt werden: »essbare« Tiere zum Beispiel in »wild lebende« Tiere (»Jagdtiere«) und »domestizierte« Tiere (»Nutztiere«).

ressantes: Wir stellen uns automatisch das lebende Tier vor, von dem es stammt, und empfinden Ekel beim Gedanken, es zu essen. Dieser Wahrnehmungsprozess läuft folgendermaßen ab:

*Golden-Retriever-Fleisch (Reiz) → nicht essbares Tier (Überzeugung/Wahrnehmung) → Bild eines lebenden Hundes (Vorstellung) → Ekel (Gefühl) → Weigerung/Widerwille, das Fleisch zu essen (Handlung)*

Kehren wir noch einmal zurück zu unserer Abendessensszene, zu dem Moment, als Sie erfahren, dass Sie gerade Golden Retriever gegessen haben. Wäre diese Situation real, dann würde Ihre Nase jetzt immer noch genau dasselbe riechen und Ihre Zunge immer noch genau dasselbe schmecken wie vor wenigen Sekunden. Vor Ihrem geistigen Auge wäre nun aber wahrscheinlich das Bild eines Golden Retrievers erschienen: wie er mit einem Ball durch den Garten tollt, entspannt vor einem warmen Kamin döst oder vielleicht neben einer Joggerin herläuft. Und gemeinsam mit diesen Bildern würden sich vermutlich Gefühle wie Empathie oder Mitleid für den getöteten Hund einstellen – und daher Ekel bei der Vorstellung, dieses Tier zu essen.

Wenn dagegen Rindfleisch auf dem Tisch steht, sehen Sie nicht das Tier vor sich, von dem dieses Fleisch stammt. Stattdessen sehen Sie schlicht »Essen« und Ihre Gedanken gelten lediglich dessen Geschmack, Geruch und Konsistenz. So jedenfalls geht es den meisten Menschen. Wenn wir es mit Rindfleisch zu tun haben, überspringen wir gewöhnlich den Teil des Wahrnehmungsprozesses, der in unserem Kopf die Verbindung zwischen Fleisch und lebendem Tier herstellt. Natürlich wissen wir alle, dass Rindfleisch von einem Tier stammt, aber wenn wir es essen, vermeiden wir lieber, daran zu denken. Im Rahmen meiner Forschungen wie auch privat haben mir buchstäblich Tausende Menschen bestätigt, dass sie ein ungutes Gefühl dabei hätten, wenn sie beim Verzehr von Rindfleisch tatsächlich an eine lebende Kuh denken würden. Manche könnten das Fleisch nach eigener Aussage dann nicht mehr essen. Aus diesem Grund vermeiden es viele Menschen, Fleisch zu essen, das noch eine Ähnlichkeit mit dem ursprünglichen Tier hat. Dass Fleisch mitsamt dem Kopf oder anderen erkennbaren Körperteilen serviert wird, ist bei uns eine Seltenheit. In einer interessanten Studie dänischer Forscher:innen etwa zeigten die Teilnehmenden Unbehagen, wenn sie Fleisch essen sollten, das dem Ursprungstier ähnelte, und gaben Hackfleisch den Vorzug gegenüber ganzen Fleischstücken.[3] Doch selbst wenn wir tatsächlich die bewusste Verbindung zwischen Rindfleisch und Kühen herstellen, fühlen wir uns beim Essen von Rindfleisch weniger unwohl, als es beim Essen von Golden Retrievers der Fall wäre, da Hunde (in vielen Kulturen) üblicherweise nicht zum Essen gedacht sind.

Es zeigt sich also, dass unser Empfinden und Verhalten gegenüber einem Tier weit weniger davon abhängt, um was für ein Tier es sich handelt, als davon, wie wir dieses Tier wahrnehmen. Wir halten es für richtig, Kühe zu essen, Hunde aber nicht. Daher nehmen wir Kühe als essbar und Hunde als nicht essbar wahr und verhalten uns entsprechend. Bei diesem Prozess handelt es sich um einen Kreislauf. Denn ebenso wie unsere Überzeugungen letztlich zu unseren Handlungen führen, verstärken unsere Handlungen umgekehrt auch unsere Überzeugungen. Je mehr wir Hunde nicht essen und Kühe essen, desto mehr verstärken wir die Überzeugung, dass Hunde nicht essbar und Kühe essbar sind.

## Auf den Geschmack gekommen

Wir Menschen haben zwar eine angeborene Vorliebe für Süßes (da Zucker für uns seit jeher eine nützliche Energiequelle ist) und eine angeborene Abneigung gegen Bitteres und Saures (da diese Geschmacksrichtungen oft auf Giftstoffe hindeuten). Zum größten Teil aber ist unser Geschmacksempfinden erlernt. Mit anderen Worten: Aus dem großen Repertoire an potenziellen Nahrungsmitteln, das uns Menschen zur Verfügung steht, mögen wir diejenigen, von denen wir wissen, dass wir sie mögen *sollen*. Nahrung, besonders tierische, hat einen hohen Symbolwert. Und dieser Symbolwert ist, ergänzt und verstärkt durch Traditionen, der Hauptgrund für unsere Ernährungsvorlieben. Wenige Menschen essen zum Beispiel gerne Kaviar, bevor sie alt genug sind, um zu verstehen, dass sie als kultiviert und vornehm gelten, wenn sie Kaviar mögen. Und in China essen die Menschen Tierpenisse, weil sie ihnen eine sexuell kräftigende Wirkung zuschreiben.

Obwohl unser Geschmacksempfinden überwiegend kulturell erlernt ist, betrachten die Menschen überall auf der Welt ihre eigenen Vorlieben meist als vernünftig und jede Abweichung davon als abstoßend und ekelerregend. Viele Menschen finden beispielsweise den Gedanken widerlich, Milch zu trinken, die aus den Eutern von Kühen stammt. Andere können sich nicht vorstellen, Speck, Schinken, Rindfleisch oder Hühner zu essen. Manche betrachten den Verzehr von Eiern als vergleichbar mit dem Verzehr von Föten (was es in biologischer Hinsicht auch ist, wenn die Eier befruchtet wurden). Und überlegen Sie, was Sie bei dem Gedanken empfinden würden, frittierte Vogelspinne zu essen (komplett mit Haaren und Klauen), wie das in Kambodscha üblich ist, sauer eingelegte Widderhoden wie in Island oder Entenembryos – befruchtete Eier, in denen sich bereits Vogelkörper mit Federn, Knochen und Flügelansätzen entwickelt haben – wie in manchen Teilen Asiens. Wenn es um tierische Nahrung geht, müssen wir wohl generell erst einmal auf den Geschmack kommen.[4]

## DAS MISSING LINK

Es ist schon eine seltsame Sache mit unserer Reaktion auf die Vorstellung, Hunde und andere nicht essbare Tiere zu essen. Noch merkwürdiger ist allerdings unsere *Nicht*-Reaktion auf die Vorstellung, Kühe und andere essbare Tiere zu essen. Hier gibt es in unserem Wahrnehmungsprozess eine bislang ungeklärte Lücke, ein Missing Link. Wenn es um essbare Tierarten geht, stellen wir einfach nicht die Verbindung zwischen dem Fleisch* und seinem Ursprungstier her. Haben Sie sich schon einmal gefragt, warum Sie bei wahrscheinlich Zehntausenden von Tierarten den Gedanken, sie zu essen, als ekelhaft empfinden – und nur bei einer kleinen Handvoll nicht? Das eigentlich Erstaunliche an un-

* Obwohl es Menschen weniger unangenehm ist, Eier und Milchprodukte mit ihren tierischen Quellen in Verbindung zu bringen, wären sie wahrscheinlich doch angewidert, wenn diese Produkte von »ungenießbaren« Tieren wie Kanarienvögeln oder Elefanten stammen würden. Sie wären vermutlich ebenfalls angewidert, würden sie die Produktion von Eiern oder Milchprodukten aus nächster Nähe miterleben.

serer Einteilung in essbare und nicht essbare Tiere ist nicht unser *Empfinden* von Ekel, sondern unser *Nichtempfinden* von Ekel. Warum widerstrebt es uns bei den sehr wenigen Tierarten, die wir für essbar erachten, *nicht*, sie zu essen?[5]

Alles deutet darauf hin, dass dieses Ausbleiben des Ekelgefühls größtenteils, wenn nicht sogar vollständig erlernt ist. Unsere Schemata sind nicht angeboren, sondern konstruiert. Sie bilden das Ergebnis eines komplex strukturierten Glaubenssystems. Dieses System diktiert uns, welche Tiere essbar sind, und ermöglicht uns ihren Verzehr, indem es dabei jedes emotionale oder psychische Unbehagen von uns fernhält. Das System bringt uns bei, *nicht zu fühlen*. Als offensichtlichste Empfindung verlieren wir unseren Ekel, doch hinter diesem Ekel verbirgt sich ein Empfinden, das für unser Selbstgefühl sehr viel wesentlicher ist: unsere Empathie.

## VON DER EMPATHIE ZUR APATHIE

Aber wieso muss das System eigentlich so einen Aufwand betreiben, um unsere Empathie zu blockieren? Wozu die ganzen psychischen Verrenkungen? Ganz einfach: weil uns Tiere nicht egal sind, weil wir nicht wollen, dass sie leiden. Und weil wir sie essen. Unsere Wertvorstellungen decken sich nicht mit unserem Verhalten, und diese Diskrepanz bereitet uns ein gewisses moralisches Unbehagen. Um dieses Unbehagen zu verringern, haben wir drei Möglichkeiten: Wir können unsere Wertvorstellungen so verändern, dass sie zu unserem Verhalten passen. Wir können unser Verhalten so verändern, dass es zu unseren Wertvorstellungen passt. Oder wir können unsere *Wahrnehmung* des eigenen Verhaltens so verändern, dass dieses *scheinbar* zu unseren Wertvorstellungen passt. Diese dritte Option ist der Kernpunkt unseres inneren Schemas in Sachen Fleisch, Eiern und Milchprodukten. Solange wir weder unnötiges Tierleid befürworten noch damit aufhören, Tiere zu essen, sorgt dieses Schema dafür, dass wir Tiere und die Nahrungsmittel, die aus ihren Körpern gewonnen werden, in einer Weise verzerrt wahrnehmen, die uns den Verzehr weniger unbehaglich und damit möglich macht. Und das System, auf dem unser Schema beruht, stattet uns mit allem aus, was wir dazu brauchen.

Das Hauptwerkzeug des Systems ist die *psychische Betäubung*. Psychische Betäubung ist ein Prozess, durch den wir uns geistig und emotional vom Erlebten abkoppeln: Wir »betäuben« uns. An und für sich ist psychische Betäubung nichts Schlechtes. Sie ist ein normaler, unvermeidlicher Bestandteil unseres täglichen Lebens, der es uns ermöglicht, in einer Welt voller Gewalt und Unwägbarkeiten zu funktionieren und den Schmerz zu bewältigen, falls wir tatsächlich Opfer von Gewalt werden. Zum Beispiel würden Sie eine Autobahnfahrt wahrscheinlich als sehr belastend erleben, wenn Ihnen dabei in vollem Umfang bewusst wäre, dass Sie in einem kleinen Metallfahrzeug dahinrasen, umgeben von Tausenden anderen dahinrasenden Metallfahrzeugen. Und falls Sie das Pech haben sollten, bei einem Unfall zu verunglücken, würden Sie dadurch vermutlich in einen Schockzustand versetzt, der so lange anhielte, bis Sie psychisch wieder in der Lage wären, das Geschehene zu verarbeiten. Psychische Betäubung ist adaptiv (also nützlich), wenn sie uns hilft, Gewalt und ihre Folgen zu *bewältigen*. Doch sie wird maladaptiv (also schädlich), wenn sie dazu dient, Gewalt zu *ermöglichen*, selbst wenn diese Gewalt so weit von uns weg ist wie die Fabriken, in denen Tiere zu Nahrungsmitteln verarbeitet werden.

Die psychische Betäubung besteht aus einer komplexen Ansammlung von Abwehrmechanismen, die – sowohl auf gesellschaftlicher wie auch auf psychischer Ebene – eine durchdringende, starke und unsichtbare Wirkung entfalten. Sie verzerren unsere Wahrnehmung, versperren den Zugang zu unseren Gefühlen und verwandeln so unsere Empathie in Apathie. Genau um diesen Prozess geht es im vorliegenden Buch: wie wir lernen, nicht mehr zu fühlen. Die konkreten Abwehrmechanismen der psychischen Betäubung sind Verleugnung, Vermeidung, Routinisierung, Rechtfertigung, Verdinglichung, Entindividualisierung, Dichotomisierung, Rationalisierung und Dissoziation. In den folgenden Kapiteln beleuchten wir jeden einzelnen dieser Aspekte der psychischen Betäubung und dekonstruieren* das System, das aus Tieren Nahrungsmittel macht. Dabei beleuchten wir die Eigenschaften dieses Systems sowie die Art und Weise, wie es sich unsere anhaltende Unterstützung sichert.

**Psychische Betäubung in verschiedenen Kulturen und Epochen: Variationen über ein Thema**

Ich werde oft gefragt, ob auch Menschen in anderen Kulturen und anderen Zeiten psychische Betäubung einsetzen bzw. eingesetzt haben, um Tiere zu töten und zu verzehren. Müssen sich Menschen lokaler Gruppen nicht-industrieller Gesellschaften auf der Jagd betäuben, um ihre Beute zu erlegen? Mussten sich unsere Vorfahr:innen, die bis zur industriellen Revolution sich meist selbst mit Fleisch versorgten, dazu emotional von den Tieren distanzieren?

Es wäre sicher falsch zu behaupten, Menschen aller

* Dekonstruktion ist ein gängiges Verfahren, um Begriffe und soziale Phänomene zu analysieren und kritisch zu hinterfragen. Sie beruht auf der Annahme, dass Bedeutung stets etwas Konstruiertes ist, das von Interessen und Normen beeinflusst wird. Das Dekonstruieren von Bedeutung hat zum Ziel, diese Einflüsse sowie die damit verbundenen Einschränkungen und Verzerrungen sichtbar zu machen.

Kulturen und aller Zeitalter hätten schon immer die gleiche Art psychischer Betäubung angewandt wie wir in unseren heutigen Industriegesellschaften, die wir kein Fleisch zum Überleben brauchen. Wie jemand mit dem Fleischessen umgeht, ist zu einem großen Teil kontextabhängig. Welcher psychische Aufwand betrieben werden muss, um sich von dem Umstand zu distanzieren, dass man ein Tier isst, hängt nicht zuletzt von den persönlichen Wertvorstellungen ab – und diese werden vor allem durch größere gesellschaftliche und kulturelle Strukturen geprägt. In einer Gesellschaft, in der Fleisch überlebenswichtig ist, können die Menschen es sich nicht leisten, sich Gedanken über die Ethik ihres Handelns zu machen. Das Essen von Tieren muss in ihren Wertvorstellungen positiv besetzt sein, und es ist daher anzunehmen, dass ihnen der Gedanke weniger ausmacht. Beeinflusst wird unsere psychische Reaktion auch davon, wie ein Tier getötet wird. Grausamkeit macht uns oft mehr aus als das Töten selbst.

Doch selbst in Fällen, in denen der Verzehr von Tieren eine Notwendigkeit darstellt und die Tiere ohne die sinnlose Gewalt getötet werden, die unsere heutigen Schlachthöfe kennzeichnet, haben es die Menschen seit jeher vermieden, bestimmte Arten von Tieren zu essen; und mit den Tierarten, die sie getötet und verzehrt haben, waren sie beständig um Versöhnung bemüht. Es gibt Beispiele *en masse* für Riten, Rituale und Glaubenssysteme, die das Gewissen der Tierkonsument:innen beschwichtigen sollen: etwa wenn Schlachter:in und/oder Empfänger:in des Fleisches nach der Tötung Reinigungszeremonien durchführen. Oder indem man ein Tier als »Opfer« für den menschlichen Verzehr betrachtet, wodurch die Handlung mit spiritueller Bedeutung aufgeladen und dem Beutetier eine gewisse Entscheidungsfreiheit unterstellt wird. Darüber hinaus haben sich bereits um 600 v. Chr. einzelne Menschen dafür entschieden, dem Fleischverzehr aus ethischen Gründen zu entsagen, was deutlich macht, dass Fleischessen schon seit langer Zeit mit psychischer und moralischer Anspannung verbunden ist. Es ist also sehr gut möglich, dass die psychische Betäubung über kulturelle Grenzen und geschichtliche Epochen hinweg schon immer eine Rolle gespielt hat, wenn auch in unterschiedlichem Maße und in verschiedenartigen Ausprägungen.[6]

Der Hauptabwehrmechanismus des Systems ist Unsichtbarkeit. In ihr kommen die Abwehrmechanismen *Vermeidung* und *Verleugnung* zum Ausdruck, und sie bildet die Grundlage für alle anderen Mechanismen. Unsichtbarkeit ermöglicht es uns zum Beispiel, Rindfleisch zu verzehren, ohne dabei das Tier vor uns zu sehen, das wir essen. Sie verhüllt unsere Gedanken vor uns selbst. Unsichtbarkeit schirmt uns außerdem bequem von dem unangenehmen Vorgang ab, den das Aufziehen und Töten von Tieren zum Zweck unserer Nahrungsproduktion bedeutet. Der erste Schritt beim Dekonstruieren von tierischen Nahrungsmitteln ist daher, die Unsichtbarkeit des Systems zu dekonstruieren – und damit die Prinzipien und Praktiken eines Systems aufzudecken, das seit seinen Anfängen im Verborgenen wirkt.

KAPITEL 2

# KARNISMUS: »ES IST HALT EINFACH SO«

*Das Unsichtbare und das Nichtexistente sehen sich sehr ähnlich.*

Delos B. McKown

*Die Grenzen meiner Sprache bedeuten die Grenzen meiner Welt.*

Ludwig Wittgenstein

In Kapitel 1 haben wir ein Gedankenexperiment durchgeführt. Wir haben uns vorgestellt, Sie sitzen bei Freund:innen zum Abendessen, genießen köstliches Geschnetzeltes, und die Gastgeberin sagt Ihnen plötzlich, er enthalte Hundefleisch. Wir haben untersucht, wie Sie zunächst auf diese Aussage reagieren würden und anschließend auf die Versicherung der Gastgeberin, es sei nur ein Scherz gewesen und auf Ihrem Teller befinde sich in Wirklichkeit Rindfleisch.

Machen wir noch eine Übung. Nehmen Sie sich ein paar Sekunden Zeit und überlegen Sie ganz offen, welche Wörter Ihnen einfallen, wenn Sie an einen Hund denken. Wiederholen Sie das Ganze dann, aber denken Sie diesmal an ein Schwein. Wenn Sie fertig sind, vergleichen Sie Ihre Beschreibungen für diese Tiere. Was fällt Ihnen auf? Ist Ihnen beim Gedanken an einen Hund zum Beispiel »niedlich« eingefallen? Oder »treu«? Und als Sie sich ein Schwein vorgestellt haben, dachten Sie dabei an »Schlamm« oder »schwitzen«? Kam Ihnen »dreckig« in den Sinn? Wenn Sie diese oder ähnliche Assoziationen hatten, gehören Sie zur Mehrheit.

Ich habe früher Bachelorstudiengänge in Psychologie und Soziologie unterrichtet, und jedes Semester verwendete ich eine Seminarsitzung darauf, über unsere Einstellung gegenüber Tieren zu reden. Im Laufe der Jahre habe ich buchstäblich Tausende Studierende unterrichtet und jedes Mal, wenn wir diese Übung gemacht haben, verlief das Gespräch mehr oder weniger gleich, immer mit ganz ähnlichen Antworten.

So wie Sie gerade bat ich auch meine Studierenden, die Eigenschaften von Hunden aufzuzählen, anschließend die Eigenschaften von Schweinen. Dabei schrieb ich an der Tafel mit, sodass zwei getrennte Listen entstanden. Auf der Liste für Hunde standen dann üblicherweise die oben schon genannten Adjektive sowie Begriffe wie »freundlich«, »intelligent«, »lustig«, »liebevoll«, »beschützend« und manchmal auch »gefährlich«. Wie man sich denken kann, fiel die Beschreibung von Schweinen deutlich weniger schmeichelhaft aus. Die gängigsten Begriffe hier lauteten »verschwitzt« und »dreckig« sowie »dumm«, »faul«, »fett« und »hässlich«. Als nächstes ließ ich die Studierenden beschreiben, was sie gegenüber den beiden Tierarten jeweils empfinden. Auch hier überrascht es nicht, dass die allermeisten von ihnen Hunde zumindest mochten, oft sogar liebten, während sie Schweine »eklig« fanden. Zuletzt fragte ich dann nach ihrem konkreten Verhältnis zu Hunden und Schweinen. Hunde, so kam heraus, sind natürlich unsere Freund:innen und gehören zur Familie, Schweine sind Nahrungsmittel.

An diesem Punkt begannen die Studierenden etwas ratlos dreinzuschauen und sich zu fragen, wo das Gespräch wohl hinführen würde. Ich stellte dann eine Reihe von Fragen, die sich auf ihre vorangegangenen Aussagen bezogen. Der Dialog lief ungefähr so ab:

Warum also denken Sie, Schweine sind faul?
*Weil sie den ganzen Tag nur herumliegen.*
Machen das wild lebende Schweine so oder nur Schweine, die für die Fleischproduktion gehalten werden?
*Keine Ahnung. Vielleicht die auf einem Bauernhof.*
Was könnte der Grund dafür sein, dass Schweine in der Tierhaltung – genauer gesagt, in der Massentierhaltung – herumliegen?
*Wahrscheinlich, dass sie in einem Stall oder einem Käfig sind.*

Was macht Schweine in Ihren Augen dumm?
*Dass sie es eben sind.*
Tatsächlich? Man geht heute davon aus, dass Schweine sogar intelligenter sind als Hunde.
(Manchmal schaltete sich hier jemand von den Studierenden ein, der:die behauptete, einem Schwein begegnet zu sein oder jemanden mit einem Schwein als Haustier kannte, und bestätigte meine Aussage mit ein, zwei Anekdoten.)

Warum denken Sie, dass Schweine schwitzen?
*Keine Antwort.*
Wussten Sie, dass Schweine in Wirklichkeit gar keine Schweißdrüsen haben?

Sind alle Schweine hässlich?
*Ja.*
Was ist mit Ferkeln?
*Ferkel sind süß, aber Schweine sind eklig.*

Warum denken Sie, Schweine sind dreckig?
*Sie wälzen sich im Schlamm.*
Warum wälzen sie sich im Schlamm?
*Weil sie Dreck mögen. Sie sind dreckig.*
Der tatsächliche Grund ist, dass sie nicht schwitzen können. Wenn es heiß ist, wälzen sie sich im Dreck, um sich abzukühlen.

Sind Hunde dreckig?
*Ja, manchmal schon. Hunde können ganz schön ekelhafte Sachen machen.*
Warum haben Sie bei Hunden nicht »dreckig« auf Ihrer Liste stehen?
*Weil sie nicht immer dreckig sind. Nur manchmal.*

Sind Schweine immer dreckig?
*Ja, sind sie.*
Woher wissen Sie das?
*Weil sie immer dreckig aussehen.*
Wo sehen Sie denn Schweine?
*Keine Ahnung. Auf Bildern, denke ich.*
Und auf Bildern sind sie immer dreckig?
*Nein, nicht immer. Schweine sind nicht immer dreckig.*

Sie haben gesagt, Hunde sind treu, intelligent und süß. Warum? Woher wissen Sie das?
*Ich kenne Hunde.*
*Ich habe schon mit Hunden zusammengelebt.*
*Ich bin schon vielen Hunden begegnet.*
(An dieser Stelle erzählten die Studierenden unweigerlich die eine oder andere Geschichte über Hunde, die sich besonders heroisch, klug oder liebenswert verhalten haben.)

Wie ist es mit den Empfindungen von Hunden? Woher wollen Sie wissen, dass Hunde tatsächlich Gefühle empfinden?
*Wenn's mir schlecht geht, ist mein Hund auch traurig – hundertprozentig!*
*Wenn mein Hund wusste, dass er was angestellt hat, hatte er immer so einen schuldbewussten Blick und verkroch sich unter dem Bett.*
*Mein Hund zittert immer am ganzen Leib, wenn wir ihn zum Tierarzt bringen, weil er so Angst hat.*
*Unser Hund hat immer geweint und nichts mehr gefressen, wenn er gesehen hat, dass wir unsere Urlaubskoffer packen.*
Hält es jemand von Ihnen für möglich, dass Hunde keine Gefühle haben?
(Niemand hob die Hand.)

Was ist mit Schweinen? Glauben Sie, dass Schweine Empfindungen haben?
*Klar.*
Glauben Sie, dass sie die gleichen Empfindungen haben wie Hunde?
*Vielleicht. Ja, ich denke schon.*
Die meisten Leute wissen das gar nicht, aber Schweine sind tatsächlich so sensibel, dass sie in Gefangenschaft neurotische Verhaltensmuster entwickeln, zum Beispiel Selbstverstümmelung.
Glauben Sie, dass Schweine Schmerzen empfinden?
*Natürlich. Alle Tiere empfinden Schmerzen.*

Warum essen wir dann Schweine, aber keine Hunde?
*Weil Speck gut schmeckt.* (Gelächter)
*Weil Hunde eine Persönlichkeit haben. Man kann nicht etwas essen, das eine Persönlichkeit hat. Sie haben Namen, sie sind Individuen.*
Glauben Sie, dass Schweine eine Persönlichkeit haben? Sind sie auch Individuen, wie Hunde?
*Ja, wenn man sie besser kennt, wahrscheinlich schon, denke ich.*

Sind Sie schon einmal einem Schwein begegnet?
(Von einzelnen Studierenden abgesehen, war das bei der großen Mehrheit nicht der Fall.)
Woher haben Sie dann Ihre Informationen über Schweine?
*Bücher.*
*Fernsehen.*
*Werbung.*
*Filme.*
*Keine Ahnung. Von der Gesellschaft, denke ich.*
Wie würde es Ihnen wohl mit Schweinen gehen, wenn Sie sie als intelligente, sensible Individuen sehen würden, die vielleicht gar nicht verschwitzt, faul und gefräßig sind?

Wenn Sie sie aus eigener Erfahrung kennen würden, so wie Hunde?
*Ich würde mir komisch vorkommen, wenn ich sie esse. Wahrscheinlich würde ich mich irgendwie schuldig fühlen.*
Warum essen wir dann Schweine, aber keine Hunde?
*Weil Schweine zum Essen gezüchtet werden.*
Warum züchten wir Schweine, um sie zu essen?
*Keine Ahnung, darüber habe ich mir nie Gedanken gemacht. Weil es halt einfach so ist, denke ich.*

Weil es halt einfach so ist. Lassen Sie sich diese Aussage einen Moment durch den Kopf gehen. Man muss sich das wirklich einmal klarmachen: Wir schicken die eine Tierart zur Schlachterei und schenken der anderen unsere Liebe und Aufmerksamkeit. Und der einzige Grund, der uns dafür offenbar einfällt, lautet: *Es ist halt einfach so*. Wenn unsere Einstellung und unser Verhalten gegenüber Tieren derart widersprüchlich ist und diese Widersprüchlichkeit derart unhinterfragt bleibt, dann können wir mit einiger Sicherheit davon ausgehen, dass man uns etwas Absurdes eingetrichtert hat. Es ist absurd, dass wir Schweine essen und Hunde lieben und nicht einmal wissen, warum. Viele von uns stehen minutenlang vor dem Drogerieregal und überlegen, welche Zahncreme sie kaufen sollen. Aber darüber, welche Tierarten wir essen und warum, denken die meisten von uns keine Sekunde nach. Unsere Konsumentscheidungen sind der Motor einer Industrie, die allein in den USA jährlich elf Milliarden* Tiere tötet. Wenn wir aus freien Stücken diese Industrie unterstützen und dafür keinen besseren Grund vorbringen können

* Diese Zahl beinhaltet nicht die Milliarden Wassertiere, die zum Beispiel allein in den USA ebenfalls jedes Jahr geschlachtet werden.[7] (Anm. d. Übers.: In Deutschland wurden 2012 laut Statistischem Bundesamt rund 800 Millionen Landtiere und Vögel geschlachtet.)

als den, dass es halt einfach so ist, dann stimmt offensichtlich etwas nicht. Was bringt eine gesamte menschliche Gesellschaft dazu, hier ihren Verstand an der Garderobe abzugeben – *und das nicht einmal zu merken?* So kompliziert diese Frage auch ist, die Antwort ist ganz einfach: der Karnismus.

## KARNISMUS

Wir alle wissen, was ein:e Vegetarier:in ist: jemand, der:die kein Fleisch isst. Und heutzutage wissen viele auch, was ein:e Veganer:in ist: jemand, der:die alle tierische Produkte meidet. Manche entscheiden sich aus Gesundheitsgründen für eine vegane Ernährung (oder für eine vegetarische – der Schwerpunkt dieses Buches liegt allerdings, aus Gründen, die noch ersichtlich werden, auf Veganismus), viele Veganer:innen hören aber auf, Tiere zu essen, weil sie es für ethisch nicht vertretbar halten. Den meisten von uns ist klar, dass Veganismus Ausdruck einer ethischen Haltung ist. Wenn wir an Veganer:innen denken, dann denken wir deshalb nicht einfach an Menschen, die so sind wie alle anderen, außer dass sie eben keine Tierprodukte konsumieren. Wir denken an Menschen mit einer bestimmten Weltsicht, deren Konsumentscheidung auf einem inneren Glaubenssystem beruht, in dem das Töten von Tieren für menschliche Zwecke als unethisch gilt. Wir begreifen Veganismus nicht nur als Ernährungsform, sondern als Lebensweise. Das ist auch der Grund, warum zum Beispiel vegane Charaktere in Filmen nicht einfach als Menschen dargestellt werden, die auf Tierprodukte verzichten, sondern als Träger:innen bestimmter Eigenschaften, die wir mit Veganer:innen assoziieren: als Tierfreund:innen etwa oder als Menschen mit auch sonst eher unkonventionellen Wertvorstellungen.

Wenn ein:e Veganer:in jemand ist, der:die glaubt, dass es unethisch ist, Tiere zu essen, wie nennen wir dann jemanden, der:die glaubt, dass es ethisch vertretbar ist, Tiere zu essen? Wenn Veganer:innen Menschen sind, die sich dagegen entscheiden, Tiere zu essen, wie nennen wir dann Menschen, die sich *dafür* entscheiden, Tiere zu essen?

Im Moment verwenden wir den Begriff »Fleischesser:in« als Bezeichnung für jemanden, der:die nicht vegan oder vegetarisch lebt. Aber ist das wirklich zutreffend? Ein:e Veganer:in ist ja, wie wir festgestellt haben, nicht einfach ein:e »Pflanzenesser:in«. Pflanzen zu essen ist eine *Verhaltensweise*, die auf ein inneres Glaubenssystem zurückgeht. In den Begriffen »Veganer:in« und »Vegetarier:in« kommt das auf zutreffende Weise zum Ausdruck, denn die Endungen »-aner:in« und »-tarier:in« bezeichnen jemanden, der:die sich für bestimmte Überzeugungen oder Prinzipien einsetzt, sie unterstützt oder praktiziert.

Der Begriff »Fleischesser:in« hingegen bezieht sich allein auf die Praxis des Fleischverzehrens, als wäre diese Praxis losgelöst von den Überzeugungen und Wertvorstellungen der betreffenden Person. Er klingt so, als handelte jemand, der:die Fleisch isst, *außerhalb* jedes Glaubenssystems. Aber ist Fleischessen wirklich eine Verhaltensweise, die unabhängig von einem Glaubenssystem existiert? Essen wir Schweine, aber keine Hunde, weil wir kein Glaubenssystem in Bezug auf das Essen von Tieren besitzen?

In den meisten Industrieländern essen wir Tiere heute nicht, weil wir es müssen; wir essen Tiere, weil wir es wollen. Wir brauchen keine tierischen Produkte zum Überleben und auch nicht für unsere Gesundheit, das haben Millionen gesunder, langlebiger Veganer:innen längst bewiesen. Wir essen Tiere schlicht deshalb, weil wir das immer schon getan haben und weil sie uns schmecken. Die meisten von uns essen Tiere, weil es halt einfach so ist.

Wir sehen Fleischessen nicht so wie Veganismus: als individuelle Entscheidung, der bestimmte Annahmen über Tiere, unsere Welt und uns selbst zugrunde liegen. Vielmehr sehen wir es als eine Selbstverständlichkeit an, als den »Normalfall«, als einen Zustand, der immer schon so war und auch immer so sein wird. Wir essen Tiere, ohne darüber nachzudenken, was wir da tun und warum wir es tun, weil das Glaubenssystem hinter dieser Verhaltensweise unsichtbar ist. Dieses unsichtbare Glaubenssystem meine ich mit dem Begriff *Karnismus.*

Karnismus ist das Glaubenssystem, das uns darauf konditioniert, bestimmte Tiere zu essen. Bisweilen bezeichnen wir diejenigen, die Tiere essen, als Karnivor:innen. Doch bei Karnivor:innen handelt es sich definitionsgemäß um Tiere, die zum Überleben auf Fleisch angewiesen sind. Menschen, die Tiere konsumieren, sind auch nicht einfach Omnivor:innen. Omnivor ist ein (menschliches oder nichtmenschliches) Tier, das die körperliche Fähigkeit besitzt, sowohl Pflanzen als auch Fleisch zu verdauen. Sowohl »karnivor« als auch »omnivor« sind Begriffe, die eine biologische Beschaffenheit beschreiben, keine philosophische Entscheidung. Die meisten Menschen auf der Welt essen Tiere heute nicht, weil sie es müssen, sondern weil sie sich dafür entscheiden. Und jede Entscheidung geht auf Überzeugungen zurück.

Die Unsichtbarkeit des Karnismus erklärt, warum unsere Entscheidungen uns gar nicht als Entscheidungen erscheinen. Doch warum ist der Karnismus bisher überhaupt unsichtbar geblieben? Warum haben wir ihm keinen Namen gegeben? Dafür gibt es einen sehr guten Grund. Es liegt daran, dass der Karnismus eine spezielle Art von Glaubenssystem ist, eine *Ideologie.* Und er ist auch eine spezielle Art von Ideologie: eine, die sich besonders schwer durchschauen lässt. Betrachten wir nun diese Merkmale des Karnismus der Reihe nach.

Wenn das Problem unsichtbar ist [...],
dann entsteht auch eine ethische Unsichtbarkeit.
*Carol J. Adams*

## KARNISMUS, IDEOLOGIE UND DER STATUS QUO

Unter einer Ideologie versteht man gemeinsame Überzeugungen von Menschen sowie die Praktiken, in denen diese Überzeugungen zum Ausdruck kommen. Der Feminismus zum Beispiel ist eine Ideologie. Feminist:innen vertreten die Überzeugung, dass Frauen das Recht haben, als gleichwertig zu Männern betrachtet und auch behandelt zu werden. Da Männer die dominierende gesellschaftliche Gruppe bilden – die Gruppe, die in der Gesellschaft die Macht innehat –, stellen Feminist:innen die männliche Vorherrschaft in allen Bereichen infrage: vom Privatleben bis hin zu den politischen Rahmenbedingungen. Die feministische Ideologie bildet die Grundlage der feministischen Überzeugungen und Praktiken.

Der Feminismus ist recht leicht als Ideologie zu erkennen, ebenso wie man leicht versteht, dass es beim Veganismus nicht nur darum geht, dass jemand keine Tierprodukte konsumiert. Beide Begriffe, »Feminist:innen« und »Veganer:innen«, beschwören das Bild von Menschen herauf, die ganz bestimmte Überzeugungen haben. Menschen, die nicht so sind wie alle anderen.

Aber was ist mit »allen anderen«? Was ist mit der Mehrheit, mit dem Mainstream, den ganzen »normalen« Menschen? Woher stammen ihre Überzeugungen?

Wir neigen dazu, die Lebensweise des Mainstreams als Ausdruck universeller Wertvorstellungen anzusehen. Dabei ist das, was wir als normal betrachten, nichts weiter als die Summe der Überzeugungen und Verhaltensweisen der gesellschaftlichen Mehrheit. Vor der wissenschaftlichen Revolution herrschte zum Beispiel in Europa die allgemeine Überzeugung, die Erde sei der Mittelpunkt des Universums (im wörtlichen wie im übertragenen Sinne) und werde von Himmelssphären umkreist. Diese

Überzeugung war so tief verankert, dass man sein Leben riskierte, wenn man ihr – wie Kopernikus und später Galileo – öffentlich widersprach. Was wir also als Mainstream bezeichnen, beschreibt letztlich nichts anderes als eine Ideologie, die so verbreitet, so *fest etabliert* ist, dass ihre Annahmen und Praktiken schlicht als normal und vernünftig gelten. Sie ist keine Meinung, sondern eine anerkannte Tatsache. Ihre Praktiken sind keine Frage individueller Entscheidungen, sondern eine Selbstverständlichkeit. Sie ist die Norm. Sie ist das Wie-es-halt-ist. Und sie ist der Grund dafür, dass der Karnismus bisher noch keinen Namen hatte.

Wenn eine Ideologie fest etabliert ist, ist sie im Wesentlichen unsichtbar. Ein Beispiel für eine unsichtbare Ideologie ist das *Patriarchat*. In dieser Ideologie zählt Männlichkeit mehr als Weiblichkeit, weshalb Männer hier mehr gesellschaftliche Macht besitzen als Frauen. Überlegen Sie zum Beispiel, welche der folgenden Eigenschaften jemandem am ehesten zu gesellschaftlichem und finanziellem Erfolg verhelfen: Durchsetzungsvermögen, Passivität, Konkurrenzdenken, Teilungsbereitschaft, Beherrschung, Rationalität, Emotionalität, Selbstständigkeit, Unselbstständigkeit, Fürsorglichkeit, Verletzlichkeit. Wahrscheinlich haben Sie die »männlichen« Eigenschaften ausgewählt und Ihnen war dabei nicht klar, dass Sie mit Ihrer Auswahl patriarchalische Wertvorstellungen zum Ausdruck bringen. Die meisten von uns sehen das Patriarchat nicht als Ideologie, die uns bestimmte Denk- und Handlungsweisen anerzieht. Die Annahme zum Beispiel, es sei besser, eher rational und weniger emotional zu sein, wird von Menschen jeden Geschlechts einfach übernommen – obwohl für unser Wohlbefinden beide Eigenschaften gleichermaßen notwendig sind.

Das Patriarchat hat Tausende von Jahren existiert, ehe es von Feminist:innen als Ideologie benannt wurde. Das Gleiche gilt für den Karnismus. Interessanterweise hat der Vegetarismus als Ideologie schon vor über 2500 Jahren einen Namen erhalten. Menschen, die bewusst kein Fleisch aßen, nannte man »Pythagoreer«, weil sie der Ernährungsphilosophie des antiken griechischen Philosophen und Mathematikers Pythagoras folgten. Später, im neunzehnten Jahrhundert, entstand der Begriff »Vegetarier«, der Begriff »Veganer« folgte 1944. Doch erst jetzt, Jahrhunderte nach der Benennung derjenigen, die keine Tiere essen, hat auch die Ideologie des Tierkonsums einen Namen erhalten.

In gewisser Weise ist es nur logisch, dass Vegetarismus und Veganismus vor dem Karnismus benannt worden sind. Es ist einfacher, Ideologien zu erkennen, die vom Mainstream abweichen. Doch es gibt noch einen anderen, wichtigeren Grund, warum Vegetarismus und Veganismus einen Namen erhalten haben, der Karnismus aber nicht. Etablierte Ideologien bewahren ihre etablierte Stellung vor allem dadurch, dass sie unsichtbar bleiben. Und ihre Unsichtbarkeit bewahren sie vor allem dadurch, dass sie unbenannt bleiben. Wenn wir eine Ideologie nicht benennen, können wir nicht über sie sprechen, und wenn wir nicht über sie sprechen können, können wir sie nicht hinterfragen.

> Was unbenannt bleibt, ohne Darstellung in Bildern [...], was unter falschem Namen als ein anderes erscheint, schwer zugänglich gemacht, was durch Zusammenbruch seiner Bedeutung unter einer untauglichen oder lügenhaften Sprache in der Erinnerung begraben liegt – das wird nicht nur unausgesprochen bleiben, sondern wird auch unaussprechbar.
>
> *Adrienne Rich*

## KARNISMUS, IDEOLOGIE UND GEWALT

Eine Ideologie zu hinterfragen, von der wir nicht einmal wissen, dass sie existiert, ist schwierig, wenn auch nicht unmöglich. Noch schwieriger wird es aber, wenn sich diese Ideologie aktiv darum bemüht, im Verborgenen zu bleiben. Das ist bei Ideologien wie dem Karnismus der Fall. Der Karnismus ist eine *gewalttätige Ideologie*, würden wir nämlich die Gewalt aus dem System herausnehmen – also aufhören, Tieren Leid zuzufügen und sie zu töten –, dann würde das System aufhören zu existieren. (Die gewalttätige Ideologie kann auch als *System der Unterdrückung* oder *unterdrückerisches System* bezeichnet werden.)

Der moderne Karnismus baut auf flächendeckender Gewalt auf. Dieses Ausmaß an Gewalt ist notwendig, um genug Tiere zu verarbeiten und zu schlachten, damit die karnistische Industrie ihre derzeitigen Gewinnmargen halten kann. Der Karnismus ist derart gewalttätig, dass die meisten Menschen nicht bereit sind, Zeug:innen dieser Gewalt zu werden. Und wer es doch wird, für den:die kann es verstörende Folgen haben. Wenn ich in meinen Seminaren einen Film über die Fleischproduktion zeigen wollte, musste ich verschiedene Vorsichtsmaßnahmen ergreifen, damit die psychischen Rahmenbedingungen ausreichend stabil waren, um die Studierenden Aufnahmen sehen zu lassen, die unweigerlich belastend auf sie wirkten. Und ich habe bei meiner Arbeit zahlreiche vegane Tierschützer:innen kennengelernt, die aus ihrer lang andauernden Beschäftigung mit der Verarbeitung und Schlachtung von Tieren eine Posttraumatische Belastungsstörung (PTBS) davongetragen haben. Sie leiden an Intrusionen, Albträumen, Flashbacks, Konzentrationsstörungen, Angstzuständen, Schlafstörungen und einer Reihe weiterer Symptome. In fast drei Jahrzehnten Vortrags- und Unterrichtstätigkeit zum Thema Tierindustrie ist mir noch niemals jemand begegnet, der:die miterlebte, wie Tiere zu Nahrungsmittel verarbeitet werden, ohne auch nur mit der Wimper zu zucken. Wir Menschen hassen es gewöhnlich, Tiere leiden zu sehen.

Warum hassen wir es, die Qual der Tiere zu sehen? Weil wir mit anderen empfindungsfähigen Wesen mitfühlen. Ganz gleich, ob man nun erklärte:r »Tierfreund:in« ist oder nicht: Die meisten von uns wollen niemandem ob menschlich oder nichtmenschlich ein Leid zufügen, besonders wenn es sich um großes und unnötiges Leid handelt. Aus diesem Grund müssen sich gewalttätige Ideologien besondere Abwehrmechanismen zunutze machen, die es human denkenden Menschen ermöglichen, grausame Praktiken zu unterstützen und dabei gar nicht zu merken, was sie tun.

**Unnatural Born Killers**

Zahlreiche wissenschaftliche Studien belegen, dass der Mensch eine wohl natürliche Abneigung gegen das Töten hat. Ein Großteil der Ergebnisse stammt aus der Militärforschung. Sie zeigen unter anderem, dass Soldat:innen* häufig absichtlich über die Köpfe der Feind:innen hinweg schießen – oder überhaupt nicht schießen.[8]

Bei Untersuchungen der Kampfhandlungen in den Napoleonischen Kriegen und im Amerikanischen Bürgerkrieg zeigten sich erstaunliche Zahlen. Gemessen am Können der Schützen, ihrer Nähe zum Feind und

* Anm. d. Verl.: Die Berufsbezeichnung »Soldat« wurde in vorliegenden Abschnitt nur an jenen Stellen gegendert, an welchen deutlich ist, dass der Dienst an der Waffe offiziell auch für Nicht-Männer zugänglich war, oder dort, wo es sich aus konsekutivem Zusammenhang ergibt.

der Leistungsfähigkeit ihrer Waffen, hätte die Anzahl der getroffenen feindlichen Soldaten deutlich über 50 Prozent liegen müssen, was Hunderte von Toten pro Minute bedeutet hätte. Tatsächlich aber starben pro Minute im Schnitt nur ein bis zwei Soldaten. Ein ähnliches Phänomen trat im Ersten Weltkrieg auf: Um seine Männer davon abzuhalten, in die Luft zu schießen, musste der britische Leutnant George Roupell nach eigenen Worten regelmäßig mit blankem Schwert den Schützengraben abgehen, ihnen damit »auf den Hintern schlagen und [...] ihnen befehlen, tiefer anzulegen«.[9] Auch die Feuerquoten im Zweiten Weltkrieg waren auffallend niedrig. Der amerikanische Historiker und Brigadegeneral S. L. A. Marshall berichtet, die Feuerquote während des Kampfes habe bei nur 15 bis 20 Prozent gelegen, das heißt, von je hundert Soldaten, die an einem Feuergefecht beteiligt waren, benutzten nur fünfzehn bis zwanzig überhaupt ihre Waffen. Und in Vietnam kamen auf jede:n von den USA getötete:n gegnerische:n Soldat:in mehr als fünfzigtausend abgefeuerte Kugeln.[10]

Das Militär hat aus diesen Studien vor allem gelernt, dass Soldat:innen nur dann dazu gebracht werden können, gezielt zu töten und aktiv an Gewalthandlungen teilzunehmen, wenn sie gegen das Töten ausreichend desensibilisiert sind. Mit anderen Worten: Sie müssen lernen, *nicht zu fühlen* – und sich für ihre Handlungen nicht verantwortlich zu fühlen. Sie müssen darin ausgebildet werden, sich über ihr eigenes Gewissen hinwegzusetzen. Und doch zeigen uns diese Studien auch, dass die meisten Menschen selbst im Angesicht unmittelbarer Gefahr und in Situationen extremer Gewalt dem Töten abgeneigt sind. Oder, um Marshalls Fazit aufzugreifen: »Im Moment der Wahrheit, als sie den Feind töten konnten und sollten, hat zu allen Zeiten der Geschichte die überwiegende Mehrzahl der Kämpfenden festgestellt, dass sie *de facto* ›Kriegsdienstverweigerer‹ sind.«[11]

Wie ich in Kapitel 1 erwähnt habe, ist Unsichtbarkeit der Hauptabwehrmechanismus des Karnismus. Was den Karnismus auf gesellschaftlicher und psychischer Ebene unsichtbar macht, haben wir bereits erörtert. Doch gewalttätige Ideologien sind auch auf physische Unsichtbarkeit angewiesen. Ihre Gewalt wird sorgfältig vor den Augen der Öffentlichkeit verborgen. Ist Ihnen schon einmal aufgefallen, dass wir für die Fleischproduktion zwar jedes Jahr elf Milliarden Tiere züchten, aufziehen und töten, dass aber die meisten von uns nie auch nur einen einzigen Abschnitt dieses Prozesses zu sehen bekommen?

Wenn wir uns über das Fleisch, die Eier und die Milchprodukte, die wir konsumieren, einmal ernsthaft Gedanken machen, wenn wir uns klarmachen, dass bei unseren kulinarischen Vorlieben sehr viel mehr mitspielt als nur unser persönliches, natürliches Geschmacksempfinden, dann reicht es als Erklärung dafür, warum wir Schweine essen, aber keine Hunde, schlicht nicht aus zu sagen: »Es ist halt einfach so.« Drehen wir uns jetzt einmal um und schauen, wie es wirklich ist.

KAPITEL 3

# WIE ES *IN WIRKLICHKEIT* IST

*Je größer die Lüge,*
*desto mehr Menschen folgen ihr.*
Adolf Hitler*

* zugeschrieben

Wenn Sie so leben wie die meisten von uns, dann gehören Fleisch, Eier und Milchprodukte für Sie zu den Grundnahrungsmitteln. Vermutlich nehmen Sie diese Produkte mehrmals am Tag zu sich. Überlegen Sie einmal kurz, was Sie im Lauf der vergangenen Woche gegessen haben. Wie viele Mahlzeiten waren dabei, die in irgendeiner Form aus Schweinefleisch, Hühner-, Puten- oder Rindfleisch, oder Fisch bestanden? Hatten Sie Eier oder Joghurt zum Frühstück? Schnitzel oder Döner zum Mittagessen? Hähnchen- oder Putenbrust zum Abendessen? Was denken Sie, wie viel Fleisch, Eier und Milchprodukte Sie in dieser Woche gegessen haben? In diesem Monat? In diesem Jahr?

Nach Schätzungen des US-Landwirtschaftsministeriums (USDA) verzehrt jede:r Amerikaner:in pro Jahr durchschnittlich 42 Kilogramm Hühnerfleisch,[12] 8 Kilogramm Putenfleisch,[13] 25 Kilogramm Rindfleisch[14] und 37 Kilogramm Schweinefleisch. Rechnen wir dazu noch ein halbes Kilogramm Kalb- und Lammfleisch, dann isst jede:r US-Bürger:in jährlich insgesamt 113[15] Kilogramm Fleisch[16] – und nicht einmal mitgezählt sind dabei die 8 Kilogramm Fisch,[17] die 16 Kilogramm Eier und die 285 Kilogramm Milchprodukte, die wir konsumieren. Bei einer Bevölkerungszahl von derzeit 328 Millionen Menschen in den USA macht das eine Menge Fleisch, Eier und Milchprodukte – und eine Menge Tiere.* (Dieses Ausmaß an karnistischem Konsum ist auch kein Phänomen, das sich auf die USA beschränkt. In der EU nehmen die Menschen beispielsweise durchschnittlich

115 Kilogramm Geflügel, 110 Kilogramm Fisch, 105 Kilogramm Milchprodukte, 96 Kilogramm Schweinefleisch, 86 Kilogramm Rindfleisch und 13 Kilogramm Eier zu sich.[18] Vergleichbare Zahlen finden sich überall auf der Welt.)

Um genau zu sein, schlachtet die US-Agrarindustrie *zehn Milliarden* Tiere pro Jahr[19] (nicht eingerechnet die schätzungsweise 47 Milliarden Fische und anderen Wassertiere, die jährlich getötet werden[20]). Das sind 19.025 Tiere pro Minute beziehungsweise 317 Tiere pro Sekunde. In der Zeit, die Sie zum Lesen dieser drei Absätze benötigt haben, sind knapp 37.000 weitere Tiere getötet worden.

Nur zum Vergleich: Diese Anzahl von zehn Milliarden Nutztieren in den USA ist höher als die gesamte menschliche Weltbevölkerung. Sie ist 30 Mal größer als die Bevölkerung der Vereinigten Staaten, 1.159 Mal größer als die Bevölkerung von New York City und 2.560 Mal größer als die Bevölkerung von Los Angeles.

Man kann sich diese Zahl auch so vorstellen: Wenn wir zehn Milliarden Menschen an einem Ort versammeln wollten, bräuchten wir dazu eine Fläche in der Größe von 186.874 American-Football-Feldern; das entspricht etwa dem Stadtgebiet von Dallas. Oder würden wir zehn Milliarden Menschen in einer Reihe hintereinanderstellen, dann wäre diese Reihe weit über drei Millionen Kilometer lang. Das entspricht viermal der Stre-

* Anm. d. Übers.: In Deutschland beträgt der jährliche Fleischverzehr – ohne Fische und andere Meerestiere – rund 90 Kilogramm pro Person. Im Jahr 2011 kamen auf jede:n Bundesbürger:in durchschnittlich 12 Kilogramm Hühnerfleisch, 7 Kilogramm Puten-, Gänse- und Entenfleisch, 13 Kilogramm Rind- und Kalbfleisch, 54 Kilogramm Schweinefleisch sowie 3 Kilogramm Wild-, Kaninchen-, Lamm- und Ziegenfleisch (Quelle: BMELV-Statistik 210). Der geringere Anteil an Hühnerfleisch erklärt, weshalb die Anzahl der geschlachteten Tiere in Deutschland mit jährlich rund 800 Millionen deutlicher unter den Schlachtzahlen der USA liegt, als angesichts des nur geringfügig niedrigeren Fleischverzehrs zu erwarten wäre.

cke von der Erde bis zum Mond und zurück. Auf der Erde würde diese Reihe achtzigmal um den Äquator reichen. Und wir reden nur von den Tieren, die in einem einzigen Jahr getötet werden. Stellen Sie sich vor, wie sich diese Zahlen über einen Zeitraum von fünf, zehn oder zwanzig Jahren hinweg vervielfachen.

Ganz offensichtlich benötigt man eine Menge Tiere, um so viel Fleisch, Eier und Milchprodukte zu produzieren, wie in unserer Gesellschaft gekauft, verkauft und verbraucht wird. Die Tierindustrie ist ein großes Geschäft. Genauer gesagt, ein sehr großes Geschäft: Die karnistische Industrie in den USA kommt auf einen jährlichen Gesamtumsatz von fast 177 Milliarden Dollar[21] (ein ähnlicher Betrag wie in der EU).[22] Denken Sie an die zahllosen Lebensmittelmärkte, Restaurants, Kantinen und Privathaushalte landauf, landab, die mit karnistischen Produkten bestückt sind. Wo wir auch hinschauen, Fleisch, Eier und Milchprodukte sind praktisch überall.

Wo also sind die ganzen Tiere?

## WO SIND SIE?

Wie viele von den elf Milliarden Tieren, die in den letzten zwölf Monaten aufgezogen, transportiert und geschlachtet worden sind, hat ein:e US-Bürger:in wohl gesehen? Wie viele solcher Tiere haben Sie selbst im letzten Jahr gesehen? Wenn Sie in einer Stadt leben, wahrscheinlich so gut wie keines. Aber nehmen wir an, Sie leben auf dem Land. Wie viele Kühe sehen Sie in der Landschaft grasen? Vielleicht fünfzig auf einmal, wenn überhaupt? Und was ist mit Hühnern, Schweinen oder Puten? Sehen Sie da jemals welche? Wie oft haben Sie diese Tiere im Fernsehen, in Zeitungen und Zeitschriften oder in Filmen gesehen? Obwohl die meisten von uns sie täglich essen, macht sich kaum jemand auch nur einen Moment Gedanken darüber, wie seltsam es ist, dass wir durch unser ganzes Leben gehen können, ohne jemals den Tieren zu begegnen, von denen wir uns ernähren. *Wo sind sie?*

Die allermeisten Tiere, die wir essen, sind keine »glücklichen« Kühe oder Hühner, die es sich in einem Bauernhofidyll inmitten grüner Wiesen gut gehen lassen – auch wenn die karnistische Industrie uns das gerne glauben machen möchte. Sie schlafen nicht in großzügigen Ställen mit frischem Heu. Vom Zeitpunkt ihrer Geburt an werden diese Individuen auf kleinstem Raum gefangen gehalten, wo sie häufig Krankheiten, extremen Temperaturbedingungen, drangvoller Enge, brutaler Behandlung und Psychosen ausgesetzt sind. Anders als es die gängige Bildwelt der »Tiere auf dem Bauernhof« suggeriert, gehören kleine Familienbetriebe in der Tierhaltung weitgehend der Vergangenheit an. Heute leben die Tiere in riesigen Massentierhaltungsanlagen (auch »Tierfabriken« genannt), in denen sie bleiben, bis sie zum Schlachthof transportiert werden.*

Wie jede größere Produktionsstätte dienen auch Massentierhaltungsanlagen (und die von ihnen belieferten Schlachthöfe) einem einzigen Zweck – ihr Produkt mit geringstmöglichen Kosten und größtmöglichem Gewinn zu erzeugen. Die Rechnung ist einfach: Je mehr Tiere pro Minute verarbeitet und getötet werden, desto mehr Geld springt dabei heraus. Zu diesem Zweck können in Massentierhaltungsanlagen bis zu einer Million Tiere auf einmal untergebracht sein.[23] Tiere, die als Produktionseinheiten betrachtet und entsprechend behandelt werden. Tiere, deren Wohlergehen zwangsläufig dem Gewinn untergeordnet wird, den ihre Körper bringen sollen. Aus geschäftlicher Sicht würde mehr Tierschutz den Gewinn *verringern*, denn es kostet weniger, Tiere massenhaft zu produzieren und diejenigen zu entsorgen,

* Die in diesem Buch beschriebenen allgemeinen Praktiken werden weltweit ähnlich angewandt, gleichwohl die verschiedenen Rechtsvorschriften mitunter zu Unterschieden in den konkreten Abläufen führen.

die vorzeitig sterben, als sich richtig um die Tiere zu kümmern. Tatsächlich wird geschätzt, dass in der US-Fleischindustrie jährlich mehr als zwei Milliarden Tiere sterben, noch bevor sie den Schlachthof erreichen[24]* – ein Faktor, der in den Produktionskosten einkalkuliert ist. Nicht zuletzt diese Kostensenkungsmaßnahmen machen die moderne karnistische Produktion zu einer der gewalttätigsten Praktiken in der Geschichte der Menschheit.

## NICHTS SEHEN, NICHTS HÖREN, NICHTS SAGEN

Der effektivste Weg, die Wirklichkeit zu verzerren, ist sie zu leugnen. Wenn wir uns sagen, es gibt kein Problem, dann müssen wir uns auch nie darüber Gedanken machen, wie wir es lösen. Und der effektivste Weg, einen realen Sachverhalt zu leugnen, ist ihn unsichtbar zu machen. Wie bereits angesprochen, ist Unsichtbarkeit das Bollwerk des karnistischen Systems.

In Kapitel 2 haben wir die Unsichtbarkeit des Systems auf *symbolischer* Ebene dekonstruiert. Diese symbolische Unsichtbarkeit wird durch den Abwehrmechanismus *Vermeidung* ermöglicht, der eine Variante der Verleugnung darstellt. Wir vermeiden den Blick auf die Wahrheit, indem wir es vermeiden, dem System einen Namen zu geben – was uns wiederum daran hindert zu erkennen, dass es überhaupt ein System *gibt*. In diesem Kapitel

* Anm. d. Übers.: Diese Schätzung ergibt sich aus einer Sterberate von 5 Prozent, die in der heutigen Tierhaltung als normal gilt, in Deutschland ebenso wie in den USA. Insbesondere bei Masthühnern und -puten liegt der Prozentsatz oft erheblich höher. In deutschen Betrieben ist daher von jährlich mindestens 40, eher 50 Millionen solcher »Falltiere« auszugehen. Statistisch erfasst werden diese Tiere nicht.

** Einige der älteren Quellen, die ich für die Originalausgabe dieses Buches verwendet habe, habe ich beibehalten, weil die darin enthaltenen Informationen immer noch relevant sind.

wollen wir nun die Unsichtbarkeit des Karnismus auf *praktischer* Ebene dekonstruieren. Diese Dekonstruktion ist notwendig, um die Mechanismen und Kräfte des Karnismus richtig zu verstehen. Solange wir uninformiert oder falsch informiert sind, können wir die Wirklichkeit der karnistischen Produktion nicht begreifen und die karnistischen Abwehrmechanismen nicht überwinden.

Die Betriebe, die den Großteil des Fleisches, der Eier und Milchprodukte produzieren, die auf unseren Tellern landen, sind im Wesentlichen unsichtbar. Wir sehen sie nicht. Wir sehen sie nicht, weil sie sich in abgelegenen Gegenden befinden, in die es kaum jemanden von uns verschlägt. Wir sehen sie nicht, weil wir auch dann nicht hineingelassen werden, wenn wir doch einmal vor der Tür stehen.[25] Wir sehen sie nicht, weil ihre Lastwagen oft versiegelt und ohne Aufschrift unterwegs sind. Wir sehen sie nicht, weil es »keine Fenster zum Durchsehen und keine architektonischen Hinweise auf das Geschehen im Inneren«[26] gibt, wie Eric Schlosser, Investigativ-Journalist und Verfasser des Bestsellers *Fast Food Gesellschaft*, schreibt. *Wir sehen sie nicht, weil wir sie nicht sehen sollen.* Wie bei jeder gewalttätigen Ideologie muss die Bevölkerung vom direkten Kontakt mit den Opfern des Systems abgeschirmt werden, damit sie nicht anfängt, das System und ihre eigene Rolle darin zu hinterfragen. Diese Tatsache spricht für sich: Warum sonst würde die karnistische Industrie so große Anstrengungen unternehmen, um ihre Praktiken unsichtbar zu halten?

**Kein Zugang**

Im Jahr 2007** ging der Journalist Daniel Zwerdling daran, für das US-Magazin *Gourmet* einen Artikel über die Hühnerindustrie im Land zu schreiben. Angesichts der Reaktion der Industrie auf seine Anfrage, einige ihrer Anlagen zu besichtigen, könnte man meinen, Zwerdling schreibe für die *Vegetarian Times*, nicht für eine renommierte karnistische Kochzeitschrift. In seinem Artikel »A View to a Kill« (»Aussicht aufs Töten«), der in der Juniausgabe 2007 veröffentlicht wurde, berichtet Zwerdling: »Die Sprecher der fünf größten Unternehmen weigerten sich, mir die Anlagen ihrer Lieferant:innen zu zeigen, in denen die Hühner aufwachsen, die Sie essen, und in denen ich mir selbst ein Bild von der Behandlung der Tiere machen wollte. Sie weigerten sich, mir die Schlachthöfe zu zeigen, wo ich sehen wollte, wie die Tiere getötet werden. Die Verantwortlichen weigerten sich sogar, mit mir auch nur darüber zu sprechen, wie Hühner in ihren Unternehmen aufgezogen und getötet werden.« Und die Erfahrung, die Zwerdling gemacht hat, ist nicht ungewöhnlich.

Doch es ist nicht nur schwierig, Zugang zu Fleischfabriken zu erhalten. In einigen Bundesstaaten der USA ist es sogar gesetzlich verboten, Foto- und Videoaufnahmen in »Tierbetrieben« wie Versuchslabors, Zirkussen oder Schlachthöfen zu machen. Durch den Animal Enterprise Terrorism Act von 2006 – ein Gesetz, das von vielen Seiten als verfassungswidrig kritisiert wird – sind heute außerdem *jegliche Aktivitäten illegal, die zu einer wirtschaftlichen Beeinträchtigung von »Tierbetrieben« führen.*[27]

Da den Medien der Zugang zu »Tierbetrieben« verweigert wird, stammen die Aufnahmen von Massentierhaltungsanlagen und Schlachthöfen, die an die

Öffentlichkeit kommen, meist aus Undercover-Recherchen. So auch im Fall der Recherche, die im Jahr 2008 zur größten Rückrufaktion für Rindfleisch in der Geschichte der USA führte. Auf dem Filmmaterial der Tierschutzorganisation Humane Society of the United States (HSUS) war zu sehen, wie Arbeiter:innen kranke, gehunfähige Milchkühe an Ketten über den Boden schleiften und mit Gabelstaplern umherwuchteten – ehe die Tiere anschließend zu Fleisch für Schulmensen verarbeitet wurden.

## DIE GESCHICHTE VON DEN KLEINEN SCHWEINCHEN

Wie in Kapitel 2 bereits erwähnt, sind Schweine intelligente, hoch sensible Tiere. Schon drei Wochen alte Ferkel lernen ihren Namen und reagieren, wenn man sie ruft. Bei Forschungen an der Pennsylvania State University hat sich herausgestellt, dass man Schweinen sogar beibringen kann, Computerspiele zu spielen. Sie bedienten dabei den Joystick mit der Schnauze und erreichten so eine Trefferquote von 80 Prozent.[28] Schweine sind außerdem kontaktfreudig und anhänglich und fühlen sich in der Gesellschaft von Menschen wohl, daher geben sie auch so hervorragende tierische Gefährt:innen ab. Vor einigen Jahren habe ich einen Lebenshof für gerettete Nutztiere besucht, und die Schweine dort konnten von meinen Krauleinheiten am Bauch und hinter den Ohren gar nicht genug bekommen.

In einer natürlichen Umgebung legen Schweine täglich bis zu fünfzig Kilometer zurück und bauen oft enge Beziehungen zueinander auf. Sie können bis zu dreißig verschiedene Gruppenmitglieder voneinander unterscheiden, begrüßen diejenigen, die ihnen nahestehen, und kommunizieren regelmäßig mit ihnen. Werdende Mütter sind äußerst gewissenhaft: Wenn nötig, wandern sie zehn Kilometer weit, um einen idealen Ort für ihr Geburtsnest zu finden, und verbringen dann bis zu zehn Stunden mit dem Nestbau, bevor sie schließlich einziehen und sich ihren Kindern widmen. Sobald die Babys alt genug sind, um mit der Mutter wieder zur Gruppe zurückzukehren, spielen sie dort monatelang zusammen und erkunden ihre Umgebung.[29]

Die meisten Schweine allerdings – schätzungsweise 80 Millionen allein in den USA[30]* – verbringen ihr gesamtes Leben eingesperrt auf engstem Raum und kommen zum ersten Mal ins Freie, wenn sie auf Lastwagen verladen werden, die sie zum Schlachthof bringen. Kurz nach ihrer Geburt werden die Ferkel üblicherweise kastriert und ihre Schwänze werden abgeschnitten, beides ohne Betäubung. Den Züchter:innen wird empfohlen, die Schwänze mit einem stumpfen Seitenschneider zu entfernen (»kupieren«), weil durch das Zerquetschen weniger Blut austritt.[31] Das Schwanzkupieren ist notwendig, weil Schweine unter den extrem belastenden Haltungsbedingungen, die ihren natürlichen Bedürfnissen komplett zuwiderlaufen, neurotische Verhaltensweisen entwickeln und sich oft gegenseitig die Schwänze abbeißen.[32] Diese psychische Reaktion zählt zu den Symptomen eines Krankheitsbildes, das in der Branche als »Porcines Stress-Syndrom« (PSS) bezeichnet wird und eine bemerkenswerte Ähnlichkeit mit der Posttraumatischen Belastungsstörung (PTBS) beim Menschen aufweist. Zu den weiteren Symptomen gehören Mus-

* Anm. d. Übers.: In deutschen Ställen leben laut Statistischem Bundesamt knapp 30 Millionen Schweine. Ihre Lebensbedingungen von der Geburt bis zur Schlachtung unterscheiden sich von der nachfolgenden Beschreibung nur in wenigen Details. So erfolgt das Schwanzkupieren in der Regel nicht mit Seitenschneidern, sondern mit Heißschneidegeräten, deren Hitze ebenfalls blutstillend wirkt.

kelstarre, Atemnot, Ängstlichkeit, fleckige Haut und in manchen Fällen ein plötzlicher Tod.[33] Wie bei Menschen, die in Gefangenschaft eine längere Isolationshaft oder andere Arten von Folter durchlitten haben, kommt es auch bei Schweinen zu selbstverletzendem Verhalten sowie zu Verhaltensstereotypien, bei denen immer wieder ein und dieselbe unsinnige Handlung wiederholt wird, in manchen Fällen mehrere tausend Mal am Tag. Die Tiere werden buchstäblich in den Wahnsinn getrieben.**

**Von Schweinen und Menschen: Die Genetik des Traumas**

Die Posttraumatische Belastungsstörung (PTBS) und das Porcine Stress-Syndrom (PSS) scheinen eine gemeinsame genetische Grundlage zu haben. Beide Erkrankungen sind teilweise erblich. Mehrere Studien haben gezeigt, dass eine entsprechende genetische Veranlagung die Wahrscheinlichkeit für das Auftreten einer PTBS nach einem traumatischen Erlebnis erhöht. Eine große Zwillingsstudie mit amerikanischen Vietnamveteran:innen brachte die ausführenden Wissenschaftler:innen beispielsweise zu dem Schluss, dass »die PTBS einen signifikanten genetischen Anteil besitzt.« Analog dazu führt das Landwirtschaftsministerium der kanadischen Provinz Ontario das Auftreten des PSS bei Schweinen auf das Zusammenwirken von Genetik und Stress zurück.[34]

** Stereotypien treten als Stresssymptom bei verschiedenen Tierarten auf (z. B. bei Raubkatzen in Zoos, die im Käfig endlos auf und ab gehen). Sie gelten jedoch nicht als PSS-Symptom.

Die Ferkel, die in diese Gefangenschaft hineingeboren werden, dürfen nur zwei bis drei Wochen bei ihrer Mutter saugen[35] und sind dabei durch Gitterstäbe von ihr getrennt. Ein Teil der Ferkel stirbt noch vor dem Abstillen an Hunger oder Krankheiten wie Durchfall.[36] Schafft es ein Ferkel, sich durch das Gitter zu seiner Mutter hindurchzuzwängen, um seinem natürlichen Bedürfnis nach Wärme und Nähe nachzukommen, kann es dort aufgrund der Enge versehentlich von der Mutter erdrückt werden. Ungeachtet der jeweiligen Todesursache ist dieses Kindersterben unvermeidlich. Es gibt schlicht zu viele Tiere, als dass sich die Angestellten um jedes einzelne kümmern könnten. In einer typischen Schweinezuchtanlage kommen auf 3200 Muttersauen gerade einmal vier Mitarbeiter:innen.[37]*

Nach dem Abstillen kommen die Ferkel für die nächsten sechs Monate in eine Mastfabrik, wo sie in Ställen oder Buchten zusammengepfercht werden, die oft vor Schmutz starren.[38] Die Gebäude sind voll mit giftigen Gasen aus den Ausscheidungen der Schweine, und in der Luft hängt dichter Staub. Sowohl die Schweine als auch die Menschen, die in solchen Mastanlagen arbeiten, leiden an chronischen Atemwegserkrankungen, etliche Schweine sterben vorzeitig an Lungenkrankheiten.[39]

Sind die Schweine dann »schlachtreif«, werden sie auf Sattelschlepper getrieben und zum Schlachthof transportiert. Um Geld zu sparen, werden so viele Schweine wie möglich in einen Lkw gepackt. Diese drangvolle Enge sowie der Umstand, dass die Tiere

* Anm. d. Übers.: In Deutschland sind die Betriebsgrößen kleiner als in den USA und regional sehr unterschiedlich. Das Verhältnis zwischen Schweinen und Mitarbeiter:innen unterscheidet sich jedoch nicht wesentlich. Die baden-württembergische Landesanstalt für Schweinezucht rechnet in ihrem Bericht »Zukunftsfähige Schweineproduktion in Süddeutschland« vom Januar 2010 zum Beispiel vor, dass sich die Anstellung eines:einer festen Mitarbeiter:in erst ab jeweils 150 Sauen oder 1000 Mastplätzen lohnt (www.lsz-bw.de).

während des Transports, der mehr als 28 Stunden dauern kann, weder Futter noch Wasser erhalten und auch nicht vor extremen Temperaturen geschützt sind,[40] führen zu einer hohen Sterberate. Das amerikanische Branchenfachblatt *The National Hog Farmer* schreibt: »Der registrierte Anteil an Schweinen, die bereits tot im Schlachthof eintrafen, lag [2007] landesweit bei 0,21%. Der Anteil an Schweinen, die vor Erreichen der Eingangswaage im Schlachtbetrieb nicht mehr in gehfähigem Zustand waren (wegen Erschöpfung oder Verletzungen), lag nach Auswertung von 22 brancheneigenen Feldstudien bei etwa 0,37%. Landesweite Zahlen für gehunfähige Schweine gibt es nicht.«[41]** Die Tierschützerin Gail Eisnitz, die im Rahmen ihrer Recherchen in der Tierindustrie mit mehreren Schlachthofarbeiter:innen sprach, erhielt zum Transportvorgang folgende Aussagen:

> Im Auflieger gehen immer ein paar Schweine drauf, egal was man macht. [...] Als ich noch beim Abdecker gearbeitet habe, kamen jeden Tag haufenweise tote Schweine rein. [...] Wenn sie vom Laster geworfen werden, sind sie hart wie ein Eisblock. [...] Einmal bin ich zu einem Haufen mit so dreißig gefrorenen Schweinen hin, um ein paar zum Zersägen zu holen, und da habe ich gesehen, dass zwei [von ihnen] [...] gefroren, aber noch am Leben [waren]. [...] Es war ganz klar, dass sie noch leben, weil sie den Kopf angehoben haben, so nach dem Motto: »Hilf mir.« [...] Ich habe meine Axt genommen und sie totgeschlagen.[42]

** Anm. d. Übers.: In Deutschland wird weder die Zahl der gehunfähigen noch der toten Tiere nach Schlachttransporten statistisch erfasst. Nach Schätzungen bewegen sie sich jeweils zwischen 0,1 und 0,5 Prozent, also in einer ähnlichen Größenordnung wie in den USA.

Die Schweine, die den Transport überleben, werden bis zur Schlachtung in Sammelboxen untergebracht.[43] Wenn sie an der Reihe sind, werden sie mit Stöcken auf einen engen Laufgang getrieben, die sogenannte Rutsche, auf der sie einzeln hintereinander in den Schlachtbereich gehen. Die Tiere am Ende der Rutsche hören die Schreie der vorderen Schweine, die am Schlachtband angekommen sind, und die lauten Stimmen der Männer, die dort im Produktionslärm arbeiten. Was er an diesem Punkt beim Rundgang durch einen Schlachthof gesehen hat, schildert Schlosser so: »Der Lärm wird lauter, Fabrikgeräusche, der Klang von Elektrowerkzeugen und Maschinen, Stöße von Pressluft. [...] Wir gehen eine glitschige Metalltreppe hinauf und erreichen eine kleine Plattform, an der die Produktionskette beginnt. Ein Mann dreht sich um und lächelt uns an. Er trägt eine Schutzbrille und einen Helm. Sein Gesicht ist mit Gehirnmasse und Blut bespritzt.«[44] Wie man sich denken kann, gehen viele Schweine nicht freiwillig weiter. Ein Schlachthofarbeiter berichtet dazu:

> Wenn die Schweine Blut riechen, wollen sie nicht weiter. Ich habe gesehen, wie Schweine geschlagen, gepeitscht, gegen den Kopf getreten worden sind, um sie in die Betäubungsanlage zu kriegen. An einem Abend habe ich gesehen, wie ein Treiber so wütend auf ein Schwein wurde, dass er ihm mit einem Brettstück den Rücken gebrochen hat. Ich habe gesehen, wie Treiber Schweinen ihren Viehtreiber in den Hintern gerammt haben, damit sie weitergehen. Das fand ich nicht besonders toll, weil die Schweine dann doppelt so wild waren, wenn sie bei mir ankamen.[45]

Grundsätzlich müssen Nutztiere betäubt werden, sodass sie zum Zeitpunkt der Tötung bewusstlos sind.[46] Manche Schweine aber sind noch bei Bewusstsein, wenn sie kopfüber an den Hinterbeinen aufgehängt werden, und zappeln und winden sich dann in den Ketten, an denen das Fließband sie zum »Stecher« befördert, der ihnen die Kehle aufschlitzt. Da das Betäuben und Töten der Tiere sehr schnell gehen muss und die Schlachthofarbeiter:innen oft unzureichend geschult sind, kommt es auch vor, dass Schweine das Stechen überleben und bei vollem Bewusstsein die nächste Station erreichen, wo sie in brühend heißes Wasser getaucht werden – ein Vorgang, der zum Entfernen der Haare dient.* Eisnitz beschreibt, wie Schweine kreischend an einem Bein hängen gelassen wurden, während die Arbeiter:innen in die Mittagspause gingen, und wie Tausende Schweine bei lebendigem Leib in den Brühtank hinabgelassen wurden. Ein Arbeiter, mit dem sie sprach, meinte dazu: »Diese Schweine [...] kreischen los und strampeln, wenn sie das Wasser berühren. Manchmal zappeln sie so stark, dass Wasser aus dem Tank spritzt. Ein Dreharm drückt sie von oben runter, keine Chance, dass sie rauskommen. Ich bin mir nicht sicher, ob sie ertrinken oder vorher an der Hitze sterben, aber es dauert ein paar Minuten, bis sie mit dem Strampeln aufhören.«[47]

Wie Eisnitz ebenfalls feststellte, führte der Stress der Arbeiter:innen, die stundenlang an einer Station stehen und dort im Vier-Sekunden-Takt Schweine töten (oder betäuben) mussten, zu Gewaltausbrüchen gegenüber den Tieren. Ein Arbeiter beschrieb einen solchen Vorfall:

> Also, einmal haben mich die reingetriebenen Schweine wahnsinnig gemacht, [da] kriegst du so einen Hass auf ein Tier, [auch wenn du] es ja sowieso tötest. [...] Bloß, du tötest

* Anm. d. Übers.: Auch in Deutschland besteht eine Betäubungspflicht, die Fehlerquoten sind jedoch beträchtlich. Nach Angaben des zum BMELV gehörenden Max-Rubner-Instituts aus dem Jahr 2010 erreichen jedes Jahr rund 500.000 Schweine den Brühtank bei vollem Bewusstsein.

> es nicht einfach, du stößt fest zu und haust so richtig rein, zerschneidest die Luftröhre, lässt es in seinem eigenen Blut ertrinken. Spaltest ihm die Nase. Da lief mal ein Schwein in der Wanne rum. Es hat so zu mir hochgeschaut, und ich war gerade am Stechen, und da habe ich so mein Messer genommen und habe ihm das Auge rausgeschnitten, wie es so dasaß. Und das Schwein hat geschrien wie am Spieß. Einmal habe ich auch mein Messer genommen – es ist richtig scharf – und habe einem Schwein die Nasenspitze abgeschnitten, wie eine Scheibe Lyoner. Ein paar Sekunden lang ist das Schwein durchgedreht. Dann ist es nur noch dagesessen und hat dumm gekuckt. Also habe ich eine Handvoll Salzlake genommen und sie ihm in die Nase gerieben. Da ist das Schwein dann wirklich ausgeflippt und hat seine Nase überall gerieben. Auf meiner Hand hatte ich noch ein bisschen Salz – ich hatte einen Gummihandschuh an –, und da habe ich dem Schwein das Salz direkt in den Arsch geschoben. Das arme Schwein hat nicht mehr gewusst, ob es scheißen oder blind werden soll.[48]

Auch die weiblichen Schweine, die als Zuchtsauen genutzt werden, landen am Ende im Schlachthof. Vorher aber verbringen sie einen großen Teil ihres Lebens in engen Metallkäfigen und Boxen, die als »Kastenstände« bezeichnet werden.[49]* Diese Stände sind mit einer Breite von rund 60 Zentimetern so eng, dass die Sauen sich nicht einmal umdrehen können, und der Boden ist mit Kot

* Die Kastenstandhaltung gilt als so inhuman, dass sie in mehreren Ländern und US-Bundesstaaten inzwischen verboten ist. In der EU ist sie seit 2013 verboten, obwohl einige Länder längere Ausstiegsfristen hatten. Sowohl Smithfield Foods[50], der größte Schweinefleischproduzent der USA, als auch der kanadische Marktführer Maple Leaf Foods haben diese Haltungsform ganz oder teilweise verboten (oder angekündigt, sie zu verbieten).

und Urin bedeckt. Infolge dieser Beengtheit leiden die Tiere an einer ganzen Reihe von Beschwerden. Zu den schmerzhaftesten Erkrankungen zählen Harnwegsinfekte, die sehr schwer und sogar tödlich verlaufen können. Harnwegsinfekte treten auf, weil die Sauen beim Liegen im bakterienverseuchten Schlamm versinken, der dann in ihren Harntrakt gelangt. Eine Zuchtsau wird in kurzer Folge – alle fünf bis sechs Monate – immer wieder zwangsweise geschwängert, bis sie nicht mehr fortpflanzungsfähig ist. Dann wartet der Lkw und bringt sie zur Schlachtung.[51]

### »Wer das Thema bestimmt, bestimmt die Diskussion«

Vor einem Publikum aus Geflügelproduzent:innen erklärte Timothy Cummings, seines Zeichens Tierarzt für Geflügel und Klinikprofessor an der Mississippi State University, man müsse den mediengewandten Tierschützer:innen, die die Macht der Sprache zu nutzen wüssten, endlich etwas entgegensetzen. »Wer das Thema bestimmt, bestimmt die Diskussion«, so seine Worte.[52] Cummings riet dazu, das »Schnabelkürzen« bei Hühnern lieber »Schnabelpflege« zu nennen, was den Vorgang eher nach einer Wellnessbehandlung klingen lässt als nach einer Entstellung. Der Begriff »Nachschneider:in« (ein:e Arbeiter:in, welche:r diejenigen Vögel zu töten hat, die nach dem Halsschnittautomaten noch leben) solle durch »Nachbesserer:in«, und der Begriff »ausgeblutet« durch »exsanguiniert« ersetzt werden.

Der Branche ist seit Langem bewusst, welches Unbehagen es den Verbraucher:innen bereitet, wenn Worte ein allzu genaues Bild davon zeichnen, wie Tiere zu Nahrungsmitteln gemacht werden. Schon 1922 schlug der texanische Schaf- und Ziegenzüchter:innenverband (TSGRA) vor, das Wort »Ziegenfleisch« durch »Chevron« zu ersetzen. Die Begründung: »Die Leute essen nicht gehackte Kuh, Schweinestücke oder Schafbein. [...] Steak, Kotelett und Hammelkeule klingen deutlich appetitlicher.«[53] Und der US-Viehzüchter:innenverband NCBA empfahl seinen Mitgliedern vor Jahren, statt von »Schlachtung« besser von »Verarbeitung« oder »Ernte« zu sprechen, da »die Menschen auf das Wort ›schlachten‹ negativ reagieren«.[54]

Auch in Großbritannien findet man interessante Beispiele dafür, wie die karnistische Industrie Sprache benutzt, um die Wahrheit über ihre Produkte zu verschleiern. Das Branchenblatt *Meat Trades Journal* rät seinen Leser:innen, statt »Schlachthof« Begriffe wie »Fleischbetrieb« oder »Fleischfabrik« zu verwenden.[55] Und in der Verbandszeitschrift *British Meat* war folgende Stellungnahme zu lesen: »Der traditionelle Einzelhandel beschränkt sich darauf, der Öffentlichkeit Teile von Tieren anzubieten, und setzt Fleisch oft mit dem jeweiligen Nutztier gleich. Die heutigen Konsument:innen scheuen jedoch vor dieser Verbindung zurück [...]. Es gibt einen dringenden Bedarf für eine neue Verkaufsphilosophie. Wir betreiben nicht mehr das Geschäft des Verkaufs von Frischfleischstücken. Wir müssen unsere Kund:innen dazu bringen, dass sie an das denken, was sie essen werden, nicht an das Tier auf der Weide.«[56]

## DER TÄGLICHE KUHHANDEL

Als Grundlage für sein Enthüllungsbuch *Das Omnivoren-Dilemma*, das die Praktiken der modernen Nahrungsmittelproduktion in den USA beschreibt und dort zum Bestseller geworden ist, hat Michael Pollan das Leben eines einzelnen jungen Ochsen verfolgt: des Jungochsen Nummer 534. Pollans Beobachtungen, während er den Jungochsen Nummer 534 von der Geburt bis zum Tod begleitete, sind repräsentativ für das Schicksal der 35 Millionen Jungochsen, die jedes Jahr im Land geschlachtet werden. Als Pollan gerade eine Herde Kälber in einem Pferch musterte, so der Beginn seiner Beschreibung, »trottete 534 gemächlich zum Geländer heran und stellte Augenkontakt her. Er hatte eine breite stämmige Gestalt und war gefleckt-köpfig [...]. Hier war mein Junge.«[57]

Es ist nicht erstaunlich, dass 534 so bereitwillig auf Pollan zuging. Rinder sind kommunikative, emotionale und gesellige Tiere. Sie verfügen über ein großes Laut- und Gebärdenrepertoire, mit dem sie anderen ihre Empfindungen mitteilen können, und in ihrer natürlichen Umgebung pflegen sie untereinander dauerhafte Freundschaften. Rinder sind von Natur aus sanft und friedfertig und verbringen den größten Teil des Tages mit Grasen und Wiederkäuen. Und wenn die kleinen Kälber nicht gerade bei ihren Müttern saugen, spielen sie häufig auf unterschiedlichste Weise miteinander.

In menschlicher Gefangenschaft geborene Rinder können viele dieser natürlichen Instinkte nicht ausleben. Für kurze Zeit jedoch werden zumindest einige ihrer Grundbedürfnisse erfüllt. Anders als die Schweine- und die Geflügelindustrie hält die Rindfleischindustrie ihre Tiere in den ersten sechs Lebensmonaten im Freien (was allerdings auch bedeutet, dass sie extremen Temperaturen und Witterungsbedingungen ausgesetzt sind),[58] weil es billiger ist, sich für diesen Teil des Prozesses freie Rancher:innen mit Weideland als Vertragspartner:innen zu suchen.* Pollan schreibt: »Jungochse Nummer 534 verbrachte seine ersten sechs Monate auf diesen saftigen Weiden an der Seite seiner Mutter, 9534. Sieht man von dem Trauma des Samstags im April, wo er markiert und kastriert wurde, einmal ab, so könnte man sich vorstellen, dass 534 jene sechs Monate im Rückblick als die gute alte Zeit erscheinen werden.«[59]

Jungochse 534 war im Geburtsstall gegenüber der Weide geboren worden, und wie bei allen männlichen Kälbern erfolgten seine Kastration, das Brandmarken und die Enthornung (die verhindern soll, dass die Hörner sich in einem Zaun verfangen oder andere Tiere und Menschen verletzen) ohne Betäubung. Welche Kastrationsverfahren bei Kälbern am gängigsten sind und wie sie sich am effizientesten durchführen lassen, erläutern Agronom:innen der University of Tennessee.[60] Nach ihrer Aussage lässt sich die mit diesen Eingriffen verbundene Belastung »minimieren, indem der Eingriff durchgeführt wird, solange das Kalb noch jung und nicht geschlechtsreif ist«. Bei einem Verfahren wird mit einem Messer der untere Teil des Hodensacks abgetrennt: »Die freiliegenden Hoden sind dann einzeln zu ergreifen und herauszuziehen, während zugleich das Bindegewebe um den Samenleiter zurückgeschoben wird. Bei jungen Kälbern kann der Hoden ergriffen und herausgezogen werden, bis der Samenleiter reißt.« Alternativ gibt es die Möglichkeit, den Hodensack mit einem Gummiring oberhalb der Hoden abzuschnüren: »Dadurch wird die Blutzufuhr unterbrochen, und der Hodensack mit den Hoden fällt nach etwa drei Wochen ab.« Allerdings wird hier

* Anm. d. Übers.: In Deutschland verbringen die meisten Mastrinder aufgrund der Witterung und der nur sehr begrenzt verfügbaren Weideflächen ihr gesamtes Leben im Stall. Sie werden schon nach wenigen Tagen von der Mutter getrennt und mit Milchaustauscher aufgezogen.

gewarnt: »Von allen unblutigen Verfahren ist dieses am wenigsten wünschenswert, da die Gefahr von Tetanus besteht. Wird dieses Verfahren eingesetzt, so sollten die behandelten Kälber nicht älter sein als einen Monat.« Bei einem anderen unblutigen Verfahren werden mit einer Kastrationszange (eine Art große, stumpfe Beißzange) die Samenleiter abgequetscht und die Blutzufuhr unterbrochen: »Die Kastrationszange verbleibt hier etwa eine Minute lang in geschlossenem Zustand. Es wird dringend empfohlen, die Kastrationszange bei jedem Samenleiter zweimal anzusetzen. Wiederholen Sie den Vorgang an der anderen Seite des Hodensacks. [...] Wurde der Samenleiter verfehlt, so wiederholen Sie den Vorgang.« Des Weiteren raten die Agronom:innen noch, »das Kastrieren sollte am besten im Frühjahr oder Herbst erfolgen, da zu diesem Zeitpunkt die Wahrscheinlichkeit einer zusätzlichen Reizung und Infektion der Wunde durch Fliegen und Maden geringer ist.«

Angesichts dieser Kastrationspraktiken erstaunt es nicht, dass Pollan meint, 534 sei traumatisiert worden. Pollan schreibt außerdem, 534 sei ein zweites Mal traumatisiert worden, als er im Alter von sechs Monaten abgestillt und seiner Mutter weggenommen wurde: »Die Entwöhnung ist für Tiere und Rancher:innen gleichermaßen die wohl traumatischste Zeit auf einer Ranch; von ihren Kälbern getrennte Mütter hängen garantiert tagelang ihrem Kummer nach und brüllen, und die Kälber, gestresst, neigen zu Erkrankungen.«[61] Auch Nutztierärzt:innen sehen in der Abstillphase eine starke psychische Belastung und empfehlen deshalb, Mutter und Kalb nach der Trennung in ausreichend gesicherten Stall- oder Weideanlagen unterzubringen, damit sie nicht wieder zusammenkommen können.[62] Die natürliche Stilldauer bei Kälbern liegt zwischen sechs und zwölf Monaten.

Nach dem Abstillen kam 534 in einen entfernt gelegenen »Vormast«-Pferch, wo er sich im Lauf der nächsten Monate daran gewöhnen musste, eingesperrt zu sein, aus einem Trog zu essen und unnatürliche Nahrung zu sich zu nehmen: riesige Mengen Mais, versetzt mit Medikamenten, Eiweiß- und Fettzusätzen, um sein Gewicht bis zum Alter von elf Monaten von knapp 40 auf etwa 550 Kilogramm zu bringen.[63] Den Rest seines Lebens schließlich verbrachte er auf einer Mastparzelle, einer vollgestopften, verdreckten Tierfabrik unter freiem Himmel – mit Gülleschlamm als Boden. Eingesperrt mit Tausenden anderer Ochsen, wartete er dort auf seine Schlachtung.[64]

Wenn die Zeit der Schlachtung kommt, sind Ochsen ebenso wenig wie Schweine gewillt, über die Rutsche in den Schlachtbereich zu gehen. Sie müssen vorwärtsgetrieben werden, was für die ohnehin schon frustrierten Tiere und Arbeiter:innen zusätzlichen Stress bedeutet. Obwohl der Einsatz von Viehtreibern mit mehr als fünfzig Volt in den USA generell verboten ist, erzählte ein Schlachthofmitarbeiter im Gespräch mit Eisnitz:

> Es kann schon frustrierend sein, wenn man versucht, Rinder zum Weitergehen zu bringen. Manchmal muss man sie ziemlich mit dem Viehtreiber bearbeiten. Aber manche Treiber [Leute, die Rinder durch die Rutsche treiben] machen ihnen so richtig Feuer unterm Hintern. Die fünf oder sechs Hotshots (elektrische Viehtreiber) an den Eingangsrutschen hängen direkt an einem 110-Volt-Anschluss. Wenn man damit über die Gitter am Boden fährt, sprühen sie Funken wie ein Schweißgerät. Manche Treiber haben die Rinder immer wieder mit Hotshots geschlagen, bis sie so wild und panisch waren, dass man nichts mehr mit ihnen anfangen konnte, bis rein in die Betäubungsbox.[65]

In der Schlachtlinie angekommen, werden die Jungochsen betäubt, aufgehängt, ausgeblutet, ausgenommen und gehäutet. Wie bei Schweinen verhindern die mangelhafte Ausbildung vieler Arbeiter:innen und das schwindelerregende Tempo des Fließbands eine sorgfältige Betäubung, und viele junge Ochsen sind daher noch bei Bewusstsein, wenn sie aufgehängt und weitergezogen werden. Solche Ochsen sind auch für die Arbeiter:innen besonders gefährlich, denn wenn sie mit ihren fast 550 Kilogramm am Band zappeln und um sich treten, kann es vorkommen, dass sich die Kette löst und die Tiere aus vier Metern Höhe kopfüber auf die Mitarbeiter:innen fallen. Selbst wenn die Betäubung richtig funktioniert, muss der Bolzenschuss bisweilen mehrfach wiederholt werden, bis ein Tier wirklich bewusstlos ist. Ein:e andere:r Arbeiter:in berichtete dazu:

> Ich erinnere mich an einen Bullen mit richtig langen Hörnern. Ich habe ihm den Bolzen zweimal in den Kopf geschossen. [...] Da kam festes weißes Zeug raus – Hirn, schätze ich – und er ging zu Boden, das ganze Gesicht voller Blut. Ich habe ihn rübergekippt zum Anschlingen. Der Bulle muss gespürt haben, wie wir ihm die Kette anlegen wollten, er ist aufgestanden, als wäre nichts gewesen, er hat nicht einmal geschwankt. Dann ist er durch die Hintertür abgehauen, losgerannt auf die Bundesstraße 17 und wollte dort ums Verrecken nicht stehenbleiben. Sie sind ihm nach und haben ihn mit einem Gewehr erschossen, dann mit dem Traktor zurückgeschleppt.[66]

Auch Schlosser wurde Zeuge der Folgen einer nicht ausreichenden Betäubung: »Ein Rind rutscht von der Kette, fällt auf den Boden und verfängt sich mit dem Kopf in einem Fließband. Die Produktion gerät einen Moment lang ins Stocken, während die Arbeiter:innen sich bemühen, den Ochsen aus der Maschine zu befreien, der zwar benommen, aber noch am Leben ist. Ich habe genug gesehen.«[67]

Pollan erhielt keinen Zutritt zum Schlachtbereich, daher wartete er die Ankunft seines Ochsen an der letzten Station seiner Reise ab. Dort kam 534 als eine Kiste Steaks heraus. Fein säuberlich verpackt, war 534 nun nicht einmal mehr eine Nummer, sondern nur noch eine anonyme Ladung Produkte für das Supermarktregal.

**Sie sterben Stück für Stück**

Im Jahr 2001 druckte die *Washington Post* einen Artikel von Joby Warrick mit dem Titel »Sie sterben Stück für Stück«. Darin beschreibt Warrick, dass junge Ochsen – obwohl sie es eigentlich sein müssten – oft noch nicht tot sind, wenn sie in den Zerlegebereich kommen. Er zitiert Ramon Moreno, einen Schlachthofarbeiter, der als »Beinabschneider« zwanzig Jahre lang die Vorderfüße von aufgehängten Tierkörpern abgetrennt hatte, bei einer Bandgeschwindigkeit von 309 Tieren pro Stunde: »›Sie blinzeln. Sie geben Laute von sich‹, sagte er leise. ›Der Kopf bewegt sich, die Augen sind weit offen und schauen umher.‹ Trotzdem setzte Moreno seine Beinschere an. An schlechten Tagen kamen an seiner Station, wie er sagt, Dutzende von Tieren an, die eindeutig am Leben und bei Bewusstsein waren. Einige überlebten noch bis zum Schwanzabschneiden, zum Bauchschlitzen, zum Häuten. ›Sie sterben‹, so Moreno, ›Stück für Stück‹.«[68]

## DUMME PUTE? DUMMES HUHN?

In Kapitel 2 habe ich einige Beispiele dafür genannt, was wir gängigerweise über Schweine denken und warum es uns dadurch leichter fällt, sie zu essen. Hühnern und Puten gegenüber empfinden viele von uns eine noch größere Distanz, was zumindest teilweise an unserer festen Überzeugung liegt, sie seien dumm – womöglich sogar zu dumm, um zu wissen, ob sie Schmerzen haben. Tatsächlich aber sind Vögel ziemlich klug. Wissenschaftler:innen gestehen diesen Tieren heute eine weitaus höhere Intelligenz zu als bisher gedacht.[69] Hühner und Puten sind außerdem recht anhänglich, was vielleicht erklärt, warum sie immer öfter auch als Haustiere gehalten werden. Menschen, die Hühner oder Puten als Haustiere halten, berichten davon, wie ihre Vögel mit ihnen spielen, sich Streicheleinheiten von ihnen abholen und sogar mit dem Hund der Familie herumtollen. Es gibt auch spezielle Websites, die sich dem Zusammenleben mit Vögeln widmen. Auf *mypetchicken.com* können stolze »Besitzer:innen« von Vögeln zum Beispiel Bilder ihrer Lieblingshühner auf der Seite einstellen und von anderen bewundern lassen.

Ungeachtet dessen werden in den USA jährlich etwa neun Milliarden Vögel wegen ihres Fleisches oder ihrer Eier getötet.[70]* »Masthühner« und Puten werden speziell zum Schlachten gezüchtet. Unter natürlichen Bedingungen haben diese Tiere eine Lebenserwartung von bis zu zehn Jahren. In der Massentierhaltung dagegen beträgt die Lebensdauer von Hühnern sieben Wochen, die von Puten sechzehn Wochen – das heißt, wann

* Anm. d. Übers.: Die deutsche Tierindustrie tötet jährlich mehr als 750 Millionen Vögel. Tiere, die bereits während der Haltung oder beim Transport zum Schlachthof sterben, sind dabei nicht erfasst. Die Sterberate bei Vögeln liegt je nach Betrieb zwischen 5 und 15 Prozent.

immer wir Geflügel essen, verspeisen wir in Wirklichkeit Vogelkinder. Hauptursachen der drastisch verkürzten Lebensdauer der Vögel sind die selektive Zucht und eine Ernährung, die so voller wachstumsfördernder Medikamente steckt,[71] dass sie doppelt so schnell wachsen wie von Natur aus. Als Folge leiden diese Vögel an zahlreichen körperlichen Deformationen. Ihre Beine können das Gewicht des Körpers nicht tragen und verbiegen sich oder brechen. Wegen chronischer Gelenkschmerzen können sie sich nur mühsam bewegen. Und wenn die Zeit für den Transport zum Schlachthof kommt, wenn sie gepackt und in aufeinandergestapelte Kisten gestopft werden, dann sind gebrochene und ausgerenkte Flügel, Hüften oder Beine sowie innere Blutungen anschließend keine Seltenheit.[72]

Vögel, die zur Fleischgewinnung aufgezogen werden, verbringen ihr Leben in strukturlosen Massenställen, auch »Masthallen« genannt, die in der Regel bis zu 20.000 Tiere gleichzeitig fassen – wobei in modernen Anlagen mitunter sogar noch mehr Tiere untergebracht sind[73] und oft so gedrängt voll sind, dass man kaum noch den Boden sieht. Unter diesen Bedingungen ist es den Vögeln nicht möglich, ihr natürliches Verhalten auszuleben – zum Beispiel Futter suchen oder auf Stangen sitzen –, und sie entwickeln stressbedingt psychotische Verhaltensweisen wie Federpicken und Kannibalismus. Um zu verhindern, dass sie sich gegenseitig totpicken, wird ihnen oft kurz nach der Geburt die Schnabelspitze entfernt, mit einer heißen Klinge und ohne Betäubung. Dieser Vorgang, das sogenannte Schnabelkürzen, kann zu Infektionen oder Nerventumoren führen – oder auch zum Tod, wenn zu viel vom Schnabel entfernt wird und der Vogel damit nicht mehr trinken oder nicht mehr essen kann.[74]

Die Vögel, die die Masthalle überleben, kommen dann zur Schlachtung. In Geflügelschlachthöfen, wo die Produktionsgeschwindigkeit noch höher ist als bei anderen Tieren (der Durchschnitt liegt hier bei 8400 Tieren pro Stunde),[75] werden die Vögel auf Fließbänder gekippt und von dort, oft zu mehreren, mit der Hand gepackt und kopfüber an ein Laufband gehängt. Während in den USA durch den Humane Methods of Slaughter Act gesetzlich vorgeschrieben ist, dass andere Tiere bei der Tötung bewusstlos sein müssen, sind Vögel hiervon ausgenommen und werden bei vollem Bewusstsein geschlachtet.* Ihnen wird entweder von Hand oder mit einer Maschine der Hals aufgeschnitten, danach werden sie in brühend heißes Wasser geworfen, damit sich die Federn lösen. Viele Vögel werden so am Ende bei lebendigem Leib verbrüht.

Josh Balk, ein Aktivist, der im Jahr 2004 undercover in einer Hühnerschlachtfabrik des Konzerns Perdue gearbeitet hat und später Vorstand bei der Humane Society of the United States wurde, hat mit mir über seine Erlebnisse in der Fabrik gesprochen. Auch auf Video hat er vieles festgehalten und veröffentlicht, was er dort erlebt hat, insbesondere die ständige Aggressivität der Arbeiter:innen gegenüber den Vögeln. Balk führte damals ein Tagebuch[76], aus dem folgende Auszüge stammen:

> Fast alle Hühner reagierten vom ersten Moment an mit Schreien und heftigen körperlichen Bewegungen, als sie von den Arbeitern gepackt wurden, und auch auf ihrem weiteren Weg am Band. Das Schreien der Vögel und ihr wildes Flügelschlagen waren so laut, dass man den Arbeiter einen halben Meter neben sich anbrüllen musste, damit er einen überhaupt verstehen konnte.

* Anm. d. Übers.: Grundsätzlich ist in Deutschland auch bei Vögeln die Betäubung vor der Tötung vorgeschrieben. Sie erfolgt meist in einem »Elektrobad«, durch das die Tiere mit dem Kopf gezogen werden. Vögel, bei denen diese maschinelle Betäubung misslingt – weil sie falsch aufgehängt oder zu klein sind oder weil sie den Kopf angehoben haben – dürfen laut Tierschutzschlachtverordnung vom Nachschneider »durch schnelles und vollständiges Abtrennen des Kopfes« getötet werden.

> Ich habe gesehen, wie ein Mitarbeiter ein Huhn vom Bodenventilator gekickt hat und dass regelmäßig Hühner quer durch den Raum geworfen werden. [...] Als einer der Arbeiter gerade über Football sprach, nahm er ein Huhn und schleuderte es mit ausgestrecktem Arm und voller Kraft auf das Fließband, so als hätte er gerade einen Touchdown erzielt.
>
> Ich habe gesehen, wie von den Transportkisten aus etwa 50 Vögel auf das Fließband geworfen wurden, aus ungefähr zweieinhalb Metern Höhe. Sie wurden alle auf einmal aus der Kiste gekippt und fielen deshalb direkt aufeinander. Das Geschrei war markerschütternd, die ganze Zeit über. Ich sah zum Fließband und konnte deutlich Hühner mit gebrochenen Beinen und Flügeln erkennen, deren Gliedmaßen in unnatürlichem Winkel vom Körper abstanden.
>
> Ich [...] hatte den ganzen Tag den Eindruck, dass unser Bandführer heute einen besonderen Hass auf die Vögel hatte. Er hat ihnen beim Werfen sogar noch wüste Beschimpfungen nachgebrüllt. In einer der Pausen schlug ein Arbeiter einem Huhn immer wieder mit der flachen Hand ins Gesicht, bis das Band wieder anlief.
>
> Auf dem Boden des Aufhängeraums lagen so viele tote Vögel, dass man kaum einen Schritt machen konnte, ohne dabei auf einen zu treten.

Wie bei anderen Tierarten, die für den menschlichen Verzehr bestimmt sind, bleibt die Öffentlichkeit auch bei den jährlich rund neun Milliarden Hühnern davon abgeschirmt, Zeuge ihres Lebens und Sterbens zu werden. In Balks Worten: »Dort mittendrin zu stehen, die Schreie zu hören und diesen Gestank des Todes in der Luft zu riechen, das ist etwas, was die meisten Menschen niemals [...] erleben.«

## Können sie leiden?

In seinem Plädoyer für einen humanen Umgang mit Tieren sagte im achtzehnten Jahrhundert der Philosoph Jeremy Bentham: »Die Frage ist nicht: ›Können sie denken?‹, oder: ›Können sie reden?‹, sondern: *›Können sie leiden?‹*« Die Frage der Empfindungsfähigkeit – also der Fähigkeit, Freude und Leid zu empfinden – spielt in der Debatte um den Schutz von Menschen wie von Tieren seit jeher eine zentrale Rolle.

Angehörigen schwächerer Gruppen wird traditionell gerne eine höhere Schmerztoleranz unterstellt, und im Lauf der Geschichte ist mit Berufung auf diese Annahme schon häufig das Leid anderer gerechtfertigt worden. So pflegten zum Beispiel Wissenschaftler:innen im sechzehnten Jahrhundert Hunde an den Pfoten auf Bretter zu nageln, um sie dann bei vollem Bewusstsein aufzuschneiden und Experimente an ihnen durchzuführen. Das Jaulen der Hunde taten sie dabei als bloße mechanische Reaktion ab – vergleichbar den Geräuschen, wenn in einem Uhrwerk die Federn ausgelöst werden. Analog dazu operierten amerikanische Ärzt:innen Säuglinge bis Anfang der 1980er Jahre oft ohne Schmerzmittel und ohne jede Betäubung. Die Schreie der Babys wurden als rein instinktive Reaktion gedeutet.[77] Und dadurch, dass afrikanische Sklav:innen für weniger schmerzempfindlich gehalten wurden als weiße Menschen, ließ sich die Brutalität der Sklaverei leichter rechtfertigen.

Da Schmerz immer subjektiv ist, lässt sich leicht dagegen argumentieren, andere würden leiden. Anders ausgedrückt: Weil wir nicht in der Haut des:der anderen stecken, können wir nur vermuten, was er:sie wohl empfindet – und wenn es in unserem Interesse liegt anzunehmen, er:sie leide nicht, dann glauben wir nur allzu leicht, das sei auch so. Unsere Annahmen gehen auf unsere grundsätzlichen Überzeugungen zurück, auf das, woran wir glauben. Und gerade die Glaubenssysteme, die es uns ermöglichen, anderen Leid zuzufügen, halten sich selbst aktiv am Leben. Es ist daher kein Wunder, dass wir nicht so genau hinschauen – oder nachdenken –, wenn es um karnistische Praktiken geht, die Tieren Schmerzen bereiten. Nehmen wir zum Beispiel die gängige Annahme, es handle sich lediglich um instinktive Bewegungen, wenn Hummer versuchen, aus dem Topf herauszuklettern, in dem sie gerade bei lebendigem Leib gekocht werden. Obwohl wir keinen Grund haben, davon auszugehen, dass sie *keine* Schmerzen empfinden, obwohl es nur logisch ist anzunehmen, dass sie vor dem brühend heißen Wasser fliehen, weil es wehtut, und obwohl Instinkt und Empfindungsfähigkeit sich keineswegs ausschließen, sondern häufig zusammen auftreten, entscheiden sich die meisten Menschen dafür, das Gegenteil zu glauben.

Eine Möglichkeit, unserer subjektiven Wahrnehmung des Erlebens anderer etwas entgegenzusetzen, ist objektive Forschung. Beispielsweise haben Forscher:innen gezeigt, dass die Nervenbahnen von Neugeborenen weit genug entwickelt sind, um die Kinder Schmerzen empfinden zu lassen, und heute werden Neugeborenen Betäubungsmittel nicht mehr verweigert. Ebenso ist es inzwischen hinreichend wissenschaftlich belegt, dass

Krebstiere sehr wohl empfindungsfähig sind. In einigen Kommunen ist es daher nun verboten, Hummer bei lebendigem Leib zu kochen.[78] Und der größte Bio- und Naturkosthändler der Welt, Whole Foods Market in den USA, verkauft keine lebenden Hummer und Taschenkrebse mehr – mit der ausdrücklichen Begründung, die Behandlung und der Verkauf der Tiere seien unmenschlich.[79]*

Entgegen den Behauptungen der Geflügelindustrie, Menschen könnten nicht wirklich wissen, was Hühner empfinden, gibt es heute außerdem deutliche Belege dafür, dass Vögel nicht nur leiden, sondern auch aktiv versuchen, ihren Schmerz zu betäuben. Einer Versuchsgruppe von 120 Hähnen, von denen die Hälfte lahmte, boten Forscher:innen zweierlei Futter an: normales Futter sowie Futter, das ein entzündungshemmendes Schmerzmittel enthielt. Die lahmenden Hähne verzehrten bis zu 50 Prozent mehr vom Futter mit dem Medikament als die nicht lahmenden und konnten dadurch wieder besser gehen. Eine zweite, ähnliche Studie zeigte, dass die Hähne umso mehr vom Futter mit dem Medikament zu sich nahmen, je stärker sie lahmten. Daraus schlossen die Forschenden, dass die Vögel sehr wahrscheinlich Selbstmedikation betrieben und dass sie nicht nur leiden *können*, sondern auch tatsächlich leiden.[80]

* Anm. d. Übers.: Da auch die industriellen Tötungsmethoden für Hummer als tierquälerisch gelten, haben nach Protesten von Tierschützer:innen viele deutsche Supermarktketten den Verkauf von (lebenden *und* toten) Hummern in den letzten Jahren beendet.

## UND SONNTAGS AUCH MAL ZWEI: LEGEHENNEN

Es entbehrt nicht einer gewissen Ironie, dass wir auf »süßen« Bilder von Tieren – auf Postkarten oder Postern, in Kalendern und so weiter – so häufig frisch geschlüpfte Küken sehen, während zugleich jedes Jahr Millionen dieser Vogelbabys eine ganz andere Behandlung erfahren, als die meisten von uns sich das vorstellen. Eierlegende Hennen, beziehungsweise Vögel, die zur Eierproduktion genutzt werden, werden in einem industriellen Verfahren in den Brutschränken großer Brütereien geboren. Die männlichen Küken sind wirtschaftlich wertlos und werden deshalb kurz nach der Geburt entsorgt. Dazu werden sie entweder in einen großen Schredder gekippt und bei lebendigem Leib zermahlen, mit Gas getötet oder einfach in die Mülltonne geworfen, wo sie ersticken oder an Flüssigkeitsmangel sterben.[81] Etwa 80 Prozent der eierlegenden Hennen in der US-Massentierhaltung fristen ihr Dasein in Legebatterien, wo im Schnitt jeweils sechs Vögel in einen Drahtkäfig von der Größe einer Registraturschublade gestopft werden.[82]

Die Hennen verbringen ihr gesamtes Leben in diesen Batteriekäfigen,[83] wo sie essen, schlafen und ihren Kot absetzen müssen – und wo sie nicht einmal ihre Flügel ausbreiten können. Damit der Kot nach unten durchfallen kann, besteht der Käfigboden aus einem Drahtgitter, worin sich die Gliedmaßen der

* Anm. d. Übers.: Seit 2012 sind Legebatterien in der EU offiziell verboten, die Umsetzung ist jedoch in vielen Ländern noch nicht abgeschlossen. In Deutschland lebt heute laut Statistischem Bundesamt noch etwa jede siebte Legehenne in der sogenannten »Kleingruppenhaltung«, einer Form der Käfighaltung, die sich kaum von herkömmlichen Legebatterien unterscheidet und deshalb vom Bundesverfassungsgericht bereits 2010 für verfassungswidrig erklärt worden ist.

Hühner leicht verfangen können. Die Drähte an den Dächern und an den Seiten der Käfige scheuern den Vögeln die Federn ab und verursachen Blutergüsse, und manche Hennen werden so neurotisch, dass sie ihre Brust an den Drähten reiben, bis sie kahl ist und blutet. Legebatterien gelten als so grausam, dass sie in einer Reihe von Ländern inzwischen verboten sind.* Auch in einigen US-Bundesstaaten gilt dieses Verbot mittlerweile; insgesamt sind die Legebatterien in den USA aber noch immer weit verbreitet.[84]

Da die Hennen genetisch so verändert sind, dass sie zwanzig- bis dreißigmal so viele Eier legen wie ihre Vorfahrinnen,[85] sind ihre Knochen morsch und brechen häufig, denn aus ihrem Skelett wird überproportional viel Kalzium zur Bildung der Eierschalen abgezogen. Eine weitere Folge dieser künstlichen Züchtung auf eine unnatürlich hohe Eieranzahl ist der Gebärmuttervorfall. Bleibt ein Ei an der Gebärmutterwand kleben, kann es die Gebärmutter beim Legen mit herausziehen. Wird die Gebärmutter dann nicht in den Körper zurückgeschoben, picken andere Hennen danach, und die betroffene Henne verblutet schließlich oder stirbt an einer Infektion. In beiden Fällen zieht sich ihr Sterben meist über zwei Tage hin.[86]

Sobald die Hennen nicht mehr genügend Eier legen, um profitabel zu sein, werden sie aus ihren Käfigen gerissen, oft mehrere mit einer Hand. Dabei kommt es nicht selten vor, dass die geschwächten, im Drahtgitter verhedderten Gliedmaßen abreißen. Kaum älter als ein Jahr, landet eine eierlegende Henne bereits im Schlachthof.[87]

**Tod im Häcksler: Menschlichkeit oder Irrsinn?**

Im Jahr 2003 berichtete die *LA Times*, Arbeiter:innen einer Legefabrik in San Diego hätten »eimerweise zappelnde Vögel in [einen Holzhäcksler] geworfen, dann die zerkleinerten Überreste mit Schlamm vermischt und das Gemisch zu Haufen aufgeschichtet«. Nach Angaben der Zeitung war diese Vorgehensweise von dem Veterinär Gregg Cutler, Mitglied im Tierschutzausschuss des amerikanischen Tierärzteverbandes AVMA, genehmigt worden.[88] Cutler hatte zuvor an einem Treffen mit Geflügelhalter:innen teilgenommen, bei dem es anlässlich des Ausbruchs der Newcastle-Krankheit, einer bei Vögeln auftretenden Virusinfektion, um die Frage ging, was nun mit den Hühnern geschehen solle. »Keine Idee war zu verrückt«, sagte er der *LA Times*. »Wir haben verzweifelt versucht, der Krankheit Herr zu werden.« Doch die 30.000 Hennen, die in San Diego im Häcksler landeten, waren nicht mit der Newcastle-Krankheit infiziert, sie hatten lediglich aufgehört Eier zu legen. Trotzdem befürworteten Cutler und andere Veterinär:innen die Vorgehensweise und bezeichneten sie als human, wie einer der Inhaber der Legefabrik angab. Gegen Cutler wurde keine Anklage erhoben, und gegen die Legefabrik ermittelte die Bezirksstaatsanwaltschaft von San Diego zwar wegen Tierquälerei, kam aber zu dem Schluss, es gebe keine Hinweise auf vorsätzliches kriminelles Handeln seitens der Inhaber:innen, denn diese seien »lediglich dem Rat der Expert:innen gefolgt«.

## DIE MILCH MACHT'S: DAS LEID DER MILCHKÜHE

Da die meisten Menschen glauben, dass es möglich sei, Milch zu gewinnen, ohne der Kuh etwas zuleide zu tun. Also nehmen sie an, Milchprodukte seien von Natur aus frei von Tierquälerei. Die Betonung liegt auf »von Natur aus«, denn wie bei allen karnistischen Produkten ist auch die Produktion von Milch heute alles andere als natürlich.

Viele Kühe in den USA verbringen ihr Leben in Tierfabriken: entweder in Massenställen, angekettet in winzigen Boxen, oder in eingezäunten, vollgestopften Parzellen im Freien. In den Parzellen essen die Kühe von einem Fließband auf der Außenseite des Zaunes und stehen dabei auf einem urin- und kotgetränkten Betonboden.[89]

Um die Milchproduktion auf ein Höchstmaß zu steigern, werden Kühen, die der Milchproduktiondienen sollen, gentechnisch erzeugte Wachstumshormone gespritzt, und einmal im Jahr werden sie künstlich geschwängert.[90] In den meisten US-Milchbetrieben werden die Kühe mit Maschinen zehn Monate im Jahr gemolken, auch in den neun bis zehn Monaten ihrer Schwangerschaft.[91] Dieses ständige Geschwängertwerden und Milchgeben belastet ihre Körper derart, dass viele Kühe zu lahmen beginnen oder an Mastitis erkranken, einer Euterinfektion, die zu schweren Entzündungen führen kann. Das Stoffwechselsystem der Kuh ist so überlastet, dass ihr normaler Verdauungsprozess bisweilen nicht ausreicht, um mit der körperlichen Produktionsleistung Schritt zu halten. Deshalb erhält sie neben ihrer natürlichen, pflanzlichen Nahrung aus Heu und Gras zusätzlich Getreide und eiweißreiche tierische Futtermittel aus tierischen Nebenerzeugnissen wie Blutprodukte, Gelatine und Talg.[92]

Ungeachtet dieser erheblichen körperlichen Belastungen, denen die Kühe ausgesetzt sind, rührt ihr vielleicht größtes Leid von dem emotionalen Trauma her, das sie jedes Jahr nach ihrer Niederkunft erfahren. Ihr männlicher Nachwuchs wandert in die Kalbfleischproduktion,[93] der weibliche in die Milchproduktion. Wie zuvor schon angemerkt, haben Kühe eine innige Beziehung zu ihren Kälbern und stillen sie bis zu einem Jahr. In den Tierfabriken wird das Kalb dagegen meist nur wenige Stunden nach der Geburt fortgebracht, damit die Milch der Kuh stattdessen für den menschlichen Konsum genutzt werden kann. Oft wird das Kalb einfach von der Mutter weggezerrt, die währenddessen hysterisch brüllt. Oder die Kuh wird zum Melken in einen anderen Teil des Betriebs gebracht und das Kalb in ihrer Abwesenheit entfernt, um die Kuh nicht zu provozieren. Genau wie Menschenmütter können Kühe rasend vor Verzweiflung werden, wenn sie ihre Kinder nicht finden. Sie brüllen tagelang und suchen fieberhaft nach ihren Kälbern, manchmal werden sie auch gewalttätig und stoßen oder treten nach den Arbeiter:innen. Es kommt sogar vor, dass Kühe ausbrechen und kilometerweit nach ihren Kälbern suchen, wenn diese in einen anderen Betrieb gebracht worden sind.[94]

Obwohl Kühe eine natürliche Lebenserwartung von rund zwanzig Jahren haben, gelten sie in der Milchindustrie nach vier Jahren als verbraucht und landen im Schlachthof.[95] Rinderhack besteht zu einem großen Teil aus Kühen, die zuvor für die Milchproduktion genutzt wurden.[96]

## WIE NEUGEBOREN: KALBFLEISCH

Viele Menschen haben eine Schwäche für Babys, auch dann, wenn es sich dabei um Rinder handelt. Den Anblick, wie ein neugeborenes Kalb seine ersten tapsigen Schritte in die Welt setzt, finden die meisten von uns rührend, und seine Unschuld, seine Zerbrechlichkeit und Verletzlichkeit wecken unser Mitgefühl. Nicht zufällig gehören junge Kälber, die noch wackelig auf den Beinen sind, zu den beliebtesten Figuren für Kinderbücher. Man kann sich daher vorstellen, wie schockiert viele Menschen sind, wenn sie vom Elend der Millionen Kälber erfahren, die jedes Jahr als unerwünschte Nebenprodukte der Milchindustrie geboren werden. Ohne die Milchindustrie gäbe es nämlich die Kalbfleischindustrie wahrscheinlich gar nicht.[97]

Da Milchbäuer:innen mit den männlichen Kälbern ihrer Kühe nichts anfangen können, geht es ihnen im Wesentlichen darum, sie loszuwerden. Wenige Tage oder gar Stunden nach der Geburt werden die Kälber auf einen Lkw getrieben – und teilweise auch gezogen, wenn sie noch nicht richtig gehen können, eine Praxis, die vom USDA mittlerweile als unmenschlich eingestuft wird.[98] Die Kälber landen auf Auktionen, wo sie für nur 50 Dollar an Kalbfleischproduzent:innen verkauft werden.[99] Und da es sich bei ihnen im wahrsten Sinne des Wortes um Neugeborene handelt, ist es auf dem Auktionsplatz nicht ungewöhnlich, dass Kälber noch ein glitschiges Fell von der Geburt haben oder dass an ihrem Bauch noch die Nabelschnur baumelt.[100]

Ihr ganzes kurzes Leben – manche Kälber werden schon nach wenigen Tagen getötet, die meisten aber leben sechzehn bis achtzehn Wochen – verbringen sie dann angebunden oder angekettet in winzigen Boxen, die so eng sind, dass sie sich nicht einmal umdrehen oder normal hinlegen können.[101]* Und damit das Kalbfleisch seine bekannte blasse Farbe erhält, werden die Tiere künstlich mit eisenarmer Nahrung gefüttert, sodass sie

* In einigen US-Bundesstaaten und in der EU sind Kälberboxen verboten. Hat die aktuelle EU-Bürgerinitiative »End the Cage Age« Erfolg, könnte das Verbot künftig auch für jegliche Einzelhaltung von Kälbern wie den sogenannten Kälberiglus greifen.[102]

chronisch an der Grenze zur Blutarmut schweben. Für Kalbfleisch gezüchtete Kälber werden lebenslang bewegungsunfähig und kränklich gehalten, und es ist daher nicht erstaunlich, dass sie ähnliche neurotische Verhaltensweisen zeigen wie andere Tiere, die unter großem Stress leiden: krankhaftes Kopfschlagen, Hufscharren, Treten und Kratzen sowie »leeres« Kauen.

Die Schlachtung von Kälbern unterscheidet sich nicht von der Schlachtung anderer Tiere. Eigentlich müssen sie betäubt sein, bevor sie an die Kette gehängt werden,[103] aber auch hier funktioniert dieses Verfahren bei Weitem nicht fehlerfrei. Im Gespräch mit Eisnitz beschrieb ein Arbeiter einen Teil des Vorgangs:

> Am Morgen kamen die Kälber, das hat alles aufgehalten. Damit es schneller geht, haben wir acht oder neun von ihnen gleichzeitig in die Betäubungsbox gesteckt. Wie sie reinkommen, fängt man bei den ersten gleich an mit dem Bolzenschuss, die Kälber springen dabei hin und her und liegen dann kreuz und quer übereinander. Man weiß nicht mehr, welche man überhaupt erwischt hat und welche nicht, und die ganz unten vergisst man leicht. Aufgehängt werden sie trotzdem, und dann zappeln sie am Band und schreien, und das Band läuft weiter. Bei den ganz Kleinen – so zwei, drei Wochen alte –, da hatte ich ein schlechtes Gewissen, wenn ich sie töten sollte, deshalb habe ich sie einfach so durchgelassen.[104]

Offenbar gibt es einen Punkt, an dem die Gewalttätigkeit des Karnismus solche Ausmaße annimmt, dass selbst die stärksten Abwehrmechanismen des Systems versagen.

## MEERESFRÜCHTE ODER MEERESBEWOHNER? FISCHE UND ANDERE WASSERTIERE

Gegenüber Fischen und anderen häufig gegessenen Tieren aus dem Meer* empfinden viele von uns eine so große Distanz, dass wir ihr Muskelfleisch gar nicht erst als Fleisch auffassen. Wenn zum Beispiel ein:e Fleischesser:in** erfährt, dass jemand vegetarisch lebt, reagiert er:sie darauf oftmals mit der Frage: »Dann essen Sie also nur Fisch?«

Wir nehmen das Muskelfleisch von Wassertieren nicht wirklich als Fleisch wahr, weil wir diese Wassertiere – auch wenn wir wissen, dass sie weder Pflanzen noch Mineralien sind – vielfach nicht als Tiere betrachten. Und infolgedessen betrachten wir sie auch nicht als empfindungsfähig, als Wesen mit einem eigenen Interesse am Leben. Wir verhalten uns gegenüber Meerestieren daher so, als wären sie aus der Art geschlagene Pflanzen, und pflücken sie mit der gleichen Leichtigkeit aus dem Meer wie einen Apfel vom Baum.

Doch sind Meerestiere wirklich so geist- und empfindungslos, wie viele von uns annehmen? Nicht, wenn man den Aussagen von Neurobiolog:innen, Verhaltensforscher:innen und anderen Wissenschaftler:innen glaubt. Zahlreiche Studien auf der ganzen

* Wassertiere kommen sowohl aus salzigen als auch aus süßen Gewässern. Manchmal verwende ich jedoch den Begriff »Meer« in Bezug auf Wassertiere allgemein, da die große Mehrheit der Wassertiere dem Ozean entstammt und ich versuche, umständliche Formulierungen zu vermeiden.

** Wie ich in Kapitel 2 erwähnte, repräsentiert die Bezeichnung »Fleischesser:in« das Phänomen des karnistischen Konsums nicht in Gänze. Ein passenderer Ausdruck wäre »karnistische:r Konsument:in«. Um aber den:die Leser:in nicht mit zu viel ungewohnter Terminologie zu verwirren, habe ich mich in diesem Buch für die Verwendung von »Fleischesser:in« entschieden.

Welt haben gezeigt, dass Fische und andere Tiere aus dem Meer sowohl Intelligenz besitzen als auch Schmerz empfinden können. Forschungen zur Intelligenz von Wassertieren belegen beispielsweise, dass Fische keineswegs nach kurzer Zeit wieder vergessen, was sie gerade erlebt haben, sondern ein Erinnerungsvermögen von mindestens drei Monaten besitzen.[105] Die Wissenschaftlerin Theresa Burt de Perera von der Oxford University hat außerdem festgestellt, dass Fische in der Lage sind, eine »innere Landkarte« ihrer Umgebung zu entwickeln, mit deren Hilfe sie sich äußere Veränderungen einprägen und ihr Verhalten darauf einstellen können – eine Aufgabe, die die kognitiven Fähigkeiten von Hamstern übersteigt. Aufgrund solcher Erkenntnisse ist es in der italienischen Stadt Monza jetzt verboten, Goldfische in kleinen Glaskugeln zu halten.[106] Und Hummer, von denen manche älter werden als wir Menschen, besitzen an ihren Antennen mehr als 400 verschiedene chemische Rezeptoren, mit denen sie laut Jelle Atema vom Marine Biological Laboratory in Woods Hole (im US-Bundesstaat Massachusetts) erkennen können, welches Geschlecht ein anderes Tier hat, welcher Art es angehört und sogar in welcher Stimmung es sich befindet.

Weiter oben habe ich bereits darauf hingewiesen, dass die Empfindungsfähigkeit verschiedener Krebstiere heute wissenschaftlich belegt ist und dass infolgedessen Gesetze zum Schutz dieser Arten erlassen worden sind. Auch bei anderen Wassertieren häufen sich die Belege dafür, dass sie Schmerz empfinden können. So haben Forscher:innen zum Beispiel herausgefunden, dass Fische an mehreren Stellen ihres Körpers Schmerzrezeptoren besitzen und dass ihr Nervensystem schmerzstillende Botenstoffe ausschüttet, die ganz ähnlich wirken wie Endorphine beim Menschen.[107] In einer Studie spritzten Forscher:innen des Roslin Institute und der University of Edinburgh einer Gruppe von Fischen eine schmerzhafte säurehaltige Substanz in die Lippen, einer anderen Gruppe dagegen eine harmlose

Salzlösung. Die Fische der ersten Gruppe reagierten mit schüttelnden Bewegungen, die »eine verblüffende Ähnlichkeit mit den Bewegungen [hatten], die man bei [...] Säugetieren in einer solchen Stresssituation sieht«. Außerdem litten die Tiere ganz offensichtlich: Sie rieben ihre Lippen am Kies ihres Beckens und an den Beckenwänden, und es dauerte fast dreimal so lange wie bei der Kontrollgruppe, bis sie wieder Nahrung zu sich nahmen. (Diese Studie hat die Debatte darüber angeheizt, ob Sportangeln ethisch vertretbar ist, da Tierschützer:innen nun geltend machen, es sei Tierquälerei, Fischen zum Spaß den Mund zu durchbohren.)

Andere Forschungen deuten darauf hin, dass Wassertiere sogar posttraumatische Reaktionen auf Schmerz erleiden können. Wissenschaftler:innen der Purdue University und der Norwegischen Veterinärhochschule (NVH) versahen Fische in einer wegweisenden Studie mit Heizfolien, teilten sie in zwei Gruppen auf und verabreichten einer Gruppe Morphium. Dann ließen sie die Temperatur der Folien steigen und beobachteten die Reaktionen der Fische. (Bei dem Versuch wurde den Fischen kein bleibender Schaden zugefügt.) Die Forscher:innen nahmen an, das Morphium werde die Fische mehr Hitze ertragen lassen. Wie sich herausstellte, wanden sich die Fische beider Gruppen bei der gleichen Temperatur, was die Forscher:innen folgern ließ, das Winden sei eine Reflexhandlung und kein Zeichen von Schmerz. Nachdem die Fische aber wieder in ihre Becken zurückgesetzt worden waren, zeigten diejenigen, die kein Morphium erhalten hatten, ein deutliches Abwehrverhalten, das auf Ängstlichkeit und erhöhte Wachsamkeit hindeutete. Nach Feststellung der Forscher:innen handelte es sich um eine posttraumatische Reaktion der Fische auf den Schmerz: »Sie haben den Schmerz in Angst verwandelt, genau wie wir.«

Ungeachtet dessen werden in den USA jedes Jahr 47 Milliarden Wassertiere geschlachtet, von denen viele für den menschlichen Verzehr bestimmt sind.[108]* Das Fangen, Aufziehen und Töten dieser Tiere erfolgt auf zweierlei Weise: durch kommerzielle Fischerei oder durch Aquakultur.[109] Beide Methoden verursachen extremes Tierleid und enorme Umweltschäden.

Die kommerzielle Fischerei ist nicht nur dafür verantwortlich, dass weltweit 90 Prozent aller Fischarten oder Teilpopulationen im Bestand gefährdet sind,[110] sie hat auch schwerwiegende Auswirkungen auf andere Tierarten. Eine gängige Fischfangmethode besteht darin, dass Schiffe unter der Meeresoberfläche lange Netze hinter sich herziehen. Diese Netze führen zu riesigen Mengen an »Beifang« – Tiere, die mitgefangen werden, obwohl sie selbst nicht Fangziel sind.[111] Es wird geschätzt, dass jedes Jahr knapp 30 Milliarden Tonnen Meerestiere tot oder sterbend zurück ins Meer geworfen werden, darunter Vögel, Schildkröten, Delfine und unerwünschte Fischarten. Bleiben Netze im Meer zurück, verfangen sich darin auch später noch Seevögel und andere Tiere, die zufällig in ihren Weg geraten.[112] In manchen Fischereigebieten wird statt Netzen Dynamit oder Zyanid eingesetzt, doch solche Methoden können ganze Ökosysteme zerstören.[113] Die Artenvielfalt der Meere ist durch die kommerzielle Fischerei in einem solchen Maße bedroht, dass bereits von einem »Kahlschlag unter Wasser« gesprochen wird.

Um diese Artenvielfalt zu schützen, essen manche Menschen bewusst Fische aus Farmaufzucht statt aus kommerziellem Fischfang. Das Futter für diese Zuchtfische stammt jedoch größtenteils aus dem Meer. Schätzungen zufolge werden für

* Anm. d. Übers.: Wassertiere werden statistisch nicht nach Anzahl, sondern nach Gewicht erfasst. In Deutschland liegt der jährliche Pro-Kopf-Verzehr bei rund 16 Kilogramm (Quelle: BMELV-Statistik 210). Davon stammen 20 Prozent aus Fang oder Zucht in Deutschland, sodass für den menschlichen Verzehr etwa 255.000 Tonnen »deutsche Wassertiere« getötet werden. Die Tiere, die in Aquafarmen sowie an Nutz- oder Haustiere verfüttert werden, sind darin nicht enthalten.

jedes produzierte Kilogramm Zuchtlachs (den in den USA am dritthäufigsten konsumierten Fisch) bis zu fünf Kilogramm Meeresfische verbraucht. Zuchtfische wachsen in Aquafarmen heran, die nichts anderes sind als Massentierhaltung für Meerestiere und 21 Prozent des in den USA konsumierten Fischs sowie 47 Prozent des weltweit konsumierten Fischs produzieren.[114] Diese Anlagen befinden sich entweder an Land, wo die Tiere in geschlossener, kontrollierter Umgebung gehalten werden, oder im Meer, direkt an der Küste. In beiden Fällen leben in einer solchen Aquafarm Zehntausende Fische oder andere Wassertiere, zusammengestopft in überfüllten Tanks oder Netzkäfigen, in denen es von Parasiten und Krankheitserregern nur so wimmelt.

Um Krankheiten in Schach zu halten, das Wachstum zu beschleunigen und das Fortpflanzungsverhalten zu steuern, erhalten die Tiere Antibiotika, Wurmmittel und Hormone und werden teilweise gentechnisch verändert.[115] Die zugeführten Chemikalien werden von den Tieren aufgenommen und gelangen zudem in die Umwelt, landen letztlich also in unserem Verdauungssystem und unserem Ökosystem. Aus den Netzkäfigen im Meer entkommen nicht selten auch Fische, die dann Krankheiten verbreiten oder sich vermehren und damit den natürlichen Genpool verunreinigen können.[116]

Für die Schlachtung von Fischen gibt es unterschiedliche Methoden. In der kommerziellen[117] Fischerei lässt man sie an Bord der Schiffe oft einfach ersticken. Zuchtfische werden üblicherweise mit einer Pumpe aus ihren Tanks oder Käfigen geholt und in einen Schlachtbereich geschüttet. Dort kommen verschiedene Schlachtverfahren zum Einsatz, darunter tödliche Stromschläge, die einen epilepsieähnlichen Krampfanfall herbeiführen, Betäubung durch Knüppelschläge auf den Kopf, Einfrieren des Tieres bei lebendigem Leib, Erstickenlassen sowie Durchbohren des Hirns mit einem Dorn.

Trotz der Gewalt, die mit der Fleischherstellung aus Fischen und anderen Meerestieren verbunden ist, macht der Anblick dieser Vorgänge – oder zumindest einiger davon – vielen Menschen nichts aus. Der Hauptabwehrmechanismus des karnistischen Systems, die Unsichtbarkeit, spielt bei der Verarbeitung von Wassertieren also eine geringere Rolle. Die meisten Menschen können zum Beispiel Zeugen einer Fischschlachtung werden, ohne ein Trauma zu erleben, wie sie es womöglich bei der Schlachtung eines Schweins davontragen würden. Wie es scheint, empfinden wir gegenüber Wassertieren, die uns so grundverschieden vom Menschen, so fremd vorkommen, eine dermaßen große Distanz, dass ihr Leid selbst dann unsichtbar bleibt, wenn es sich direkt vor unseren Augen abspielt.

## MITFÜHLENDER KARNISMUS: DIE »ARTGERECHTE« PRODUKTION VON FLEISCH, EIERN UND MILCHPRODUKTEN

Das zunehmende Bewusstsein über die gewaltvollen Zustände in der Tierindustrie hat in jüngerer Vergangenheit dazu geführt, dass immer mehr Menschen diese Industrie nicht länger unterstützen wollen: Die Praktiken dieser Industrie sind für sie nicht mehr mit ihren moralischen Vorstellungen von Mitgefühl und Gerechtigkeit vereinbar. Die karnistische Industrie hat natürlich versucht, diesem Trend entgegenzuwirken, nicht zuletzt dadurch, dass sie den Menschen – mit der sogenannten artgerechten Tierhaltung – die Möglichkeit eröffnet, Tiere zu konsumieren, die angeblich gerne gegessen werden.

»Artgerecht« gehaltene Tiere leiden oft beträchtlich. Auch wenn sie mehr Bewegungsfreiheit haben, werden sie immer noch regelmäßig schmerzhaften Praktiken ausgesetzt. Dazu zählen die Kastration ohne Betäubung (in der Fleischproduktion), das Schreddern oder das Vergasen der Küken (in der Eierproduktion) oder die Trennung der Tiere von ihrem Nachwuchs nur Stunden nach der Geburt (in der Milchproduktion). Und fast alle Tiere landen letztendlich in denselben Schlachthöfen.[118] Die Vorstellung artgerecht produzierter karnistischer Produkte ist daher irrational.

Es kann schwerfallen, die Absurdität des »mitfühlenden Karnismus« zu erkennen, sofern wir nicht beginnen, außerhalb karnistischer Kategorien zu denken. Bedenken Sie also Folgendes: Die meisten von uns würden es als grausam empfinden, einen glücklichen, gesunden Golden Retriever zu schlachten, nur weil Menschen den Geschmack seiner Schenkel mögen – doch wenn genau das Gleiche mit anderen Tieren geschieht, wird von uns erwartet, dass wir es als artgerecht akzeptieren. Die artgerechte Produktion von Fleisch, Eiern und Milchprodukten – der mitfühlende Karnismus – ist in der Tat ein Widerspruch in sich.

**»Diese abscheuliche [...] Quälerei muss aufhören, und nur Menschen wie wir können etwas dagegen tun.«**

In Südkorea werden jedes Jahr Millionen Hunde wegen ihres Fleisches getötet. Der Handel mit Hundefleisch ist zwar nicht offiziell von der Regierung zugelassen, er wird aber auch nicht beanstandet. Derzeit befindet sich ein Gesetz in Vorbereitung, das Hunde als Nutztiere einstufen soll – wodurch die Hundefleischindustrie in Korea geradezu explodieren könnte.

Im Jahr 2002 veröffentlichte die britische Zeitung *The Telegraph* einen Artikel, der das Leben und

Sterben der zur Schlachtung bestimmten Hunde beschreibt:

> Der strenge Geruch und das Jaulen der eingesperrten Hunde sind eher dazu angetan, einem den Magen umzudrehen, doch Lee Wha-Jin klatscht fröhlich Schüsseln mit Hundegeschnetzeltem auf die weißen Plastiktische seines Restaurants im berüchtigten Seouler Nachtmarkt Moran. Ein Lokal reiht sich hier ans nächste, und überall stehen im Hinterhof kleine, zusammengeschweißte Käfige in drei oder vier Reihen übereinander. Darin eingezwängt: acht Monate alte Welpen, was als bestes Schlachtalter gilt.
>
> Die Kund:innen wählen aus den lebenden Tieren dasjenige aus, das sie möchten. Der Hund wird dann in den hinteren Bereich des Lokals gebracht, wo ein dünner Vorhang oder eine Schwingtür den Blick auf einen grauenhaften Tod verdeckt – nicht aber dessen Geräusche. [...]
>
> Ehe sie in der trostlosen Ansammlung von Käfigen hinter einem Restaurant ankommen, müssen die meisten Hunde die elenden Zustände in einer der koreanischen Hundefarmen ertragen, die zwischen Hügeln versteckt draußen auf dem Land liegen. Nicht selten wachsen Welpen hier zu zehnt in einem Käfig auf, übersät mit Wunden und Läusen. [...]
>
> So unmenschlich wie ihre Aufzucht ist auch der Tod der Hunde. Die meisten werden totgeprügelt, weil das nach landläufiger Meinung ihre Adrenalinproduktion anregt, wovon sich die Männer in Südkorea eine Stärkung ihrer Manneskraft versprechen.

> Sind die Hunde dann tot – oder fast tot –, werden sie in kochendes Wasser geworfen, gehäutet und mit einem Fleischerhaken am Kiefer aufgehängt. Viele Köche glasieren den toten Körper dann mit einem Gasbrenner.[119]

Der Handel mit Hundefleisch in Südkorea stößt auf den erbitterten Widerstand von Tierschützer:innen und Ausländer:innen – von denen viele regelmäßig das Fleisch von Schweinen, Hühnern und Rindern essen. So sagt etwa der Präsident des koreanischen Tierschutzverbandes KAAP, Lee Won-Bok: »Hundefleisch im Supermarkt neben Rindfleisch und Schinken, das ist eine entsetzliche Vorstellung.« Und entsetzte Blogteilnehmer:innen auf der Website der US-amerikanischen Tierschutzorganisation ASPCA teilen seine Gefühle.[44] Genau wie Lee Won-Bok verleihen ihre Blogeinträge dem Ausdruck, was viele Menschen im Angesicht von Tierquälerei empfinden:*

> [A]nständige Menschen schaffen es gar nicht, sich mit diesem Thema näher zu befassen, weil es einfach der reinste Horror ist, was Hunde/Katzen usw. bei der Fleisch- und Pelzgewinnung in Fernost

* Die folgenden Aussagen stammen nicht von mir, sondern von Online-Kommentatoren, die zweifellos Fleisch von Kühen, Hühnern und Schweinen konsumieren, aber nichtsdestotrotz den Verzehr von Hundefleisch anprangern. Diese Kommentare sollen den Umstand hervorheben, dass die Konsument:innen karnistischer Produkte die Widersprüchlichkeit ihrer eigenen Überzeugungen und Verhaltensweisen im Normalfall nicht erkennen.

durchmachen. Millionen Hunde und Katzen werden lebendig gehäutet, lebendig gekocht, manche sogar lebendig gehäutet UND dann lebendig gekocht. [D]er ferne Osten ist für die schlimmsten, abscheulichsten Formen von Tierquälerei verantwortlich, die dieser Planet je gesehen hat, und das in großem Maßstab.

[... D]ie meisten Leute sehen und hören nur das, was sie sehen und hören wollen, und weil das nicht hier in den USA stattfindet, ignorieren die Leute es eher, aber es geht nicht einfach vorbei, nur weil es im Ausland passiert. Die Leute müssen den Kopf aus dem Sand ziehen und sich für diese Tiere einsetzen.

Für die Hunde, die am Ende zum Verzehr getötet werden, ist es ein Leben in äußerstem Elend, wenn sie überhaupt ein Leben haben. [...] Hunde sind weder Wildtiere noch Nutztiere. [...] Alle auf der ganzen Welt müssen jetzt etwas tun. Rettet die Hunde in Korea. Wir glauben daran, dass ihr es schafft.

[I]ch habe schon Grausamkeiten aus der ganzen Welt gesehen, aber im fernen Osten ist die Einstellung gegenüber Tieren wirklich schockierend [...] wie kommt das? [M]eine Theorie dazu ist: weil sie wissen, dass Hunde/Katzen im aufgeklärten Westen meistens den Respekt bekommen, den sie verdienen, und weil ihre rückständigen Gesellschaften sich da einfach nicht vorwärtsbewegen wollen.

[Ich] habe den Eindruck, dass viele [Leute] die Situation im fernen Osten überhaupt nicht kennen, und ehrlich gesagt kann man ihnen das auch nicht wirklich vorwerfen, wie viele anständige Menschen würden schließlich auch nur im Traum daran denken, dass Tiere auf so eine unnötige und abartige Weise gequält werden könnten.

[A]lle anständigen Leute müssen sich mit diesem Thema befassen, auch wenn sie davon Albträume bekommen. [... D]iese abscheuliche, teuflische, bösartige Quälerei muss aufhören, und nur Menschen wie wir können etwas dagegen tun.

## WENN SCHLACHTHÖFE WÄNDE AUS GLAS HÄTTEN

Sir Paul McCartney hat einmal gesagt, wenn Schlachthöfe Wände aus Glas hätten, wäre jede:r Vegetarier:in. Er meinte, wenn wir die Wahrheit über die Fleischproduktion wüssten, könnten wir nicht weiterhin Tiere essen.

Doch auf einer gewissen Ebene unseres Bewusstseins kennen wir die Wahrheit durchaus. Wir wissen, dass die karnistische Produktion ein unschönes Geschäft ist – nur wollen wir lieber nicht genau wissen, wie unschön. Wir wissen, dass Fleisch von Tieren stammt – bringen aber beides lieber nicht miteinander in Verbindung. Und oft ist es so, dass wir Tiere essen – und gar nicht wissen wollen, dass wir damit selbst eine Entscheidung getroffen haben. Gewalttätige Ideologien sind so strukturiert, dass es nicht nur möglich, sondern unvermeidlich ist, dass uns unangenehme Wahrheiten zwar auf einer Ebene bewusst sind, auf einer anderen Ebene aber nicht. Dieses Phänomen des *unbewussten Wissens* ist allen gewalttätigen Ideologien gemeinsam. Und es bildet den Wesenskern des Karnismus.

Bei gewalttätigen Ideologien besteht zwischen Produzent:innen und Konsument:innen typischerweise eine stillschweigende Vereinbarung, nichts zu sehen, nichts zu hören und nichts zu sagen. Sicherlich, die karnistischen Betriebe unternehmen große Anstrengungen, um ihre Geheimnisse zu wahren. Aber wir machen es ihnen auch leicht. Sie sagen uns, wir sollen nicht hinschauen – und wir wenden den Blick ab. Sie sagen uns, die Milliarden Tiere, die wir nie zu Gesicht bekommen, leben friedlich draußen auf der Weide ihrer Bauernhöfe – und so unlogisch das auch ist, hinterfragen wir es doch nicht. Wir machen es ihnen leicht, weil die meisten von uns auf einer gewissen Bewusstseinsebene nicht wissen wollen, wie es in Wirklichkeit ist.

Gleichzeitig aber wollen – und verdienen – wir die Freiheit, unsere Konsumentscheidungen selbstständig als gut informierte, mündige Verbraucher:innen zu treffen. Diese Freiheit ist logischerweise nicht möglich, wenn uns nicht einmal bewusst ist, dass wir *überhaupt* Entscheidungen treffen. Wenn unsere Überzeugungen und unser Verhalten von einer unsichtbaren Ideologie gesteuert werden, sind wir Opfer eines Systems, das uns die Freiheit nimmt, selbstständig zu denken und entsprechend zu handeln.

Wenn wir uns darüber im Klaren sind, wie es *in Wirklichkeit* ist, wenn wir begreifen, wie das System funktioniert, dann und nur dann sind wir in der Lage, frei zu entscheiden. Dem Karnismus einen Namen zu geben und die Praktiken der karnistischen Produktion zu entmystifizieren ist ein erster Schritt, der uns hilft, die Fassade des Systems zu durchschauen. Am Ende seiner Reise durch das Leben und Sterben der Tiere, die wir essen, bringt Schlosser das eindrucksvoll zum Ausdruck, und es scheint daher nur angemessen, dieses Kapitel mit seinen Worten abzuschließen:

> Während ich am Zaun entlanggehe, nähern sich mehrere Rinder, blicken mir direkt in die Augen, wie Hunde, die um ein Leckerchen betteln, und folgen mir aus einem mysteriösen Impuls heraus. Ich bleibe stehen und versuche, die ganze Szene in mich aufzunehmen: die kühle Brise, die Rinder und ihr sanftes Muhen, den wolkenlosen Himmel, den Dampf, der von der [Fleisch-]Fabrik im Mondlicht aufsteigt. Und dann bemerke ich, dass das Gebäude doch ein Fenster hat, ein kleines helles Rechteck im zweiten Stock. Es bietet einen Blick auf das, was sich hinter der großen, leeren Fassade verbirgt. Durch das kleine Fenster kann man hellrote Kadaver auf Haken sehen, die sich im Kreis drehen.[120]

KAPITEL 4

# KOLLATERALSCHÄDEN: DIE ANDEREN OPFER DES KARNISMUS

*Tatsachen schafft man nicht*
*dadurch aus der Welt,*
*dass man sie ignoriert.*

Aldous Huxley

In Kapitel 3 haben wir das Leben und Sterben der Tiere nachverfolgt, die bei uns am häufigsten als Fleisch-, Eier- und Milchlieferanten gehalten werden. Auf Tiere, die seltener verzehrt werden, wie Lämmer, Ziegen und Enten, bin ich aus Platzgründen nicht eingegangen. Unerwähnt geblieben ist auch eine andere, wichtige Gruppe von Tieren, die ebenfalls Opfer des Karnismus sind, auch wenn es allzu oft übersehen wird: nämlich als *Kollateralschaden* der Tierindustrie.

Wie bei Schweinen und den anderen oben beschriebenen Tierarten werden die allermeisten dieser Tiere – über 300 Millionen allein in den USA – als Ressource betrachtet, als Mittel zum Zweck. Wie bei den anderen Tieren ist ihr Wohlergehen ein Gewinnhindernis. Und wie die anderen Tiere werden sie vom Gesetz kaum geschützt.

Diese anderen Opfer des Karnismus stehen selten im Mittelpunkt, wenn es um die karnistische Produktion geht. Auch sie sind unsichtbare Opfer – nicht weil sie nicht gesehen werden, sondern weil sie nicht erkannt werden. Die Rede ist von Tieren der Spezies Mensch: von den Arbeiter:innen in Tier- und Fleischfabriken, den Anwohner:innen umweltbelastender Massentierhaltungsanlagen, den karnistischen Konsument:innen, den Steuerzahler:innen. Die Rede ist von uns allen. *Wir* sind der Kollateralschaden des Karnismus. Wir bezahlen für den Karnismus mit unserer Gesundheit, unserer Umwelt und unseren Steuern – in den USA mit 13,2 Milliarden Dollar jährlich (in Form von Agrarsubventionen), um genau zu sein.[121]***

Schlachtarbeiter:innen*** verbringen praktisch ihren gesamten Tag in vollen, engen Fabrikhallen, wo der Boden oft mit Blut und Fett überschwemmt ist.[124] Durch das gnadenlose Tempo der Schlacht- und Zerlegebänder sind sie ständig dem Risiko schwerer Verletzungen oder sogar des Todes ausgesetzt.[125] Und Mitarbeiter:innen von Massentierhaltungsbetrieben – die sich inmitten der giftigen Gase aus den angesammelten Exkrementen bewegen – können schwere Atemwegserkrankungen, Fortpflanzungsstörungen, Nervenschäden und Krampfanfälle davontragen, bis hin zum Koma.[126] Derart beengte und gefährliche Arbeitsbedingungen können außerdem zu einer Vielzahl anderer körperlicher Erkrankungen führen,[127] doch die Mitarbeiter:innen werden selten medizinisch behandelt, da es kostengünstiger ist, einige von ihnen vorzeitig zu verlieren, als sich um ihre Gesundheit zu kümmern.**** Es muss daher auch nicht überraschen, dass die Arbeiter:innen in Tierfabriken oft physisch und psychisch drangsaliert werden, wenn sie die Anforderungen nicht

* Karnistische Produzent:innen erhalten nach dem US-Landwirtschaftsgesetz von 2014 zwar keine direkte finanzielle Unterstützung (und erhielten diese auch vorher nicht), haben aber Anspruch auf die Not- und Katastrophenhilfe, die zwischen 1995 und 2016 9,8 Milliarden Dollar gekostet hat.[122] Auch in der EU fließen Subventionen in Höhe von rund 30 Milliarden Euro an karnistische Produzent:innen, was etwa 19 Prozent des gesamten jährlichen EU-Haushalts ausmacht.[123]

** Anm. d. Übers.: Die direkten Zuschüsse aller OECD-Länder für tierische Erzeugnisse betrugen 2009 rund 43,6 Milliarden US-Dollar. Davon erhielt die europäische Tierindustrie allein 3,5 Milliarden Euro an Direktzahlungen für Tiere (Quelle: *Fleischatlas 2013*).

*** Die Zustände in Molkerei- und Eierproduktionsbetrieben ähneln denen in Fleischfabriken.

**** Anm. d. Übers.: Anders als in Deutschland ist die Krankenversicherung in den USA meist eine freiwillige Sozialleistung des Arbeitgebers. Viele Arbeitnehmer:innen sind daher nicht krankenversichert und können sich keine medizinische Behandlung leisten. (Ab 2014 wird durch die jüngste Gesundheitsreform erstmals eine weitgehende Versicherungspflicht eingeführt.)

erfüllen können – genau wie die anderen Tiere, die man eben vorwärtstreibt, wenn sie sich den Anweisungen widersetzen.[128]

Anwohner:innen in der Nähe von Massentierhaltungsbetrieben leiden regelmäßig unter den giftigen Emissionen dieser Anlagen, die unter anderem Sulfite und Nitrate freisetzen. Diese Giftstoffe verseuchen die Luft und das Trinkwasser und können zu chronischem Asthma, Augenreizungen, Bronchitis, Durchfällen, starken Kopfschmerzen, Übelkeit, Fehlgeburten, Missbildungen bei Kindern, Todesfällen bei Säuglingen sowie zum Ausbruch von Viren- und Bakterienerkrankungen führen.[129]

Und die Konsument:innen von Fleisch, Eiern und Milchprodukten – in den USA 317 Millionen Menschen – essen unwissentlich eine ganze Ansammlung von Schadstoffen mit. Karnistische Lebensmittel sind hier oft mit künstlichen Hormonen versetzt, von denen einige mit der Entstehung verschiedener Krebsarten in Zusammenhang gebracht werden und deshalb in der Europäischen Union sowohl für den menschlichen als auch für den tierischen Verzehr verboten sind.[130] Hier wie dort enthalten karnistische Lebensmittel zudem große Mengen Antibiotika, giftige Pestizide, Herbizide und Fungizide, die als krebserregend bekannt sind, potenziell tödliche Bakterien- und Virenstämme, Erdöl, vergiftete Rattenleichen, Schmutz, Haare und Kot.[131]

In seinem Bestseller *Fast Food Gesellschaft* bringt Eric Schlosser den Kollateralschaden des Karnismus auf den Punkt: »Im Fleisch ist Scheiße.« Während Schlosser damit jedoch ganz konkret Fäkalien meint, geht es in diesem Kapitel um weit mehr als nur um Kot. Es geht um alles, womit das Fleisch, die Eier und die Milchprodukte, die wir essen, verseucht sind: von Korruption bis hin zu Krankheiten. Es geht um den Müll eines kranken Systems.

Um zu verstehen, wie Scheiße in unser Fleisch gekommen ist, müssen wir eine der zentralen Eigenschaften des Karnismus verstehen: Wie andere gewalttätige Ideologien auch ist das System auf eine Gefolgschaft von *indirekten* Opfern angewiesen, von

Zufallsopfern, die nicht nur die Folgen des Systems zu tragen haben, sondern dieses System zugleich unterstützen, indem sie unwissentlich zu ihrer eigenen Opferwerdung beitragen. Das System schafft solche Opfer, indem es als etwas erscheint, was es nicht ist – mit dem Ergebnis, dass wir uns sicher fühlen, obwohl wir in Gefahr sind, und frei, obwohl wir gezwungen werden. Um zu verstehen, wie Scheiße in unser Fleisch gekommen ist, müssen wir verstehen, dass auch wir Menschen Opfer des Karnismus sind.

## WIE SICHER SIND WIR?

1906 veröffentlichte Upton Sinclair seinen berühmten Enthüllungsroman *Der Dschungel* über die amerikanische Fleischindustrie. Darin beschrieb er die Korruptheit der Tierindustrie und die verdreckten, gefährlichen Zustände, die in Fleischfabriken und Schlachthöfen an der Tagesordnung waren. Sinclair berichtete von Anlagen, wo die Arbeiter:innen im Schlachtbereich zentimeterhoch im Blut standen, um sie herum ein Heer von teils lebenden, teils toten Ratten, von denen einige am Ende zusammen mit dem Fleisch verarbeitet wurden. Die Arbeiter:innen liefen ständig Gefahr, sich die Finger abzuschneiden oder in einen der Schmalzkessel zu fallen, »wo sie tagelang unentdeckt blieben, bis nur noch die Knochen übrig waren und der Rest bereits als ›Durham's Pures Bauchschmalz‹ in den Läden stand!«[132] *Der Dschungel* deckte dermaßen erschreckende und ekelerregende Zustände auf, dass die Öffentlichkeit und Politiker:innen in den USA gleichermaßen empört waren. Diese allgemeine Entrüstung führte dazu, dass mit dem Meat Inspection Act und dem Pure Food and Drug Act zwei Gesetze erlassen wurden, die regelmäßige Kontrollen in Schlachthöfen und Fleischfabriken anordneten.

Viele Menschen haben von Sinclairs *Der Dschungel* und seinen Auswirkungen auf die gesetzlichen Vorschriften für die Fleischproduktion gehört. Nur wenige wissen jedoch, dass diese Gesetze in der Praxis kaum durchgesetzt worden sind und dass sich die Zustände in den Fabriken auch in den Jahrzehnten nach der Veröffentlichung von *Der Dschungel* nicht wesentlich verbessert haben. In vielerlei Hinsicht sind die Zustände heute sogar noch schlimmer. Durch das Aufkommen größerer Anlagen und schnellerer Verarbeitungstechniken, verbunden mit einer unzureichenden Anzahl staatlicher Kontrolleure, lastet jetzt noch mehr Druck auf den Arbeiter:innen, und die Betriebe sind voller und enger denn je – und damit noch schwieriger zu überwachen.

## INFEKTIONEN, KONTROLLEN UND DAS LANDWIRTSCHAFTSMINISTERIUM

Grundsätzlich gibt es zwei Arten von Kontrollen: vor Ort und aus der Ferne. Blicken wir nochmals auf die USA: Gemäß dem Meat Inspection Act von 1906 hatten die Kontrolleur:innen des Landwirtschaftsministeriums (USDA) die Aufgabe, Vor-Ort-Kontrollen durchzuführen, also die Organe und anderen Körperteile der Tiere auf Krankheiten zu überprüfen, die Geräte und Werkzeuge auf Keime, die Schlachtkörper auf erste Anzeichen von Verderbnis und Insektenbefall sowie die Wände und Räumlichkeiten auf ausreichende Hygiene. In den 1980er Jahren jedoch übertrugen neue Gesetze die Pflicht zur Qualitätssicherung von der Regierung auf die Betriebe selbst[133] (die Trump-Administration hat die Situation zudem weiter verschlimmert, indem sie die Zahl der USDA-Inspektor:innen, die in den Anlagen bei den Kontrollen vor Ort sein müssen, nahezu halbierte).[134] Das bedeutet, dass heute nicht mehr in erster Linie staatliche Kontrolleur:innen für die Detailkontrollen zuständig sind, sondern unternehmenseigene Mitarbeiter:innen.* Und diese Mitarbeiter:innen, so hat sich herausgestellt, erhalten praktisch keine formale Ausbildung und können die Anzeichen von Verderbnis oder Krankheiten in vielen Fällen gar nicht erkennen – und wenn sie etwas erkennen, können sie es aufgrund mangelnder Sprachkenntnisse oft nicht weitergeben.[135] Studien zufolge, die nach der Gesetzesänderung in mehreren Betrieben durchgeführt wurden, wussten unternehmensinterne Kontrolleur:innen nicht, dass USDA-Marken ein Stück Fleisch als ungenießbar kennzeichneten, und auch Masernsymptome erkannten sie nicht.[136] Die Untersuchungen zeigten außerdem, dass unternehmensinterne Kontrolleur:innen nicht in der Lage waren, Infektionen zu erkennen, wenn nicht gerade Eiter aus einem Abszess floss. Tatsächlich scheint verdorbenes Fleisch in amerikanischen Fleischfabriken nicht die Ausnahme, sondern die Regel zu sein. Eine kürzlich durchgeführte Studie, in der Fleischproben aus dem Lebensmittelhandel auf *E. coli* getestet wurden, ergab, dass 76,7 Prozent des Putenhackfleischs, 63,4 Prozent des Hühnerfleischs, 47,3 Prozent des Rinderhackfleischs und 33,8 Prozent der Schweinekoteletts kontaminiert waren;[137] und in einer Studie, die vor wenigen Jahren im *Journal of Food Protection* veröffentlicht wurde, waren 85 Prozent der untersuchten Fischfilets von Lebensmittelmärkten und Internetversänden mit Fäkalien verunreinigt.[138] Laut einer Warnung der Weltgesundheitsorganisation kann zudem über den Kot infizierter Vögel das potenziell tödliche Influenza-A-Virus, die sogenannte »Vogelgrippe«, verbreitet werden.[139]

* Anm. d. Übers.: Diese Aufgabenverteilung gilt seit 1987 auch in Deutschland. Die EU-Schlachtverordnung vom 1.1.2013 legt zudem auch den Tierschutz in die Hände der Schlachthofbetreiber selbst. Statt eines Amtsveterinärs ist nun ein unternehmenseigener Tierschutzbeauftragter für die Sicherstellung einer ordnungsgemäßen Behandlung und Betäubung der Tiere verantwortlich.

Selbst wenn die Arbeiter:innen in der Lage wären, verdorbene Körperteile zu erkennen, sind die Qualitätsstandards für Lebensmittel so niedrig, dass viele fehlerhafte Schlachtkörper die Kontrollen dennoch bestehen würden.[140] Gezeigt hat dies unter anderem eine gemeinsame Untersuchung von unveröffentlichen US-Regierungsunterlagen durch den *Guardian* und das *Bureau of Investigative Journalism* (TBIJ), die eine Reihe von Vorfällen aufdeckte, darunter »Schweinekadaver, die sich nach einem Geräteausfall auf dem Fabrikboden stapelten, was zu einer Verunreinigung mit Fett, Blut und anderem Schmutz führte; für den menschlichen Verbrauch bestimmtes Fleisch wurde gefunden, das von Fäkalien und mit Eiter gefüllten Abszessen durchsetzt war [...] Fabrikböden, die mit schmutzigem Wasser überschwemmt waren, nachdem die Abflüsse durch Fleischteile und andere Abfälle verstopft worden waren; [und] schmutziges Hühnerfleisch, das mit Fäkalien verunreinigt oder auf den Boden gefallen war und nach dem Abspülen mit verdünntem Chlor zurück auf das Fließband gelegt wurde.«[141] Und 2007 erschien in der *Chicago Tribune* ein Artikel, der enthüllte, dass das Landwirtschaftsministerium den Verkauf von mit *E. coli* verseuchtem Fleisch für die Verwendung in Fertiggerichten (einschließlich solcher, die Teil der Schulmahlzeiten waren) für zulässig hielt, solange die Tierindustrie dieses Fleisch mit dem Hinweis »Verzehr nur nach Erhitzen« versah.[142]

Auch unhygienische Zustände an den Gebäuden und Maschinen können eine Bedrohung für die menschliche Gesundheit darstellen.[143] Der oben erwähnte gemeinsame Bericht von *Guardian* und *TBIJ* enthüllte, dass »befallenes Fleisch – das auf keinen Fall in den menschlichen Lebensmittelkreislauf gelangen darf – in einen Behälter gelegt wurde, der für essbare Produkte bestimmt war. Mit Fäkalien verunreinigtes Fleisch wurde ebenfalls dokumentiert, wozu ein:e Kontrolleur:in notierte: ›[...] Ich habe einen Geflügeldarm im Abfallbehälter für Leber entdeckt.

Der Darm war gut 15 Zentimeter lang und wies sichtbare Fäkalien auf, die an beiden Enden heraussickerten‹; es wurde festgestellt, dass ein Schweinekopf einen Abfluss teilweise bedeckt hatte, was dazu führte, dass ›blutiges Abwasser den Bereich ausfüllte‹; Kontrolleur:innen fanden ein Handwaschbecken aus rostfreiem Stahl, das ›verstopft und etwa zu einem Viertel mit stehendem Wasser gefüllt war, in dem Fett- und Fleischstücke schwammen.‹ Die Produktionsmitarbeiter:innen nutzen dieses Waschbecken zum Reinigen und Desinfizieren ihrer Hände und Handschuhe. [...]«

Immer wieder äußern sich USDA-Kontrolleurinnen sehr besorgt über die unhygienischen Zustände in den Fleischfabriken, doch sie haben kaum die Möglichkeit, etwas daran zu ändern.[144] Die massiven Unzulänglichkeiten des derzeitigen Kontrollsystems sind in einem weiteren Artikel der *Chicago Tribune* aus dem Jahr 2007 beschrieben. Felicia Nestor, Politikexpertin der in Washington ansässigen Verbraucherschutzorganisation Food and Water Watch, erklärte der Zeitung: »Die Kontrolleur:innen sind [...] in den allermeisten Verarbeitungsbetrieben nicht ganztags vor Ort. Meistens sind die Kontrolleur:innen in den Verarbeitungsbetrieben auf Streife unterwegs, das heißt, sie sind für mehrere Betriebe zuständig.«[145] Und die Beamten selbst berichteten, dass sie ihre Kontrollziele seit Jahren nicht mehr erfüllen. Ihr Arbeitspensum ist derart erdrückend, dass sie nur noch eine oberflächliche Prüfung der von den Unternehmen vorgelegten Dokumente vornehmen, aber praktisch keine direkte Beschau des Fleisches mehr durchführen. Die Kontrolleur:innen verbringen ihre Zeit damit, die Gefahrenanalyse-Pläne der Fleischkonzerne zu überwachen, und haben keine Zeit, um die eigentlichen Kontrollvorschriften des Landwirtschaftsministeriums umzusetzen. Ein Kontrolleur sagte der *Chicago Tribune*: »Sie [die Fleischkonzerne] schreiben ihre eigenen Pläne. Sie schreiben alles selbst. Wir ›überwachen‹ das jetzt. Es ist einfach ein Witz.

Wir prüfen heute hauptsächlich Papier. Auf Papier kann man alles schreiben.«

All das läuft darauf hinaus, dass die Unternehmen – deren oberstes Ziel darin besteht, ihre Gewinnmarge zu erhöhen – sich am Ende selbst überwachen. Wir haben den Bock zum Gärtner gemacht. Kein Wunder also, dass wir Scheiße im Fleisch haben.

## DAS SCHLACHTTIER MENSCH

*Fleisch steht seit Langem für die Freiheit, nach Belieben auszubeuten.*

Nick Fiddes, Fleisch: Symbol der Macht

Viele Arbeiter:innen in den Fleischfabriken der USA sind illegale Einwander:innen aus Zentral- und Südamerika und Asien, die kaum oder gar nicht geschult werden.[146]* Schlosser sprach mit einem Stecher (Schlachthofarbeiter), der ihm erzählte: »Niemand hat mir etwas gezeigt – mir erklärt, wie ich mit dem Messer umgehen soll. […] Also schaut man, wie es die Leute neben einem machen und macht es dann genauso.«[147] Nicht nur, dass die Arbeiter:innen eine Tätigkeit ausüben müssen, auf die sie in keiner Weise vorbereitet sind, sie finden sich auch in einem ausbeuterischen, gefährlichen, unhygienischen und gewalttätigen Arbeitsumfeld wieder. Sie verbringen Stunde um Stunde in einer Umgebung, in der Tod und Stress allgegenwärtig sind, und

* Anm. d. Übers.: Die Arbeiter:innen in deutschen Schlachthöfen stammen heute überwiegend aus Osteuropa und sind oft ebenfalls nicht regulär beschäftigt. Laut der Gewerkschaft Nahrung-Genuss-Gaststätten beträgt der Anteil der Stammbelegschaft in Schlachthöfen nur noch rund 10 Prozent – weshalb Belgien im April 2013 bei der EU-Kommission eine offizielle Beschwerde gegen Deutschland wegen Sozialdumpings eingereicht hat.

dafür büßen sie – stellen Sie sich vor, Sie machen alle zwei oder drei Sekunden einen Messerschnitt, dann kommen Sie am Tag auf ungefähr *10.000* Schnitte.[148]

In einem Interview mit dem US-Magazin *Mother Jones* geht Schlosser auf das gnadenlose Tempo am Fließband ein:

> Die goldene Regel in Fleischfabriken lautet: »Das Band stoppt nicht.« […] Nichts hält die Produktion auf, weder technisches Versagen noch Pannen oder Unfälle. Gabelstapler stoßen zusammen, Sägen überhitzen, Arbeiter:innen lassen Messer fallen, Arbeiter:innen schneiden sich, Arbeiter:innen brechen zusammen und liegen bewusstlos am Boden, während tropfende Tierleiber an ihnen vorüberbaumeln, und das Band läuft weiter […;] ein […] Arbeiter hat mir erzählt: »Ich habe Stecher gesehen, die bluten wie verrückt, weil es genau ihre Ader erwischt hat, die sind kurz vor dem Umkippen, meine ich, und dann kommt da wieder der Versorgungstyp mit dem Bleichmittel und wischt das Blut vom Boden auf, aber das Band stoppt nie. Es stoppt nie.«[149]

Es verwundert nicht, dass die Fleischverarbeitung von allen industriellen Tätigkeiten wohl die gefährlichste ist[150] – und zweifellos die gewalttätigste. Manche Arbeiter:innen zum Beispiel müssen Schutzmasken tragen, damit ihnen nicht von Tieren, die unbetäubt am Fließband hängen, die Zähne ausgeschlagen werden.[151] Und die Überschriften der Unfallberichte, die von der US-Arbeitssicherheitsbehörde OSHA herausgegeben werden, beleuchten schlaglichtartig die vielfältigen Gefahren: *Mitarbeiter wegen Halsschnittwunde durch herumfliegende Messerklinge ins Krankenhaus eingewiesen. Mitarbeiter von Fleischerhaken am Auge getroffen und verletzt. Arm von Mitarbeiter in Fleischmürber verfangen und abgetrennt. Mitarbeiter von Kette an Enthäutungsmaschine enthauptet. Mitarbeiter durch Zerquetschen des Kopfes in Entfleischmaschine getötet. In Darm-*

*reinigungsmaschine verfangen und getötet.*[152] Tatsächlich hat Human Rights Watch 2005 erstmals einen Bericht veröffentlicht, in dem eine Branche – und nur eine, nämlich die US-Fleischindustrie – für Arbeitsbedingungen kritisiert wird, die derart erschreckend sind, dass sie grundlegende Menschenrechte verletzen.[153]

## ARBEITSRISIKEN IN DER FLEISCHINDUSTRIE

| Arbeitsschritt | Geräte/Stoffe | Unfälle/Verletzungen |
|---|---|---|
| Betäuben | Bolzenschuss-gerät | Schwere Schockzustände, Einschusswunden |
| Häuten/ Entfernen der Vorderfüße | Beinschere | Abtrennung von Gliedmaßen, Augenverletzungen, Schnittwunden, Stürze |
| Spalten des Tieres | Spaltsägen | Augenverletzungen, Karpaltunnelsyndrom, Abtrennung von Gliedmaßen, Schnittwunden, Stürze |
| Entfernen des Hirns | Kopfsäge, Spaltmaschine | Schnittwunden, Abtrennung von Gliedmaßen, Augenverletzungen, Stürze |
| Befördern der Produkte | Förderschnecken, Einzugsschnecke | Knochenbrüche, Schnittwunden, Abtrennung von Gliedmaßen, Stürze |
| Zerlegen/ Zuschneiden/ Ausbeinen | Messer, Sägen (Kreissäge, Bandsäge) | Schnittwunden, Augenverletzungen, Karpaltunnelsyndrom, Stürze |
| Entfernen von Kieferknochen/ Schnauze | Entbeinungs-/ Schneidemaschine | Abtrennung von Gliedmaßen, Stürze |
| Schnittfertigmachen von Bauchspeck | Speckpresse | Abtrennung von Gliedmaßen, Stürze |

| | | |
|---|---|---|
| Mürbmachen von Fleisch | Elektrische Fleischmürber | Schwere Schockzustände, Abtrennung von Gliedmaßen, Schnittwunden, Augenverletzungen |
| Reinigen der Geräte | Blockier- und Verriegelungssysteme | Abtrennung von Gliedmaßen, Schnittwunden |
| Aufhängen/ Anschlingen | Kettenzug | Stürze, herabfallende Tierkörper |
| Verpacken von Fleisch | Heißsiegelmaschine/PVC, Fleisch | Schadstoffkontakt, schwere Verbrennungen an Händen und Armen, Stürze |
| Tragen von Fleisch | Schlachtkörper | Schwere Rücken- und Schulterverletzungen, Stürze |
| Kühlen/ Haltbarmachen, Reinigen, Verpacken | Ammoniak, PVC, Kohlendioxid, Kohlenmonoxid | Reizung und Schädigung der oberen Atemwege |

Quelle: Veröffentlichung der Arbeitssicherheitsbehörde (OHSA) des US-Arbeitsministeriums

## ZUM TÖTEN KONDITIONIERT

Angesichts der Brutalität des karnistischen Verfahrens kann man leicht auf den Gedanken kommen, die Menschen, deren Arbeit das Töten von Tieren ist, seien Sadist:innen oder anderweitig psychisch gestört. Doch psychische Störungen und selbst Sadismus können zwar durchaus eine *Folge* von lang andauerndem Kontakt mit Gewalt sein, sie sind aber nicht zwangsläufig die *Ursache*, warum jemand das Töten als Beruf wählt. Die Menschen, deren Geschäft in einer gewalttätigen Ideologie das Töten ist, sind zu Anfang möglicherweise noch nicht abgestumpft, aber irgendwann gewöhnen sie sich an die Gewalt, die ihnen ursprünglich einmal Unwohlsein bereitet hat. In dieser Akklimatisierung kommt der Abwehrmechanismus *Routinisierung* zum Ausdruck: das routinemäßige Ausüben einer Handlung, bis man dagegen desensibilisiert, also psychisch betäubt ist. Einer der Schlachthofarbeiter, mit denen Gail Eisnitz bei ihren Recherchen in der Tierindustrie sprach, berichtete zum Beispiel:

> Das Schlimmste, schlimmer als die körperliche Gefahr, ist der emotionale Preis, den man zahlt. Wenn man eine Zeitlang als Stecher arbeitet, entwickelt man eine Einstellung, mit der man töten, aber nichts mehr dabei empfinden kann. Da schaut man dann vielleicht einem Schwein in die Augen, das unten im Tötungsbereich bei einem herumläuft, und denkt sich: »Gott, sieht doch eigentlich ganz nett aus, das Tier.« Man möchte es vielleicht sogar streicheln. Im Schlachtbereich sind Schweine zu mir hergekommen, die haben mich beschnuppert wie ein kleiner Hund. Zwei Minuten später musste ich sie töten – totschlagen, mit einem Rohr. Ich empfinde dabei nichts mehr.[154]

Und je stärker die Arbeiter:innen desensibilisiert sind – in je höherem Maße sie also »nichts mehr dabei empfinden« –, desto mehr wächst ihre psychische Belastung. Die meisten Menschen ertragen Gewalt nur bis zu einem bestimmten Punkt, ohne davon traumatisiert zu werden. Studien mit Kriegsveteranen zum Beispiel machen immer wieder deutlich, welche tief greifenden Auswirkungen der Kontakt mit Gewalt auf die Psyche hat, besonders wenn man selbst an dieser Gewalt beteiligt gewesen ist.[155] Traumatisierte Arbeiter:innen werden zunehmend gewalttätig, sowohl gegenüber Tieren als auch Menschen, und entwickeln oft ein Suchtverhalten, mit dem sie ihren Stress zu betäuben versuchen. Im Gespräch mit Eisnitz erzählte der oben zitierte Arbeiter, ihm sei »schon mehrfach der Gedanke gekommen, [den] Vorarbeiter kopfüber ans Band zu hängen und abzustechen«.[156] Und er fügte hinzu:

> Die meisten Stecher haben schon einmal wegen Körperverletzung eingesessen. Viele haben Alkoholprobleme. Sie müssen trinken, anders können sie nicht damit umgehen, dass sie den ganzen Tag lebende, zappelnde Tiere töten. [...] Viele dort [...] spülen ihre Probleme einfach runter, mit der Flasche oder mit Pillen. Manche misshandeln dann irgendwann ihre Frauen, weil sie diese Gefühle nicht loswerden können. Sie gehen mit dieser Einstellung in den Feierabend und dann gleich in die Kneipe, weil sie vergessen wollen. Das Problem ist nur: Selbst wenn man diese Gefühle wegsäuft, sind sie immer noch da, sobald man wieder nüchtern wird.[157]

Ein anderer Arbeiter erzählte Eisnitz:

> Ich habe den Druck und den Frust von der Arbeit an den Tieren rausgelassen. [... D]a war ein lebendes Schwein in der Wanne. Es hatte nichts angestellt, lief nicht einmal herum. Es war einfach nur am Leben. Da habe ich ein Rohr genommen, einen knappen Meter lang, und habe das Schwein buchstäblich zu Tode geprügelt. Danach war in seinem Kopf praktisch kein Knochen mehr am Stück. Also, ich habe ihm den Schädel zertrümmert, könnte man so unfachmännisch sagen. Irgendwie habe ich einfach angefangen, auf das Schwein einzuschlagen, und konnte nicht mehr aufhören. Und als ich dann doch endlich aufgehört habe, war diese ganze Energie und der Frust verbraucht, und ich denke mir nur: »Was um Himmels willen habe ich getan?«[158]

Und ein Undercover-Video der Tierrechtsorganisation People for the Ethical Treatment of Animals (PETA) enthüllte, wie Arbeiter:innen kleine Ferkel mit dem Kopf auf den Boden schmettern, wie sie sich brüsten, Sauen Stangen ins Hinterteil gestoßen zu haben, und wie sie Schweine mit Metallstangen schlagen. Während er eine Sau mit einer Metallstange schlägt, brüllt einer der Arbeiter: »Ich hasse sie alle. Diesen [Schimpfwörter] muss man mal richtig wehtun. Wehtun, sage ich! Wehtun! Wehtun! Wehtun! Wehtun! [...] Lasst euren Frust an ihnen aus.«[159]

Solches Verhalten von Schlachtarbeiter:innen mag extrem und irrational erscheinen, aber es ist unweigerlich die Folge, wenn jemand an vorderster Front für ein extremes und irrationales System arbeitet.* Traumatisierte Arbeiter:innen, die ihrerseits wieder andere traumatisieren, sind nichts als weitere Opfer des Karnismus und seiner gewalttätigen Ideologie. Gewalt erzeugt eben Gewalt.

**Die Unberührbaren**

Egal ob Menschen Tiere essen oder nicht, zum Schlachtvorgang haben die meisten dieselbe Einstellung: Sie betrachten ihn als ekelerregend und abstoßend. So wie eine Sorte Fleisch, die man ekelhaft findet, tendenziell auch das Essen ekelhaft macht, mit dem sie in Berüh-

* Sicherlich sind manche Schlachthofarbeiter:innen schon beim Einstieg in die Branche Soziopath:innen: Menschen, die asozial und im klinischen Sinne »gewissenlos« sind und denen es oft Vergnügen bereitet, andere leiden zu lassen. Doch man muss sich schon fragen, was es mit einer Branche auf sich hat, die asoziale Verhaltensweisen wie extreme Aggressivität, Erbarmungslosigkeit und Gewalttätigkeit toleriert – ja, sogar *erfordert*.

rung kommt (würden Sie Hundefleisch einfach aus Ihrem Teller heraussortieren und dann weiteressen?), so scheint auch der Schlachtvorgang diejenigen zu verunreinigen, deren Aufgabe das Töten der Tiere ist.[160]

Seit Menschengedenken werden berufsmäßige Schlachter:innen in vielen Kulturen als unrein betrachtet, als Stellvertreter:innen, die den Frevel des Tieretötens auf sich nehmen und dadurch andere vor moralischer Verunreinigung schützen. Oft gibt es in einer Gruppe eine oder mehrere ausgewählte Personen, die die Schlachtungen durchführen, und diese Personen werden dann entweder »moralisch gereinigt«, ehe sie mit den anderen in Berührung kommen, oder sie leben vom Rest der Gemeinschaft getrennt. Bei den Bemba in Sambia zum Beispiel führt der als Schlachter:in ausgewählte Mensch nach dem Schlachten Reinigungszeremonien durch, und den Schlachter:innen der Guanchen, der Ureinwohner:innen der Kanarischen Inseln, war es nicht gestattet, fremde Häuser zu betreten oder Umgang mit jemandem zu haben, der:die nicht selbst Schlachter:in war.

In manchen Fällen wird die Aufgabe des Schlachtens sogar einer ganzen gesellschaftlichen Gruppe übertragen. In Japan zum Beispiel gehören Schlachter:innen traditionell zur Eta, einer Unterschicht, deren Mitglieder keinen Kontakt nach außen haben dürfen. In Indien gelten die Unberührbaren seit jeher als spirituell minderwertig und haben deshalb spirituell »verunreinigende« Tätigkeiten wie Schlachten und Lederverarbeitung zugewiesen bekommen. Und in Tibet gehören berufsmäßige Schlachter:innen traditionell zu den untersten Schichten, weil sie gegen das buddhistische Tötungsverbot verstoßen.[161]

## UNSER PLANET, UNSER LEBEN

Auch wenn Sie nicht in der karnistischen Industrie arbeiten oder Tiere essen, sind Sie keineswegs vor den Praktiken der Tierindustrie und ihren Folgen gefeit. Denn wir alle leben auf demselben Planeten, und die karnistische Produktion zählt zu den Hauptursachen für jede Art von Umweltschäden, die uns heute maßgeblich beschäftigen: Luft- und Wasserverschmutzung, Verlust der Artenvielfalt, Erosion, Entwaldung, Ausstoß von Treibhausgasen sowie Trinkwassermangel.[162]

Die unmittelbarste Folge der karnistischen Produktion für die Umwelt bei uns in den Industrieländern ist die Verschmutzung, die von den Massentierhaltungsanlagen ausgeht.[163] Der Gülleschlamm, den die Fabriken bergeweise produzieren und der voller Chemikalien und Krankheitserreger steckt, sickert in die Böden und ins Grundwasser und dünstet in die Luft aus – wodurch Schadstoffe in die Umwelt gelangen und die Menschen in der Umgebung krank werden. Die Ableitungen von Massentierhaltungsbetrieben gelten als Ursache für eine ganze Reihe von Erkrankungen, darunter Atembeschwerden, starke Kopfschmerzen und Verdauungsstörungen. Außerdem werden sie mit Fehlgeburten, Missbildungen bei Kindern, Todesfällen bei Säuglingen und Krankheitsausbrüchen in Verbindung gebracht. Massentierhaltungsanlagen stellen eine so große Gefahr für die menschliche Gesundheit dar, dass das US-Gesundheitsministerium sogar bereits ein Moratorium für ihre giftigen Ablagerungen gefordert hat.[164]

Doch die Tierindustrie fährt unablässig mit ihren Praktiken fort – weil sie es darf. Obwohl sie die Umwelt und die Menschen darin systematisch zerstört, verstößt die Tierindustrie damit nicht zwangsläufig gegen Gesetze. Wie kommt es, dass das Rechtssystem, das uns eigentlich vor Ausbeutung schützen soll, am Ende stattdessen genau die Industriezweige schützt, die uns ausbeuten? Was ist nur mit unserer Demokratie los?

**Der ökologische Preis des Karnismus**[165]

- 2006 bezeichneten die Vereinten Nationen die Nutztierhaltung »als einen der zwei oder drei größten Verursacher der schwerwiegendsten Umweltprobleme, und zwar von der lokalen bis zur globalen Ebene. Die Auswirkungen sind so erheblich«, mahnte die UN, »dass hier dringender Handlungsbedarf besteht.«[166]
- 2019 erklärte eine internationale Kommission aus 11.000 Wissenschaftler:innen, dass Menschen weltweit auf eine pflanzenbasierte (überwiegend vegane) Ernährung umsteigen müssen, um eine globale Umweltkatastrophe abzuwenden.[167] Die Tierindustrie ist einer der drei größten Wasserverschmutzer. Hauptverschmutzungsquellen sind Antibiotika und Hormone, Chemikalien aus Gerbereien, Tierexkremente, Bodenablagerungen von erodiertem Weideland sowie Dünger und Pestizide für den Futtermittelanbau.[168]
- Mehr als 75 Prozent der früheren Regenwälder im Amazonasgebiet werden heute genutzt, um Futter für die Nutztiere zu liefern. [169]

- 37 Prozent des Pestizidverbrauchs und 50 Prozent des Antibiotikaverbrauchs in den USA gehen auf das Konto der Tierindustrie.[170]*
- Nutztiere verbrauchen 900 Kilogramm Getreide, um genug karnistische Produkte zu liefern, die eine Person ein Jahr lang ernähren würden. Würde diese Person hingegen direkt das Getreide essen, würden nur 180 Kilogramm benötigt, um sie ein Jahr lang zu ernähren.[171]
- Die Tierindustrie stößt jährlich mehr $CO_2$ aus als 400 Millionen Autos.[172]

## DEMOKRATIE ODER FLEISCHOKRATIE?

Gewalttätige Ideologien sprechen ihre eigene Sprache. Sie deuten zentrale Begriffe so um, dass sie dem Schein nach zwar für die Interessen der Menschen stehen, in Wahrheit aber das System stützen. Im Karnismus beispielsweise bedeutet Demokratie heute, dass wir die Freiheit haben, aus Produkten auszuwählen, die unseren Körper krank machen und unseren Planeten verpesten – nicht aber die Freiheit, zu essen und zu atmen, ohne dass wir dabei Gefahr laufen, uns zu vergiften. Ihrem Wesen nach sind gewalttätige Ideologien jedoch undemokratisch, da sie auf Täuschung, Heimlichkeit, Machtkonzentration und Zwang

* Anm. d. Übers.: In Deutschland werden nach Angaben der *Süddeutschen Zeitung* (10.1.2012) sogar zwei Drittel aller Antibiotika in der Tierindustrie eingesetzt – im Jahr 2011 rund 1734 Tonnen (Quelle: *Fleischatlas 2013*).

beruhen – allesamt Praktiken, die mit einer freien Gesellschaft unvereinbar sind. Das übergeordnete System, der Staat, mag demokratisch erscheinen, das gewalttätige System in seinem Inneren aber ist es nicht. Das ist einer der Gründe, weshalb wir gewalttätige Ideologien innerhalb eines scheinbar demokratischen Systems nicht erkennen: Wir kommen schlicht nicht auf die Idee, sie hier zu suchen.

In einer demokratischen Gesellschaft besteht eine der zentralen Aufgaben der Regierung darin, Politik und Gesetze im Sinne ihrer Wähler:innen zu gestalten und umzusetzen. Wir gehen deshalb davon aus, dass die Lebensmittel, die ihren Weg auf unseren Teller finden, uns nicht krank machen oder umbringen werden. Davon gehen wir aus, weil wir annehmen, dass unsere Regierungsvertreter:innen für uns arbeiten – für die Menschen, von denen sie ihr Gehalt bekommen. Wir gehen davon aus, dass der demokratische Prozess einen schützenden Puffer zwischen uns und jenen bildet, die uns schaden könnten.

Wenn aber die Machtkonzentration in einer Branche groß genug ist, wird die Demokratie korrumpiert. Beim Karnismus ist das der Fall. Die amerikanische Tierindustrie, eine 195 Milliarden Dollar schwere Branche, wird von nur einer Handvoll Unternehmen kontrolliert. Diese Unternehmen sind so mächtig, weil sie durch Zusammenschlüsse mehr und mehr gewachsen sind[173] und alle branchenverwandten Betriebe aufgekauft haben, darunter Agrochemie- und Saatgutfirmen, die Pestizide, Düngemittel, Saatgut und andere Produkte herstellen, Verarbeitungsbetriebe, die Tiere kaufen und verarbeiten, Lebensmittelhersteller, die das Fleisch, die Eier und Milchprodukte zu konkreten Produkten wie etwa Tiefkühlgerichten verarbeiten, Lebensmittelhändler einschließlich Supermarkt- und Restaurantketten, Transportsysteme einschließlich Eisenbahn- und Schifffahrtslinien, Arzneimittel, Landtechnik wie Traktoren und Bewässerungssysteme – und sogar Vermögensverwaltungen. Wirtschaftswissenschaftler:innen warnen, dass in jeder beliebigen Branche, in der die Konzentrationsrate höher liegt als »CR4« (das heißt, vier Unternehmen kontrollieren über 40 Prozent des Marktes), die Wirksamkeit des Wettbewerbs abnimmt und ernsthafte Probleme auftreten, insbesondere im Bereich des Verbraucher:innenschutzes. Die Konglomerate sind dann in der Lage, die Preise zu bestimmen und zum Beispiel die Qualität von Lebensmitteln vorzugeben. Die karnistische Industrie übertrifft CR4 bei Weitem. So kontrollieren beispielsweise vier Rindfleischkonzerne *83,5 Prozent* des Rindfleischmarktes in den USA.* Die Macht der Tierindustrie ist so groß, dass die Branche heute eng mit der Regierung verflochten ist, wodurch die Grenzen zwischen privaten Interessen und dem Dienst an der Öffentlichkeit verschwimmen.[174]

Ein Prozess, der die Verflechtung von öffentlichem und privatem Bereich seit vielen Jahren ermöglicht, ist die sogenannte »Drehtür«, durch die Unternehmens- und Regierungsvertreter:innen ihre Posten wechseln und ihre jeweiligen Netzwerke pflegen. Bei der Getreide-, Vieh- und Schlachtaufsicht (GIPSA) zum Beispiel, einer Behörde des US-Landwirtschaftsministeriums zur Förderung der Vermarktung von Nutztieren und anderen landwirtschaftlichen Produkten, waren im Jahr 2004 sowohl die amtierende Leiterin als auch ihr Vorgänger ehemalige Funktionäre von Branchenverbänden der Fleischindustrie.[175] Und die damalige Landwirtschaftsministerin Ann Veneman sowie andere hochrangige Mitarbeiter:innen ihres Ministeriums brachten in

* Anm. d. Übers.: Vergleichbare Verhältnisse bestehen in Deutschland vor allem bei Schweinen und Hühnern. Die vier größten Schweineschlachter hatten 2012 einen Marktanteil von zusammen 60,4 Prozent, allein der Marktführer Tönnies kommt bereits auf 27,6 Prozent (Quelle: *agrarheute.com*, 26.3.2013). Bei Hühnerfleisch erreicht der Marktführer PHW sogar einen Marktanteil von rund 40 Prozent (Quelle: *Frankfurter Allgemeine Zeitung*, 11.2.2011).

ihr Amt enge Verbindungen zur Agrarindustrie mit, besonders zu den Branchen, die sie beaufsichtigen sollten. Venemans Stabschef Dale Moore war zuvor Rechtsvorstand des US-Viehzüchterverbandes NCBA, ihr Stellvertreter James Moseley war Miteigentümer eines Massentierhaltungsbetriebs, und Mary Waters, ihre Staatssekretärin für Parlamentsfragen, war zuvor Rechtsberaterin und Abteilungsleiterin bei ConAgra, einem der größten Fleischkonzerne der USA.[176]**

Und das Drehtürverfahren ist nach wie vor gang und gäbe: 2017 wurde Craig Morris – der dreizehn Jahre lang für die Vermarktungs-Abteilung des USDA als stellvertretender Administrator des Programms für Nutztiere, Geflügel und Saatgut tätig war – Vizepräsident für internationales Marketing beim National Pork Board.[177] Ebenfalls 2017 wurde Alfred »Al« Almanza nach fast vierzig Jahren Tätigkeit für den Food Safety and Inspection Service des USDA zum Global Head of Food Safety and Quality Assurance bei JBS USA ernannt, dem zweitgrößten Geflügelunternehmen in den USA und Mexiko und einem der führenden Verarbeiter von Rind- und Schweinefleisch in den USA und Kanada.[178]

Ein weiterer Grund für die großen Überschneidungen zwischen Staat und Wirtschaft ist die massive Spenden- und Lobbytätigkeit der Fleischindustrie in der Politik. Bei den Kongresswahlen 2018 zum Beispiel hat die Tierindustrie mehr als 6 Millionen Dollar an verschiedene Kandidaten gespendet. (Und meist landen die Zuwendungen der Agrarriesen zum größten

** Anm. d. Übers.: Für Schlagzeilen sorgte in Deutschland 2010 der Fall der niedersächsischen Landwirtschaftsministerin Astrid Grotelüschen, die nach Lobbyismus-Vorwürfen und anhaltender Kritik an den Zuständen in der Mastputenbrüterei ihrer Familie zurücktreten musste. Tierhalter:innen und Verbandsvertreter:innen sind jedoch bereits seit Gründung der Bundesrepublik regelmäßig in Regierungsämtern zu finden, auf Bundes- wie auf Landesebene.

Teil bei denjenigen, die in den Agrarausschüssen von Senat und Repräsentantenhaus sitzen.)[179] Lobbyist:innen werben bei den Abgeordneten für die Anliegen ihrer Klient:innen. Der Erfolg ihrer Lobbyarbeit hängt vor allem davon ab, wie eng ihr Verhältnis zu den Regierungsvertreter:innen ist. Je eher Lobbyist:innen es sich leisten können, Politiker:innen Gefälligkeiten zukommen zu lassen – von Luxusreisen bis hin zu exklusiven Karrieremöglichkeiten –, desto enger ihr Verhältnis zu denjenigen, auf die sie Einfluss nehmen wollen.

Einfach ausgedrückt heißt das: Die karnistische Industrie kann die Gesetzgebung zu ihren Gunsten beeinflussen – auf unsere Kosten. Und diese Kosten sind gewaltig. Nehmen wir zum Beispiel die Gülleablagerungen der Tierindustrie: Sie ist gesetzlich zwar dazu verpflichtet, die von ihr verursachten Umweltschäden zumindest teilweise wieder zu sanieren, das Gesetz verlangt von den Milliardenkonzernen aber nicht, dass sie auch selbst für ihre Sanierungskosten aufkommen. Stattdessen wird die Sanierung über das staatliche Environmental Quality Incentives Program (EQIP) subventioniert, das vorgeblich dazu eingerichtet wurde, um die Umweltqualität der Ackerböden und die Umweltpraktiken der Bäuer:innen zu verbessern. Über EQIP sind 113 Millionen Dollar (11 Prozent der Geldmittel des Programms) an die Agrarkonzerne geflossen, damit sie ihre eigenen Gülleschäden neutralisieren können.[180] Mit anderen Worten, wir zahlen die Zeche für den Schaden, den die Konzerne anrichten – Konzerne wie ConAgra, dessen Vorstandschef im Geschäftsjahr 2019 ein Gehalt von 14,4 Millionen Dollar bezogen hat.[181] Die Subventionszahlungen an die Tierindustrie werden schon lange quer durch das politische Spektrum kritisiert: als eines der ungeheuerlichsten Wirtschaftsförderungsprogramme in der Geschichte der USA.

Oder nehmen wir das katastrophale Krisenmanagement des Landwirtschaftsministeriums beim *E.-coli*-Ausbruch 2002. Kinder hatten verseuchte Hamburger gegessen und sich mit dem

Erreger infiziert. Zu den Symptomen einer *E.-coli*-Infektion gehören Fieber, Erbrechen, Blut im Stuhl, Hautblutungen, Bluten aus Mund und Nase, Schwellungen an Gesicht und Händen, hoher Blutdruck und am Ende Nierenversagen. Sowohl ConAgra – das Unternehmen, von dem das Fleisch stammte – als auch das Ministerium hatten anscheinend gewusst, dass das Fleisch verseucht war, unternahmen aber nichts, bis schließlich zwei Jahre später ein großflächiger Krankheitsausbruch den Rückruf von 8,5 Millionen Kilogramm Fleisch erforderlich machte, das bereits zum Verzehr freigegeben und ausgeliefert worden war.[182]

Wäre Ihr Kind nun eines von denen gewesen, die durch verseuchtes Rindfleisch krank wurden, würden Sie möglicherweise andere warnen wollen, dass ihr Fleisch nicht sicher ist. Und das könnte auch funktionieren – solange Sie nicht den gleichen Fehler machen wie Oprah Winfrey und zu viele Menschen auf einmal erreichen. Winfrey wurde 1996 von einer Gruppe texanischer Rindfleischhersteller:innen wegen Verleumdung auf 10 Millionen Dollar Schadenersatz verklagt. Auf dem Höhepunkt des BSE-Skandals in Großbritannien, als dort zwanzig Menschen nach dem Verzehr von mutmaßlich befallenem Rindfleisch gestorben waren, hatte Winfrey live im Fernsehen gesagt, sie werde keinen einzigen Hamburger mehr essen. Nach den »Gesetzen zur Verleumdung von Lebensmitteln«, die bereits vor dem Fall Winfrey mit Rückendeckung der Agrarkonzerne verabschiedet worden sind, ist es in den USA *illegal*, bestimmte Lebensmittel ohne »plausible« wissenschaftliche Begründung zu kritisieren. Wenn Sie also zur karnistischen Industrie Stellung beziehen möchten, werden Sie möglicherweise recht schnell feststellen, dass hier gewisse Einschränkungen gelten – insbesondere was Ihr Grundrecht auf freie Meinungsäußerung betrifft.

Wenn die Tierindustrie so mächtig geworden ist, dass sie nicht nur über dem Recht steht, sondern auch als Teil des Rechtssystems agiert – indem sie selbst die Gesetze gestaltet, anstatt sie zu befolgen –, dann können wir getrost sagen, dass aus unserer Demokratie eine Fleischokratie geworden ist.

## DAS GESUNDHEITSMINISTERIUM WARNT: TIERPRODUKTE ESSEN GEFÄHRDET IHRE GESUNDHEIT

Wenn Sie in den nächsten Supermarkt gehen und eine Kiste Zigarren kaufen, dann finden Sie darauf einen Warnhinweis zu den möglichen Gefahren von Zigarrenrauch. Nach wissenschaftlichen Untersuchungen stellt das Zigarrenrauchen allerdings nur für mittelstarke und starke Zigarrenraucher:innen ein Risiko dar, und das sind weniger als 1 Prozent[183] der erwachsenen US-Bevölkerung. Mehr als 97 Prozent aller Erwachsenen[184] hingegen essen karnistische Produkte, und obwohl die Zusammenhänge zwischen dem Verzehr solcher Produkte und verschiedenen Krankheiten wissenschaftlich gut belegt sind, werden wir vor diesen Gefahren nicht gewarnt.

Laut einer Studie, die im Rahmen des Disease Control Priorities Project – einem gemeinsamen Unterfangen von Gruppen wie der Weltgesundheitsorganisation, der Weltbank und dem National Institutes of Health – veröffentlicht wurde, könnten mehr als 90 Prozent der Typ-2-Diabetes-Fälle, 80 Prozent der koronaren Herzkrankheiten, 70 Prozent der Schlaganfälle und 70 Prozent der Darmkrebserkrankungen durch eine Kombination von Lebensstilfaktoren, einschließlich einer gesunden, pflanzlichen (veganen) Ernährung, verhindert werden.[185]

Aber stellen wir uns einfach einmal vor, Sie gehen in den gleichen Supermarkt und wollen sich ein Würstchen kaufen. Stellen wir uns außerdem vor, das US-Gesundheitsministerium hat sich mittlerweile mit Studien der Harvard School of Public Health und anderer wichtiger Forschungseinrichtungen beschäftigt und hält es nun für angebracht, karnistische Produkte mit Warnhinweisen zu versehen. Diese Hinweise könnten dann ungefähr so lauten:

> **Das Gesundheitsministerium warnt:** Der Verzehr von nur einer Portion unverarbeitetem rotem Fleisch pro Tag kann das Risiko, an Typ-2-Diabetes zu erkranken, um 12 Prozent erhöhen, der Verzehr von einer Portion verarbeitetem rotem Fleisch pro Tag kann es um 32 Prozent erhöhen, und der Verzehr von mehr als 28 Gramm Fisch pro Tag kann es um 32 Prozent erhöhen.[186] **Das Gesundheitsministerium warnt:** Der Verzehr von mehr als fünf Eiern pro Woche kann das Risiko, an Darmkrebs zu erkranken, um 42 Prozent erhöhen, und der Verzehr von mehr als zweieinhalb Eiern pro Woche kann das Risiko, an Prostatakrebs zu erkranken, um 81 Prozent erhöhen.[187] **Das Gesundheitsministerium warnt:** Der Verzehr von Geflügel erhöht den Cholesterinspiegel in ähnlicher Weise wie rotes Fleisch, und erhöht in der Folge das Risiko von Herzerkrankungen und das Schlaganfallrisiko.[188] **Das Gesundheitsministerium warnt:** Wenn bei Ihnen Prostatakrebs diagnostiziert wurde, kann der Verzehr von mehr als drei Portionen Milchprodukte pro Tag die Wahrscheinlichkeit, dass sie an der Krankheit versterben, um 141 Prozent erhöhen.[189] **Das Gesundheitsministerium warnt:** Das Tier, aus dem Ihr Fleisch hergestellt wurde, hatte im Futter möglicherweise eingeschläferte Katzen und Hunde, chemisch aufbereitete Federn, Hufe, Haare, Haut, Blut und Eingeweide, überfahrene Tiere, Gülle, Plastikknäuel

> aus dem Pansen toter Kühe und Tierkadaver von Artgenossen. **Das Gesundheitsministerium warnt:** Dieses Produkt kann gefährliche Mengen an Pestiziden, Arsen, Antibiotika und Hormonen enthalten. **Das Gesundheitsministerium warnt:** Dieses Produkt kann Mikroorganismen enthalten, die zu Erkrankungen oder zum Tod führen können.[190] **Das Gesundheitsministerium warnt:** Die Herstellung dieses Lebensmittels ist mit einem hohen Maß an Umweltzerstörung, Tierquälerei und Menschenrechtsverletzungen verbunden. **Das Gesundheitsministerium warnt:** In Ihrem Fleisch ist Scheiße.

Aber natürlich tragen karnistische Produkte keine derartigen Warnungen, obwohl diese Lebensmittel regelmäßig von Hunderten Millionen Menschen gegessen werden. Gewalttätige Ideologien folgen ihrer eigenen Logik: der Logik, die das System aufrechterhält. Diese verworrene Logik wird durchschaubar, wenn man auf sie hinweist und sie beim Namen nennt.

Wie wir schon gesehen haben, zeichnen sich gewalttätige Ideologien vor allem durch Unsichtbarkeit aus, sowohl im symbolischen Sinne (indem sie nicht benannt werden) als auch im wörtlichen Sinne (indem sie die Gewalt vor fremden Blicken abschotten). Ich habe deshalb versucht, die verborgenen Aspekte des Karnismus zu beleuchten, damit Sie nachvollziehen können, wie die Herstellung von Fleisch, Eiern und Milchprodukten in Wahrheit aussieht und warum sich das System so sehr darum bemüht, ungesehen zu bleiben.

Doch die Unsichtbarkeit schützt uns ohnehin nur bis zu einem gewissen Grad. Hinweise auf die Wahrheit sind überall: »qualfreie« Veggieburger im Lebensmittelmarkt, die sehnige Ader in der Keule, die uns plötzlich an ein lebendes Huhn denken lässt, gelegentliche Aufnahmen aus Fleischfabriken in den Nachrichten, vegane Gäste bei Essenseinladungen, die hausgeschlachteten Kaninchen des Nachbarn, das aufgespießte Spanferkel beim Firmengrillen sowie ein unbegrenztes Angebot an toten Tieren in Form von Fleisch, wo wir nur hinschauen. Wenn also die Unsichtbarkeit zwangsläufig einmal ins Wanken gerät, brauchen wir eine Absicherung: etwas, das uns vor der Wahrheit schützt und uns hilft, schnell wieder umzuschalten, falls wir plötzlich anfangen sollten, die verstörende Wirklichkeit des Karnismus zu begreifen. Wir müssen die *Fakten* über den Verzehr von Tieren durch *Mythen* über den Verzehr von Tieren ersetzen.

KAPITEL 5

# FLEISCH UND SEINE MYTHEN: RECHTFERTIGUNGEN DES KARNISMUS

*Wer dich veranlassen kann, Absurditäten zu glauben,*
*der kann dich auch veranlassen, Gräueltaten zu begehen.*

Voltaire

*Autoritätsdusel ist der größte Feind der Wahrheit.*

Albert Einstein

Die Sonne scheint an diesem Nachmittag, und der kleine Streichelzoo vor dem örtlichen Lebensmittelmarkt ist wie immer gut besucht. Kinder und ihre Eltern drängen sich an den Holzzaun, einige beugen sich darüber und strecken die Arme hinein. Ich hole eine meiner mitgebrachten Karotten aus der Tasche und halte sie einem Ferkel hin, in der Hoffnung, es nahe genug heranzulocken, dass ich es streicheln kann. Aus irgendeinem Grund verspüre ich immer den Drang, Körperkontakt zu den Tieren aufzunehmen. Es scheint mir fast wie ein Instinkt, dieser Wunsch, sie zu berühren und zu streicheln.

Und damit bin ich nicht alleine. Ich schaue den Kindern zu, wie sie mit großen Augen dastehen und vor Freude kreischen, wenn eines der Ferkel einen Leckerbissen von ihnen annimmt und sie ihm dabei kurz über die Wange oder den Kopf streichen können. Ich sehe, wie die Erwachsenen wohlwollend lachen, wenn das Tierbaby ganz selbstvergessen sein Essen hinunterschlingt, ohne sich von den eifrigen kleinen Händen ringsum stören zu lassen. Ich sehe auch, wie viel Aufmerksamkeit die einzige Kuh erhält. Von allen Seiten strecken sich ihr Arme entgegen. Als sie sich – ohne ersichtlichen Grund – für das Gras in meiner Hand entscheidet, wird mir warm ums Herz. Ich streichle ihre samtige Nase, und um mich herum sammeln sich andere, um ihren Kopf und ihren Hals zu berühren.

Selbst die Hühner sorgen für Interesse und Vergnügen. Kinder hocken sich vor den Zaun, werfen Brotkrumen durch die

Öffnungen und lächeln strahlend dazu, wie die Vögel am Boden picken und gelegentlich innehalten, um mit schräg gelegtem Kopf die Menschen zu beobachten. Und natürlich gibt es auch Bemerkungen der Zuschauer:innen, wie niedlich doch die flauschigen Küken sind, die hier piepsend und ohne erkennbares Ziel umherhüpfen.

Es ist ein schöner Anblick. Die Kinder kichern und klatschen in die Hände, die Mütter und Väter lächeln liebevoll, und alle scheinen entschlossen, die Schweine, Kühe und Hühner zu berühren und sich von ihnen berühren zu lassen. Und doch werden diese Menschen, die sich so stark zur Kontaktaufnahme mit den Tieren getrieben fühlen, die als Kinder bei *Schweinchen Wilbur und seine Freunde* womöglich Tränen in den Augen hatten und sich beim Einschlafen an ihre Plüschschweinchen und Plüschkälbchen gekuschelt haben – und doch werden ebendiese Menschen kurz darauf den Lebensmittelmarkt mit Taschen voller Rindfleisch, Schinken, Brathähnchen und Käse verlassen. Diese Menschen, die zweifellos sofort zu Hilfe eilen würden, wenn eines der ausgestellten »Bauernhoftiere« leiden müsste, sind irgendwie gar nicht *empört* darüber, dass jedes Jahr elf Milliarden dieser Tiere unnötig leiden, eingesperrt von einer Industrie, die für ihr Handeln keinerlei Verantwortung übernehmen muss.

*Wo ist unsere Empathie geblieben?*

## DIE DREI Ns ZUR RECHTFERTIGUNG

Um das Fleisch, die Eier oder Milchprodukte derselben Tierart zu essen, die wir wenige Minuten zuvor noch liebevoll gestreichelt haben, müssen wir so vollkommen von der Richtigkeit des Tiereessens überzeugt sein, dass es uns erspart bleibt, uns unseres Tuns bewusst zu werden. Dazu wird uns beigebracht, an eine Reihe von Mythen zu glauben, die das karnistische System stützen, und die Widersprüche in den Geschichten, die wir uns da erzählen, zu ignorieren. Es gehört zum Prinzip gewalttätiger Ideologien, dass sie Erfindungen als Tatsachen ausgeben und jedes kritische Denken zu unterbinden versuchen, das diesen Umstand ans Tageslicht zu bringen droht.

Um den Verzehr von Tieren ranken sich sehr viele Mythen, doch sie alle hängen in der einen oder anderen Form mit dem zusammen, was ich die »Drei Ns zur Rechtfertigung« nenne: Tiere zu essen sei *normal*, *natürlich* und *notwendig*. Diese »Drei Ns« werden seit jeher ins Feld geführt, um gewissermaßen jedes System der Ausbeutung zu rechtfertigen, von der afrikanischen Sklaverei bis hin zum Holocaust. In der Blütezeit einer Ideologie kommen diese Mythen selten auf den Prüfstand. Wenn das System aber schließlich zusammenbricht, werden die Drei Ns als lächerlich erkannt. Betrachten wir zum Beispiel die Rechtfertigungen dafür, dass Frauen in den USA das Wahlrecht vorenthalten wurde: Das alleinige Wahlrecht für Männer sei »von unseren Vorvätern geschaffen worden«; wenn Frauen wählen dürften, würde das »dem Staat irreparablen Schaden zufügen« und »die Nation würde in Unheil und Zerfall enden«.[191]

Die Drei Ns sind in unserem gesellschaftlichen Bewusstsein so tief verwurzelt, dass sie unser Handeln steuern, ohne dass wir überhaupt darüber nachdenken müssen. Sie denken für uns. Wir haben sie so vollständig verinnerlicht, dass wir oft nach ihren Grundsätzen leben, als wären sie allgemeingültige Wahrheiten, nicht einfach nur weit verbreitete Meinungen. Es ist wie mit dem Autofahren: Wenn man es einmal gelernt hat, braucht man nicht mehr über jede einzelne Handlung nachzudenken. Doch diese Rechtfertigungen lenken nicht nur unser Handeln, sie lindern auch das moralische Unbehagen, das wir beim Essen von Tieren sonst möglicherweise empfinden würden. Wenn wir eine gute Entschuldigung für unser Verhalten haben, fühlen wir uns deswegen weniger schuldig. Die Drei Ns fungieren im Wesentlichen als geistige und emotionale Scheuklappen, indem sie die Unstimmigkeiten in unseren Überzeugungen und unserem Verhalten gegenüber Tieren verdecken und für den Fall, dass wir doch einmal stutzig werden, immer eine bequeme Erklärung parat halten.

## WILLKOMMEN BEI DEN MYTHENBILDNER:INNEN

Trotz aller Unwahrheiten, die uns psychisch und emotional in Sicherheit wiegen, erfordert es Energie, die Wahrheit zu unterdrücken. Es erfordert dauerhafte Anstrengungen, um nicht zu bemerken, was direkt vor uns steht, uns die schreienden Widersprüche zu keiner Zeit bewusst zu machen und unsere wahren Empfindungen unter der Oberfläche zu halten. Auch wenn wir also schon darin geübt sind, unser vorhandenes Wissen über die Wahrheit zu ignorieren, so brauchen wir doch regelmäßiges Training, um diese Abkopplung unserer Erkenntnisse von unserer Empathie aufrechtzuerhalten.

Hier kommen die Mythenbildner:innen ins Spiel. Die Mythenbildner:innen besetzen alle Bereiche unserer Gesellschaft, wodurch sichergestellt ist, dass die Informationen, die wir erhalten, stets die Drei Ns verstärken, wohin wir uns auch wenden. Die Mythenbildner:innen sind die Institutionen, die als Säulen des Systems dienen, und ihre jeweiligen Vertreter:innen. Wenn ein System fest etabliert ist, wird es von allen wichtigen gesellschaftlichen Institutionen gestützt, von der Medizin bis hin zum Bildungswesen. Höchstwahrscheinlich haben weder Ihre Ärzt:innen noch Ihre Lehrer:innen Sie dazu animiert zu hinterfragen, ob das Essen von Tieren normal, natürlich und notwendig ist. Ebenso wenig wie Ihre Eltern, Ihr:e Pfarrer:in oder andere Amtsträger:innen. Wer könnte uns besser beeinflussen als die Einrichtungen und Expert:innen, auf die wir zu vertrauen gelernt haben? Wer könnte uns besser überzeugen als Menschen in einer Autoritätsposition?

Gerade den Expert:innen kommt bei der Aufrechterhaltung gewalttätiger Ideologien eine Schlüsselrolle zu. Zum einen, indem sie die Grundsätze der Ideologie vorgeben. Im Fall des Karnismus geben Expert:innen mit ihren Regeln und Empfehlungen – und mit ihrem eigenen Verhalten – die Einstellungen und Praktiken gegenüber Tieren vor. Denken wir zum Beispiel daran, dass der amerikanische Tierärzt:innenverband AVMA (die »Stimme der Tierärzt:innenschaft«) bezüglich der Verwendung von Kastenständen, den 60 Zentimeter breiten Käfigen, in denen Sauen während der Schwangerschaft eingesperrt bleiben, eine neutrale Position vertritt.[192]* Wie in Kapitel 3 bereits erwähnt, gilt diese Art der Haltung als so inhuman, dass sie in mehreren Ländern und in einigen US-Bundesstaaten inzwischen verboten ist; selbst Unternehmen wie McDonald's lehnen sie ab. Denken wir außerdem daran, dass viele Tierärzt:innen selbst Tiere essen und als Kleidung tragen.

Zum anderen geben Expert:innen die Grundsätze des Karnismus vor, indem sie in der Debatte über den richtigen Umgang mit Tieren als »Stimmen der Vernunft« auftreten, als »rational« und »gemäßigt«.[193] Diese Menschen werden auch als »angepasste Kritiker«[194] bezeichnet, weil sie dem System dadurch Glaubwürdigkeit verleihen, dass sie die Ideologie als Ganzes unterstützen, gleichzeitig aber einzelne Praktiken davon ablehnen. Diese rational-gemäßigte Haltung der Expert:innen lässt diejenigen, die das System grundsätzlich infrage stellen, im Vergleich als »irrationale Extremisten« erscheinen. Ein typisches Beispiel für solche

* Anm. d. Übers.: Die Bundestierärztekammer als deutsches Pendant zur AVMA hat sich bislang ebenfalls nicht für ein Verbot von Kastenständen ausgesprochen.

Gemäßigte sind Tierärzt:innen, die bestimmte Methoden der Massentierhaltung ablehnen, selbst aber regelmäßig Tiere essen.

Expert:innen tragen auch dadurch zur Aufrechterhaltung einer gewalttätigen Ideologie bei, dass sie Menschen, die diese Ideologie nicht unterstützen, pathologisieren oder aktiv behindern. So etwa, wenn Psychologen die Weigerung einer jungen Frau, Tiere zu essen, als Symptom einer Essstörung deuten oder wenn Ärzt:innen trotz zahlreicher Gegenbeweise vor den Gefahren einer veganen Ernährung warnen. So wesentlich die Unterstützung der Experten für den Erhalt des Karnismus aber auch ist, so erfolgt sie durch die einzelnen Personen in aller Regel nicht bewusst. Expert:innen sind schlicht Leute, die ihre Arbeit tun. Sie sind als Menschen innerhalb des Systems aufgewachsen und sehen die Welt daher, wie wir alle, durch die Brille der karnistischen Ideologie.

Doch nicht alle Mythenbildner:innen verbreiten die Botschaft unbewusst. Eine andere Gruppe von Mythenbildner:innen, die Tierindustrie und ihre Verantwortlichen, erhält die Mythen des Karnismus gezielt aufrecht, indem sie Einfluss auf die Institutionen und Expert:innen nimmt, die dann ihrerseits die politischen Rahmenbedingungen und die öffentliche Meinung beeinflussen. Betrachten wir zum Beispiel die Partnerschaft zwischen der amerikanischen Academy of Nutrition and Dietetics und dem National Dairy Council, dem Lobbyverband der US-Milchwirtschaft.[195] Die Academy ist die größte ernährungswissenschaftliche Organisation der USA und als Dachverband zugleich für die Akkreditierung von Universitäten zuständig, die Abschlüsse im Bereich Ernährungswissenschaft anbieten. Jede:r anerkannte Ernährungsberater:in oder Diätassistent:in muss seine:ihre Ausbildung an einer Einrichtung absolviert haben, die von der Academy akkreditiert ist. (Wenn wir also Ernährung studieren, dann studieren wir eigentlich karnistische Ernährung.) Der National Dairy Council gehört zu den Hauptsponsor:innen der Academy. Deren Sponsoringprogramm verschafft den betreffenden Unternehmen laut Academy-Eigenwerbung »Zugang zu einflussreichen Akteur:innen, Meinungsbildner:innen und Entscheider:innen im Lebensmittel- und Ernährungssektor«. Für die Sponsor:innen lassen sich außerdem, so die Academy in ihrem früheren Werbeauftritt, »Marketingziele dank dieser Vorteile leichter umsetzen, [...] Führungskräfte im Bereich Lebensmittel und Ernährung erreichen, die wichtige Kaufentscheidungen treffen oder mit beeinflussen [..., und beim] hoch interessanten Zielpublikum [der Academy] die Markenbekanntheit steigern«.[196] Mit anderen Worten: Machtvolle Interessenvertretungen wie der National Dairy Council »sponsern« Expert:innenorganisationen wie die Academy – was eine Erklärung dafür sein könnte, dass zum Beispiel die offizielle Verzehrempfehlung für Milch in den USA bei drei Tassen pro Tag liegt, obwohl Milchkonsum nachweislich das Risiko für Herz-Kreislauf-Erkrankungen, verschiedene Krebsarten und Diabetes erhöht.[197]

Wenngleich die Mythenbildner:innen die Wahrheit verzerren, besteht ihre Hauptaufgabe nicht im Erschaffen von Mythen, sondern darin, sicherzustellen, dass die bestehenden Mythen weiter gedeihen. Sie fungieren also vorwiegend als *Botschafter:innen* der Mythen. Viele der Mythen des Karnismus haben wir geerbt, sie sind von Generation zu Generation weitergegeben worden. Da Systeme mehr sind als die Summe ihrer Teile, sterben sie keines natürlichen Todes, sondern leben immer weiter. Systeme sind wie Bienenstöcke: Einzelne Bienen sterben, doch der Schwarm bleibt bestehen. Die Mythenbildner:innen bereiten analog dazu die Mythen des Karnismus immer wieder auf und passen sie, wenn notwendig, der aktuellen Entwicklung an.

### Das Infragestellen von Autorität

In seiner klassisch gewordenen Studie über Autoritätsgehorsam hat Stanley Milgram gezeigt, wie sehr wir uns von Autoritätspersonen beeinflussen lassen. Anfang der 1960er Jahre warb Milgram vierzig männliche Versuchspersonen an und sagte ihnen, sie würden als »Lehrer« an einem Experiment zu den Auswirkungen von Bestrafung auf den Lernerfolg mitwirken. Bei ihrer Ankunft wurden die einzelnen Versuchspersonen jeweils mit einem anderen Versuchsteilnehmer zusammengebracht, einem »Schüler«. Ohne dass der Lehrer es wusste, handelte es sich bei dem Schüler in Wirklichkeit um einen Helfer Milgrams. Die beiden Männer wurden in einen Raum geführt, und der Schüler wurde auf einem Stuhl festgeschnallt und dem Schein nach an Elektroden angeschlossen. Dann wurde ihnen erklärt, Aufgabe des Lehrers sei es, dem Schüler Wortpaare vorzusprechen, die dieser sich merken müsse. Könne sich der Schüler anschließend nicht korrekt an ein Wortpaar erinnern, erhalte er vom Lehrer einen Elektroschock, dessen Stärke bei jedem weiteren Fehler steige. Danach wurde der Lehrer in einen Raum mit einem Schaltbrett geführt, über das sich angeblich die am Schüler angeschlossenen Elektroden steuern ließen. Auf dem Schaltbrett befanden sich Knöpfe für Elektroschocks von 15 bis 450 Volt, und neben dem Knopf mit der höchsten Spannung stand: »Gefahr: Schwerer Elektroschock«.

In den ersten Stufen des Experiments erinnerte der Schüler die Wortpaare richtig. Nach und nach aber begann er Fehler zu machen. Bei den ersten Elektroschocks stöhnte der Schüler auf und gab Schmerzlaute von sich. Ab 150 Volt beschwerte sich der Schüler über starke Schmerzen und verlangte, das Experiment abzubrechen. Bei 285 Volt schrie der Schüler in höchster Qual. Die ganze Zeit über wies Milgram den Lehrer an weiterzumachen. Und die meisten Lehrer befolgten das: Von den vierzig Versuchspersonen setzten unglaubliche vierunddreißig die Elektroschocks weiter fort, nachdem der Schüler bereits den Abbruch verlangt hatte, und sechsundzwanzig davon gingen bis zum Höchstwert von 450 Volt. Für die Lehrer war die Situation sichtlich belastend: Sie schwitzten, hielten sich den Kopf, beschwerten sich – und doch machten sie weiter. Milgram wiederholte dieses Experiment immer wieder mit unterschiedlichen Versuchsgruppen und Versuchsanordungen, und die Ergebnisse waren stets dieselben. Er schloss daraus, dass sich der *Autoritätsgehorsam über unser Gewissen hinwegsetzt.*

Milgrams Schlussfolgerung ist erschreckend, aber nicht überraschend. Die Geschichte kennt unzählige Beispiele für Gräueltaten, von Kriegsverbrechen bis hin zum Völkermord, die alle erst dadurch möglich wurden, dass Millionen Menschen dem Diktat ihrer jeweiligen Anführer:innen folgten – Millionen Menschen, deren Gewissen von den Inhaber:innen der Autoritätspositionen ausgeschaltet worden war.

Milgram fand allerdings auch zwei Faktoren, die den Autoritätsgehorsam abschwächen: die Fähigkeit, die Legitimität der Autoritätsperson zu hinterfragen, und die Entfernung von dieser Person. Ließ Milgram zum Beispiel einen »gewöhnlichen Menschen« (jemanden, der nicht wie ein Wissenschaftler erschien) die Anweisungen zum Verabreichen der Elektroschocks geben, so verringerte sich der Gehorsam um zwei Drittel. Die Versuchspersonen betrachteten den Wissenschaftler dann nicht als Autorität, sondern eher als Gleichgestellten. Und hielt sich kein Wissenschaftler zusammen mit dem Lehrer im Raum auf, verringerte sich der Gehorsam ebenfalls um zwei Drittel – die Lehrer schummelten dann.

Milgram zufolge handeln wir gegen unser Gewissen, weil wir uns für unser Handeln nicht voll verantwortlich fühlen, wenn eine Anweisung von jemandem kommt, den wir als legitime Autorität betrachten. Und je größer die räumliche Nähe zu dieser Person – sei es ein:e Ärzt:in, der uns Ernährungsempfehlungen gibt, oder eine prominente Persönlichkeit auf dem TV-Bildschirm in unserem Wohnzimmer, die uns sagt: »Milch tut dem Körper gut« –, desto größer die Wahrscheinlichkeit, dass ihre Autorität sich über unsere eigene hinwegsetzt. Solange wir nicht lernen, äußere Autorität zu hinterfragen und unsere eigene, innere Autorität anzuerkennen, so lange werden wir die Anordnungen derer befolgen, die den Status quo aufrechterhalten.*

* Verschiedene Studien über den Gehorsam gegenüber Autoritäten, die von Milgram und anderen durchgeführt wurden, deuten darauf hin, dass es keinen nennenswerten Unterschied zwischen den Reaktionen von Männern und Frauen gibt.[198]

## MIT BRIEF UND SIEGEL: LEGITIMIERUNG

Der praktische Zweck der Mythen besteht darin, das System zu *legitimieren*. Wenn eine Ideologie legitimiert ist, sind ihre Grundsätze von allen gesellschaftlichen Institutionen anerkannt, und die Drei Ns sind auf allen gesellschaftlichen Kanälen verbreitet. Nach der Ideologie zu handeln ist dann rechtmäßig und gilt als vernünftig und ethisch vertretbar. Entsprechend werden die Grundsätze konkurrierender Ideologien als rechts*widrig* betrachtet, weshalb zum Beispiel Veganer:innen nicht gerichtlich gegen das Schlachten von Tieren durch die Agrarindustrie vorgehen können.

Zwar wirken alle Institutionen daran mit, die Ideologie zu legitimieren. Zwei aber spielen dabei eine besonders entscheidende Rolle: das Rechtssystem und die Medien. Indem die Grundsätze einer Ideologie in Gesetze gegossen werden, entsteht ein Zwang zur Konformität mit dem System. Nehmen wir zum Beispiel den rechtlichen Status von Tieren, der den Fortbestand der karnistischen Produktion sichert. Das amerikanische Recht unterscheidet zwischen *Personen* und *Eigentum*. Einer Person stehen Grundrechte zu, vor allem das Recht auf Leben und körperliche Unversehrtheit. Eigentum dagegen hat keine Rechte. Nur die Person, der das Eigentum gehört, hat Rechte. Deshalb kann zum Beispiel eine Autobesitzerin eine Person verklagen, die ihr Auto beschädigt, das Auto selbst aber kann nicht vor Gericht ziehen. In den USA sind heute alle Menschen Personen (die ursprüngliche Verfassung ordnete Sklav:innen zu drei Fünfteln als Person ein und zu zwei Fünfteln als Eigentum), und alle Tiere sind Eigentum. Und von wenigen Ausnahmen abgesehen, haben die besitzenden Personen das Recht, mit ihrem privaten Eigentum nach Belieben zu verfahren. Also werden Tiere gekauft und verkauft, gegessen und als Kleidung getragen – und ihre Körper werden in derart vielen verschiedenen Produkten verwendet, dass es praktisch unmöglich ist, nicht systemkonform zu leben. Tierische Nebenprodukte finden sich in so unerwarteten Alltagsgegenständen wie Tennisbällen, Tapeten, Klebebändern und Filmmaterial.*

Die Medien, unsere wichtigste Informationsquelle, stärken den Karnismus durch ihre Rolle als direkter Kanal von der Ideologie zu den Verbraucher:innen. Beim Thema Karnismus stellen die Medien das System selten infrage und verstärken stattdessen die karnistischen Abwehrmechanismen: Sie erhalten die Unsichtbarkeit des Systems aufrecht und bestätigen die Rechtfertigungen für das Essen von Tieren. (Erfreulicherweise deutet sich eine Trendwende an, da immer mehr Medienschaffende Veganismus unterstützen und ihren Einfluss nutzen, um den Karnismus zu hinterfragen, anstatt ihn zu stärken.)

Zum einen erhalten die Medien die Unsichtbarkeit des Karnismus aufrecht durch *Unterlassen.* Die elf Milliarden Tiere, die jedes Jahr für den menschlichen Verzehr getötet werden, und die katastrophalen Folgen der heutigen Tierhaltungspraxis bleiben im öffentlichen Diskurs auffallend unerwähnt. Wie oft haben Sie in den Medien Enthüllungsberichte über den gewalttätigen Umgang mit Nutztieren und die korrupten Praktiken der karnistischen Industrie gesehen? Vergleichen Sie das einmal mit dem Umfang an Berichterstattung über schwankende Benzinpreise oder Modesünden von Hollywoodstars. Die meisten von uns empören sich mehr darüber, wenn sie für einen Liter Benzin ein paar Cent mehr bezahlen sollen, als über die Tatsache, dass Milliarden

* Anm. d. Übers.: In der deutschen Rechtsordnung, die zwischen *Personen* und *Sachen* unterscheidet, sind Tiere *keine* Sachen, jedoch *wie Sachen* zu behandeln. Das Ergebnis ist juristisch und faktisch dasselbe wie hier für die USA beschrieben.

von Tieren, Millionen von Menschen und das gesamte Ökosystem systematisch von einer Industrie ausgebeutet werden, die aus dieser sinnlosen Gewalt ihren Profit zieht. Und die meisten von uns wissen mehr darüber, was die Stars bei der Oscar-Verleihung getragen haben, als über die Tiere, die wir essen.

Auch durch *Untersagen* erhalten die Medien die Unsichtbarkeit des Systems aufrecht, indem sie aktiv verhindern, dass Informationen, die den Karnismus hinterfragen, die Verbraucher:innen erreichen. Im Jahr 2004 lehnte zum Beispiel der Fernsehsender CBS ein Angebot der Tierrechtsorganisation PETA ab, die für zwei Millionen Dollar während der Super-Bowl-Übertragung* einen Werbespot gegen Karnismus schalten wollte. Als Begründung gab der Sender an, er strahle keine »Meinungswerbung« aus. Ein Anti-Raucher:innen-Spot lief während des Spiels aber sehr wohl auf CBS, und der Sender strahlt regelmäßig Werbespots aus, die zum karnistischen Konsum aufrufen.

Manchmal jedoch richtet sich die Aufmerksamkeit der Medien tatsächlich auf die karnistische Produktion. Nur wird das Thema dann für gewöhnlich so dargestellt, als handele es sich um schlimme Einzelfälle, nicht um den Normalfall. Der in Kapitel 3 beschriebene Enthüllungsbericht über eine Fleischfabrik, in der kranke Tiere zu Fleisch für Schulkinder verarbeitet worden waren, erwähnte zum Beispiel mit keiner Silbe, dass das Rechercheteam der Humane Society of the United States nur *zufällig* gerade diesen Betrieb aufgesucht hatte, und es wurde auch nicht die Frage aufgeworfen, inwiefern es sich hierbei um eine gängige Praxis in karnistischen Unternehmen handeln könnte. Dadurch richtete sich die öffentliche Empörung nur

* Anm. d. Übers.: Der Super Bowl ist das jährliche Endspiel der National Football League, der höchsten Spielklasse im American Football. Die Live-Übertragung des Spiels erreicht in den USA regelmäßig die höchsten TV-Einschaltquoten des Jahres.

gegen eine einzige Firma, und das System selbst wurde nicht infrage gestellt.

Erst recht nicht infrage gestellt wird das System immer dann, wenn die Medien die Grundsätze des Karnismus als Tatsache präsentieren statt als Meinung – und die Vertreter:innen des Karnismus als Verkünder:innen einer objektiven Wahrheit statt als befangene Mythenbildner:innen. So bringen zum Beispiel alle wichtigen Medien regelmäßig Sendungen und Sonderteile mit Tipps für Feste, bei denen der karnistische Konsum im Mittelpunkt steht. Hier wird erklärt, wie man eine traditionelle Weihnachtsgans zubereitet oder im Sommer eine Grillparty organisiert. Und die Ärzt:innen und Ernährungswissenschaftler:innen, die im Fernsehen auftreten, befürworten regelmäßig den Karnismus, wobei sie häufig eine »vernünftig-gemäßigte« Haltung einnehmen und den Zuschauer:innen zum Beispiel empfehlen, fette Fleischsorten durch magerere zu ersetzen.

Die Medien liefern uns den Karnismus frei Haus, indem sie uns nicht nur erzählen, »wie es halt ist«, sondern auch, wie es sein soll, sein kann und sein muss. Mit anderen Worten: Die Medien sorgen dafür, dass die Botschaft der Drei Ns ankommt.

## TIERE ZU ESSEN IST NORMAL

*Gewohnheit versöhnt die Menschen*
*mit jeder Gräueltat.*

George Bernard Shaw

Wenn wir die Grundsätze einer Ideologie als normal ansehen, bedeutet das, dass diese Ideologie *normalisiert* worden ist und dass ihre Grundsätze *gesellschaftliche Normen* geworden sind. Gesellschaftliche Normen haben nicht nur deskriptiven Charakter, beschreiben also nicht einfach, wie sich die Mehrheit der Menschen verhält. Sie haben auch präskriptiven Charakter, schreiben also vor, wie wir uns verhalten *sollen*. Normen sind gesellschaftliche Konstrukte. Sie sind nicht angeboren und kommen nicht von Gott (auch wenn manchen von uns vielleicht etwas anderes beigebracht worden ist). Sie werden von Menschen geschaffen und aufrechterhalten, und sie dienen dazu, uns auf Linie zu halten, damit das System intakt bleibt.

Normen halten uns auf Linie, indem sie uns feste Wege vorzeichnen und uns beibringen, wie wir sein müssen, um dazuzugehören. Der Weg der Norm ist der Weg des geringsten Widerstands.[199] Er ist der Kurs, den wir nehmen, wenn wir auf Autopilot gestellt sind und gar nicht bemerken, dass wir einer Handlungsweise folgen, für die wir uns nicht bewusst entschieden haben. Die meisten Menschen, die Tiere essen, haben keine Ahnung davon, dass sie sich nach den Grundsätzen eines Systems verhalten, das viele ihrer Wertvorstellungen, Vorlieben und Verhaltensweisen festgelegt hat. Was sie ihre »freie Entscheidung« nennen, ist in Wirklichkeit das Ergebnis eines eng begrenzten Spektrums an Optionen, die bereits vorab für sie ausgewählt worden sind. Zum Beispiel ist ihnen nicht klar, dass sie gelernt haben, menschliches Leben so viel höher einzustufen als bestimmte Arten von nichtmenschlichem Leben, dass es ihnen angemessen scheint, ihre eigenen geschmacklichen Vorlieben wichtiger zu nehmen als das Überlebensinteresse anderer Arten. Und indem Normen den Weg des geringsten Widerstands bahnen, verdecken sie alternative Wege, sodass es scheint, als ginge es gar nicht anders. Wie in Kapitel 2 erwähnt, wird der Verzehr von Tieren als Selbstverständlichkeit betrachtet, nicht als Frage der individuellen Entscheidung.

Normen halten uns auch dadurch auf Linie, dass sie Konformität belohnen und uns bestrafen, wenn wir aus der Reihe tanzen. Tiere zu essen ist sowohl in praktischer als auch in sozialer Hinsicht erheblich einfacher, als keines zu essen. Karnistische Produkte sind jederzeit verfügbar, während vegane Alternativen erst aktiv ausfindig gemacht werden müssen und oft schwer erhältlich sind (gleichwohl es immer einfacher wird, vegane Lebensmittel zu bekommen). Viele Restaurants haben zum Beispiel immer noch keine veganen Gerichte auf der Karte, und pflanzliche Lebensmittel wie Bohnen oder Reis werden sehr oft mit Schmalz oder Fleischbrühe zubereitet. Häufig sehen sich Veganer:innen außerdem dazu genötigt, ihre Essenswahl zu erklären, ihre Ernährungsweise zu verteidigen oder sich dafür zu entschuldigen, dass sie anderen Umstände machen. Sie werden in Klischees gepresst, die von »radikale Spinner:innen« über »Essstörungen« bis »Menschenfeind:innen« reichen. Sie werden als Heuchler:innen bezeichnet, wenn sie Leder tragen, und als Fundamentalist:innen oder Extremist:innen, wenn sie keines tragen. Sie müssen in einer Welt leben, in der sie pausenlos mit Darstellungen und Einstellungen bombardiert werden, die ihr innerstes Empfinden verletzen. Es ist weitaus einfacher, sich der karnistischen Mehrheit anzupassen, als vom Weg des geringsten Widerstands abzuweichen. Normen kommen sowohl im Alltagsverhalten zum Ausdruck als auch in Gewohnheiten und Traditionen. Ist ein Verhalten erst einmal Gewohnheit oder Tradition geworden, dann wird es aufgrund seines langen Bestehens und seiner Bedeutung für die Aufrechterhaltung des Systems kaum noch hinterfragt und ist viel leichter zu rechtfertigen. Für viele Leute wäre zum Beispiel Weihnachten ohne eine Gans auf dem Tisch einfach nicht Weihnachten. Festtagsgerichte werden selten hinterfragt.

## TIERE ZU ESSEN IST NATÜRLICH

*Natürliche Selektion [hat viel] für den Fortschritt der Zivilisation [getan]. [...] Die zivilisierteren sogenannten kaukasischen Rassen haben das dumpfere türkische Volk im Kampf ums Dasein besiegt. In einer Welt, die in nicht allzu ferner Zukunft liegt, wird eine endlose Zahl niederer Rassen durch die höher zivilisierten Rassen ausgelöscht worden sein.*

Charles Darwin

Die meisten von uns halten es für natürlich, Tiere zu essen, weil der Mensch seit Jahrtausenden Tiere jagt und verzehrt. Tatsächlich stimmt es, dass wir seit mindestens zwei Millionen Jahren Tiere als Teil unserer omnivoren Ernährung essen (wenngleich die meiste Zeit über der vegane Anteil an dieser Ernährung bei Weitem überwogen hat). Nur müssen wir dann ehrlicherweise hinzufügen, dass Kindstötung, Mord, Vergewaltigung und Kannibalismus mindestens genauso alt sind wie das Essen von Tieren – und daher wohl ebenso »natürlich«. Dennoch berufen wir uns bei diesen Handlungen nicht auf ihre Langlebigkeit, um sie zu rechtfertigen. Wie bei anderen Gewalthandlungen ist auch beim Verzehr von Tieren zwischen *natürlich* und *gerechtfertigt* zu unterscheiden.

Den Prozess, durch den »natürlich« in »gerechtfertigt« umgedeutet wird, nennt man *Naturalisierung*. Die Naturalisierung ist in Bezug auf »natürlich« das Gleiche wie die Normalisierung in Bezug auf »normal«. Bei einer naturalisierten Ideologie wird angenommen, ihre Grundsätze entsprächen den Naturgesetzen (oder auch den göttlichen Gesetzen, je nachdem, ob man ein wissenschaftliches oder religiöses Weltbild hat oder eine Mischform aus beidem). In der Naturalisierung steckt die Überzeugung, dass es nur so und nicht anders *sein kann*. Tiere zu essen gehört in dieser Sichtweise schlicht zur natürlichen Ordnung. Naturalisierung stützt eine Ideologie, indem sie ihr eine (bio)logische Grundlage liefert.

Viele naturalisierte Verhaltensweisen sind konstruiert, genau wie Normen, und es überrascht nicht, dass sie von denjenigen konstruiert werden, die sich selbst an die Spitze der »natürlichen Hierarchie« setzen. Der Glaube an die biologische Überlegenheit einzelner Gruppen dient seit Jahrhunderten dazu, Gewalt zu rechtfertigen: Afrikaner:innen waren »von Natur aus« für die Sklaverei geschaffen; Jüd:innen waren »von Natur aus« böse und mussten ausgerottet werden, um sie an der Zerstörung des Deutschen Reiches zu hindern; Frauen waren »von Natur aus« zum Eigentum des Mannes bestimmt; Tiere sind »von Natur aus« dazu da, von Menschen gegessen zu werden. Schon die Namen, die wir diesen Tieren geben, klingen so, als hätte die Natur sie eigens für unsere Ernährung geschaffen: Wir nennen sie »Nutztiere« (richtiger wäre »*genutzte* Tiere«), »Milchkühe«, »Legehennen«, »Fleischhühner« oder »Mastkälber«. Selbst der große Logiker Aristoteles berief sich auf die Biologie und unterwarf die Logik den gesellschaftlichen Normen seiner Zeit, indem er behauptete, Männer seien Frauen von Natur aus übergeordnet und Sklav:innen seien biologisch dazu geschaffen, den freien Bürgern zu dienen. Und was ist mit einer anderen natürlichen Ordnung, die zu den zentralen Rechtfertigungen des Karnismus gehört, mit der sogenannten Nahrungskette? Angeblich befindet sich der Mensch an der »Spitze« der Nahrungskette. Doch eine Kette hat *per definitionem* keine Spitze – und wenn sie eine hätte, dann stünden dort Karnivor:innen, keine Omnivor:innen.

Die wichtigsten Stützpfeiler der Naturalisierung sind Geschichte, Religion und Wissenschaft. Vonseiten der Geschichte wird uns ein selektiver historischer Ausschnitt an »Fakten« präsentiert, die beweisen, dass die Ideologie schon immer existiert hat. Diese geschichtliche Perspektive verleiht der Ideologie *Ewigkeitscharakter*, sodass es scheint, als sei alles immer schon so gewesen wie heute und als werde es deshalb auch immer so sein. Die Religion bestätigt die Ideologie als gottgewollt, und die Wissenschaft liefert ihr eine biologische Grundlage. Dass Religion und Wissenschaft bei der Naturalisierung von Ideologien eine so große Rolle spielen, erklärt auch, warum viele Gruppen ihren Anspruch auf natürliche Überlegenheit so gerne an den Kriterien Spiritualität und Intelligenz festmachen. Noch ehe beispielsweise Tierversuche in der Wissenschaft gängige Praxis waren, nagelte der Mathematiker und Philosoph René Descartes den Hund seiner Frau an den Pfoten auf einem Brett fest und sezierte ihn dann bei lebendigem Leib, um zu beweisen, dass der Hund – wie jedes andere Tier – im Gegensatz zum Menschen eine seelenlose »Maschine« sei und seine Schmerzensschreie nichts anderes als automatische Reaktionen, wie sie auch die Zahnräder und Federn beim Zerlegen einer Uhr zeigen. Und Charles Darwin vertrat die Auffassung, Männer besäßen ein größeres angeborenes Denkvermögen als Frauen und müssten sich daher im Laufe der Evolution zum überlegenen Geschlecht entwickelt haben. Mit einem Wort: Naturalisierung macht Ideologien in geschichtlicher, göttlicher und biologischer Hinsicht unangreifbar.

## TIERE ZU ESSEN IST NOTWENDIG

*Wir, der Süden, können und werden unsere Institutionen nicht aufgeben. Die bestehenden Verhältnisse zwischen den beiden Rassen [weißen und schwarzen Menschen] aufrechtzuerhalten [...] ist unabdingbar für den Frieden und das Glück auf beiden Seiten.*

John C. Calhoun, ehemaliger Vizepräsident der USA

Die Überzeugung, Tiere zu essen sei notwendig, ist eng mit der Überzeugung verbunden, Tiere zu essen sei natürlich. Wenn es aus biologischen Gründen zwingend erforderlich ist, Tiere zu essen, dann ist es eine Notwendigkeit für das Überleben der Art, also der Menschheit. Und wie bei allen gewalttätigen Ideologien kommt in dieser Überzeugung das Kernparadox des Systems zum Ausdruck: Töten ist notwendig für das Allgemeinwohl; das Überleben der einen Gruppe hängt davon ab, dass eine andere getötet wird.[200] Durch die Überzeugung, Tiere zu essen sei notwendig, erscheint das System alternativlos – wenn wir ohne den Verzehr von Tieren nicht existieren können, dann kommt die Abschaffung des Karnismus einem Selbstmord nahe. Obwohl wir wissen, dass es möglich ist zu überleben, ohne Tiere zu essen, tut das System weiterhin so, als wäre der Mythos der karnistischen Notwendigkeit wahr. Dieser Mythos spiegelt eine implizite Annahme wider, die in der Regel erst durch Infragestellung offengelegt wird.

Ein verwandter Mythos besagt, Tiere zu essen sei notwendig für unsere Gesundheit. Auch dieser Mythos hält sich hartnäckig – trotz erdrückender Gegenbeweise. Die Forschung zeigt, dass Tiere zu essen der Gesundheit eher schadet, denn der karnistische Konsum wird heute mit der Entstehung einiger der häufigsten Zivilisationskrankheiten in Verbindung gebracht.

## Der Eiweißmythos

*Aber woher bekommst du dann genügend Eiweiß?* Das ist oft die erste Frage, die Veganer:innen zu hören bekommen, wenn sie ihre Ernährungsweise ansprechen. Tatsächlich kommt diese Frage so häufig, dass sie unter Veganer:innen längst zu einem Insiderwitz geworden ist. Ich benutze den Ausdruck »Witz«, weil in dieser Frage einer der gängigsten und wirklichkeitsfremdesten Mythen des Karnismus zum Ausdruck kommt, vielleicht sogar der gängigste und wirklichkeitsfremdeste von allen: Fleisch (und in gewissem Maße auch Eier und Milchprodukte) sei eine notwendige Eiweißquelle. Veganer:innen nennen diese irrige Vorstellung den »Eiweißmythos«.

Die Angst vor einem Eiweißmangel ist vor allem unter Männern verbreitet, da (tierisches) Eiweiß traditionell mit Kraft- und Muskelaufbau assoziiert wird. Fleisch ist ein altes Männlichkeitssymbol, es steht für Stärke, Macht und Manneskraft. Pflanzlicher Nahrung haftet dagegen ein weibliches Image an, sie steht für Passivität und Schwäche (abzulesen an Ausdrücken wie »Couch-Potato« oder »dahinvegetieren«). Immer mehr wissenschaftliche Untersuchungen zeigen, dass das historische Konstrukt der Männlichkeit vor allem auf Dominanz, Beherrschung und Gewalt aufgebaut ist – zum Schaden einzelner und der Gesellschaft. Es überrascht daher nicht, dass das Verzehren (und zuweilen auch das Töten) von Tieren seit jeher zu den zentralen Merkmalen des Mannseins gehört.[201]

Ebenso wie andere Mythen des Karnismus besteht

der Eiweißmythos weiter, obwohl seit vielen Jahren umfangreiche, stichhaltige Gegenbeweise vorliegen. Er dient dazu, den anhaltenden karnistischen Konsum zu rechtfertigen und das karnistische Weltbild aufrechtzuerhalten. Doch er ist nicht mehr als ein Mythos. Das sagen Ärzt:innen zu diesem Thema:

> Anfang des 20. Jahrhunderts lautete die Empfehlung in den USA, gut 100 Gramm Eiweiß am Tag zu essen. Und selbst noch in den 1950er Jahren wurde gesundheitsbewussten Menschen geraten, ihre Eiweißzufuhr zu erhöhen. Heute [...] nehmen die meisten US-Bürger:innen doppelt so viel Eiweiß zu sich, wie sie brauchen. [...] Eiweißüberschuss wird mit Osteoporose, Nierenerkrankungen, Harnsteinen und verschiedenen Krebsarten in Zusammenhang gebracht.
>
> Der menschliche Körper bildet die Eiweiße, die er für die Muskulatur und andere Funktionen benötigt, aus Aminosäuren, die aus dem Eiweiß in unserer Nahrung stammen. Eine abwechslungsreiche Ernährung mit Bohnen, Linsen, Getreide und Gemüse enthält alle essenziellen Aminosäuren. Früher ist man davon ausgegangen, dass verschiedene pflanzliche Lebensmittel zusammen gegessen werden müssen, damit ihr Eiweißgehalt voll genutzt werden kann. Neuere Forschungen zeigen aber, dass das nicht der Fall ist.
>
> Um seine Ernährung so zu gestalten, dass sie genug, aber nicht zu viel Eiweiß enthält, [kann man] einfach tierische Produkte durch Getreide, Gemüse, Hülsenfrüchte (Erbsen, Bohnen und Linsen) und

Obst ersetzen. Solange man pflanzliche Lebensmittel in einer gewissen Vielfalt und in ausreichender Menge isst, um sein Gewicht zu halten, bekommt der Körper reichlich Eiweiß.[202]

Ein besonders kurioser Notwendigkeitsmythos ist der Glaube, wir müssten weiter Tiere essen, weil die Welt von Schweinen, Hühnern und Kühen überrannt würde, wenn wir jetzt damit aufhören würden. Was, so die Frage, sollten wir dann mit den ganzen Tieren machen? Nun, wenn wir aufhören würden, karnistische Produkte zu essen, würden wir natürlich auch aufhören, die Tiere überhaupt erst zu produzieren, die zu solchen Produkten verarbeitet werden. Wir wären also sicher davor, von einem wachsenden Bestand an Nutztieren erdrückt zu werden. Doch in diesem Mythos steckt noch ein zweiter, paradoxer Mythos, der bei allen gewalttätigen Ideologien eine zentrale Rolle spielt: das Töten müsse weitergehen, um all die vorangegangenen Tötungen zu rechtfertigen.[203] Hat die Gewalt erst einmal eine gewisse Eigendynamik erreicht, scheint jede Umkehr unmöglich.

Ein weiterer Notwendigkeitsmythos lautet, Töten sei ein wirtschaftliches Erfordernis. Zwar steht hinter vielen gewalttätigen Ideologien tatsächlich ein wirtschaftliches Motiv – die Wirtschaft der Neuen Welt stützte sich vor allem auf die Sklaverei, und die deutsche Kriegsmaschinerie im Dritten Reich finanzierte sich durch Raubgold, Enteignungen und unbezahlte Zwangsarbeit –, doch das heißt nicht, dass die Wirtschaft zusammenbrechen würde, wenn das Töten ein Ende hätte. Viel wahrscheinlicher ist, dass der wirtschaftliche Status quo zu Fall kommen würde. Nicht die Bevölkerung würde Schaden nehmen, wenn der Karnismus abgeschafft würde, sondern das bestehende karnistische Unternehmens- und Machtgeflecht.

Selbst wenn aber die Wirtschaft vom Karnismus abhinge, muss man sich fragen, ob diese Abhängigkeit eine Fortsetzung der Gewalt rechtfertigen würde. Aus Sicht der meisten Menschen würde sie das nicht. Die Geschichte zeigt uns immer wieder, dass die Menschen Veränderungen fordern, sobald sie sich einer gewalttätigen Ideologie bewusst werden. Das ist der Grund, weshalb die Gräuel des Karnismus verborgen und seine Mythen intakt bleiben müssen – weshalb wir glauben müssen, wir seien aufgeklärte Verbraucher:innen und freie Menschen, die in einem demokratischen System leben und ihrem eigenen freien Willen folgen.

## DER MYTHOS VOM FREIEN WILLEN

Gewalttätige Ideologien brauchen willige Anhänger:innen, und die meisten Menschen würden Tieren willentlich kein Leid zufügen. Daher müssen wir dazu gezwungen werden, das System zu unterstützen. Allerdings wirkt dieser Zwang nur, solange er unbemerkt bleibt. Wir müssen glauben, dass wir komplett aus eigenem Antrieb handeln, wenn wir Tierkörper kaufen und verzehren. Wir müssen an den Mythos vom freien Willen glauben.

Natürlich setzt uns niemand die Pistole auf die Brust, damit wir Tiere essen, aber das ist auch gar nicht nötig. Wir haben Tiere gegessen, seit wir abgestillt wurden. War es Ihre freie Entscheidung, Ihr Hipp-Gläschen Gemüsereis mit Hühnchen zu essen? Oder als Kind Ihr Happy Meal bei McDonald's? Haben Sie die Aussage Ihrer Eltern und Lehrer:innen und Ärzt:innen hinterfragt, dass Milch groß und stark macht? Haben Sie jemals die Fleischbällchen auf Ihren Nudeln betrachtet und sich gefragt, wo sie eigentlich herkommen? Und wenn ja, haben die anderen am Tisch Sie darin bestärkt, diese Bewusstseinslücke zu schließen, oder haben sie schnell Ihre Betäubung wiederhergestellt und Sie damit beruhigt, dass es doch von Vorteil sei, Tiere zu essen?

Aller Wahrscheinlichkeit nach hat Ihr Verhältnis zu karnistischen Produkten seinen Anfang genommen, bevor Sie überhaupt sprechen konnten, und zieht sich seitdem ununterbrochen durch Ihr ganzes Leben. Und dieses ununterbrochen ablaufende Verhalten ist der Schlüssel zum Verständnis, wie der Karnismus unseren freien Willen überlagert. Lang angelegte Denk- und Handlungsmuster, die deutlich älter sind als unsere Fähigkeit zu freiem Handeln, werden zu einem festen Bestandteil unserer Psyche und steuern unsere Entscheidungen wie eine unsichtbare Hand. Und sollte etwas unser gewohntes Verhältnis zu karnistischen Produkten unterbrechen – zum Beispiel, wenn wir einmal den Schlachtprozess zu sehen bekommen –, dann holt uns das fein gesponnene Netz karnistischer Abwehrmechanismen rasch wieder zurück ins System. *Der Karnismus verhindert eine Unterbrechung unseres Bewusstseinszustands.*

Solange wir innerhalb des Systems agieren, ist es unmöglich, unseren freien Willen auszuüben. Ein freier Wille erfordert bewusstes Denken, und die tief sitzenden Denkmuster, von denen wir durchdrungen sind, laufen unbewusst ab. Sie entziehen sich unserer bewussten Wahrnehmung und damit auch unserer Kontrolle. Solange wir im System gefangen bleiben, sehen wir die Welt mit den Augen des Karnismus. Und solange wir sie nicht mit unseren eigenen Augen sehen, werden wir weiter nach einer Wahrheit leben, für die wir uns niemals selbst entschieden haben. Um unsere verlorene Empathie wiederzufinden und Entscheidungen zu treffen, die nicht unseren anerzogenen, sondern unseren wahren Empfindungen und Überzeugungen entsprechen, müssen wir aus dem System ausbrechen.

KAPITEL 6

# HINTER DEM KARNISTISCHEN SPIEGEL: DER VERINNERLICHTE KARNISMUS

*Der größte Feind des Wissens*
*ist nicht die Unwissenheit,*
*sondern die Illusion, etwas zu wissen.*

Stephen Hawking

Stellen Sie sich vor, Ihre gesamte Lebenswirklichkeit – Ihre Wohnung, Ihre Arbeit, Ihre Familie, Ihr Leben *selbst* – wäre nichts als eine Illusion, eine virtuelle Realität, geschaffen von einer Computermatrix, an die Ihr Hirn sowie die Hirne aller anderen Menschen angeschlossen sind. Stellen Sie sich vor, diese Matrix benutzt uns als Batterien: Sie zapft unsere Energie ab, um sich selbst am Leben zu halten, und wiegt uns in Zufriedenheit, indem sie unsichtbar bleibt und uns stattdessen die künstliche Illusion von Freiheit gibt. Dieses Szenario beschreibt der Spielfilm *Matrix*, der bei Millionen Zuschauern so großen Anklang gefunden hat, dass er bereits als moderner Klassiker gefeiert worden ist. Klassiker erlangen ihren Status dadurch, dass sie grundlegende menschliche Erfahrungen ansprechen. Sie bringen schwer fassbare und deshalb oft unausgesprochene Wahrheiten zum Ausdruck. Der Film *Matrix* fordert uns auf, Dinge zu hinterfragen: zu hinterfragen, was wir sehen und wie wir damit umgehen. Er fordert uns auf, genau hinzuschauen, was wir denken und warum. Morpheus, eine der Hauptfiguren des Films, erklärt dem Helden Neo:

> Die Matrix ist allgegenwärtig. Sie umgibt uns. Selbst hier ist sie, in diesem Zimmer. Du siehst sie, wenn du aus dem Fenster kuckst oder den Fernseher anmachst. Du kannst sie spüren, wenn du zur Arbeit gehst ... oder in die Kirche ... und wenn du deine Steuern zahlst. Es ist eine Scheinwelt, die man dir vorgaukelt, um dich von der Wahrheit abzulenken […], *ein Gefängnis für deinen Verstand.*

Neos Verstand war in einer Matrix gefangen, einem so fest etablierten System, dass ihm die Fähigkeit, selbstständig zu denken, faktisch abhanden gekommen war. Und indem er die Illusionen der Matrix als Wirklichkeit akzeptierte, half Neo dabei mit, dem System Glaubwürdigkeit zu verleihen. Er war Gefangener und Gefängniswärter zugleich, Opfer und Täter in einem.

Genauso zwingt uns die »Matrix« Karnismus, an unserer eigenen Unterdrückung mitzuwirken und dem System die Arbeit abzunehmen: Wir verleugnen, wir vermeiden und wir rechtfertigen den Karnismus. Wenn unser Verstand im Karnismus gefangen ist, sehen wir die Welt – und uns selbst – durch die Augen des Systems. Als Folge daraus verhalten wir uns nicht so, wie wir wirklich sind, sondern so, wie das System uns haben möchte: als passive Konsument:innen statt als aktive Bürger:innen. Die Mechanismen des Systems sind in unser Bewusstsein übergegangen. Wir haben den Karnismus *verinnerlicht.*

## DAS KOGNITIVE TRIO

Der Karnismus verzerrt die Wirklichkeit. Nur weil wir die Tiere, die wir essen, nicht sehen, heißt das nicht, dass sie nicht existieren. Nur weil das System bisher noch keinen Namen hatte, heißt das nicht, dass es nicht real ist. Und die Mythen über den Verzehr von Tieren sind keine Fakten über den Verzehr von Tieren, auch wenn sie noch so verbreitet sind und noch so tief sitzen.

Der verinnerlichte Karnismus verzerrt unsere *Wahrnehmung* der Wirklichkeit. Obwohl Tiere lebende Wesen sind, nehmen wir sie lediglich als lebende Objekte wahr. Obwohl sie Individuen sind, nehmen wir sie als Abstraktion wahr: als »Gruppe« von Objekten. Und ohne dass es irgendwelche objektiven Anhaltspunkte dafür gäbe, nehmen wir Tiere so wahr, als hinge ihre

Eignung für den menschlichen Verzehr naturgemäß von ihrer Artzugehörigkeit ab. Wenn wir zum Beispiel, allen Bemühungen des Systems zum Trotz, zufällig einmal eines der Schweine zu Gesicht bekommen, aus denen unser Fleisch gemacht wird, dann nehmen wir es – genauer gesagt: ihn oder sie – nicht als empfindungsfähiges Wesen wahr oder als jemanden mit eigener Persönlichkeit und individuellen Vorlieben. Stattdessen nehmen wir die »Schweinhaftigkeit« (Schmutzigkeit, Schmuddeligkeit etc.) und »Essbarkeit« des Schweins wahr. Wenn wir Tiere auf diese Weise wahrnehmen, wenden wir dabei drei Abwehrmechanismen an, die ich das »Kognitive Trio« nenne.

Das Kognitive Trio besteht aus *Verdinglichung*, *Entindividualisierung* und *Dichotomisierung*. Bei diesen Abwehrmechanismen handelt es sich eigentlich um normale psychische Prozesse. Zu abwehrbedingten Wahrnehmungsverzerrungen führen sie erst bei übermäßigem Gebrauch – der allerdings unerlässlich ist, um den Karnismus intakt zu halten. Im Gegensatz zu anderen Abwehrmechanismen handelt es sich hier außerdem eher um innere Vorgänge, die kaum bewusst oder absichtlich stattfinden. Sie haben weniger damit zu tun, *was* wir denken, als damit, *wie* wir denken. Jeder Abwehrmechanismus im Kognitiven Trio hat seine eigenen Auswirkungen auf unsere Wahrnehmung von Tieren. Die eigentliche Stärke des Trios liegt jedoch im harmonischen Zusammenwirken aller drei Mechanismen. Wie bei einem Musiktrio ist das Ganze mehr als die Summe seiner Teile.

## VERDINGLICHUNG: DAS TIER ALS OBJEKT

*Je mehr von diesen Lämmern man sieht, die keine Köpfe mehr haben, desto eher sieht man darin kein Tier mehr, sondern ein Produkt, mit dem man arbeitet.*

Fleischer, 31 Jahre*

Verdinglichung bezeichnet den Vorgang, dass ein lebendes Wesen als unbelebtes Objekt betrachtet wird: als ein Ding. Tiere werden auf vielfältige Weise verdinglicht, am deutlichsten wohl durch die Sprache. Verdinglichende Sprache ist ein hochwirksamer Distanzierungsmechanismus. Schlachthofarbeiter:innen in den USA zum Beispiel verwenden für die Tiere, die sie töten sollen, nicht die Namen der lebenden Tiere, sondern die Namen der Dinge, die aus ihnen werden: Hühner werden als *Hähnchen* bezeichnet, Schweine als *Speckscheiben* und Bullen als *Rindfleisch*. Das US-Landwirtschaftsministerium zählt Kühe außerdem als *Euter* und Tiere als *Stück*, und die karnistischen Produzent:innen sprechen von *Ersatzebern* und *Ersatzkälbern*. Oder denken wir an den gängigen Ausdruck *lebendes Objekt*, den wir ganz selbstverständlich benutzen, ohne den inneren Widerspruch darin zu bemerken. Für den Karnismus ist es wichtig, dass wir eine solche verdinglichende Sprache verwenden. Wie würden Sie sich sonst zum Beispiel fühlen, wenn sie das Grillhähnchen im Restaurantfenster oder den Oktopus, der hinter der Sushi-Bar schwimmt, nicht als *etwas* bezeichnen würden, sondern als *jemanden*?

Legitimiert wird die Verdinglichung nicht nur durch die Sprache, sondern auch durch Institutionen, Gesetze und die Poli-

* Die vorangestellten Zitate in diesem Kapitel stammen aus Einzelgesprächen, die ich im Rahmen meiner Dissertation über die Psychologie des Fleischessens geführt habe.

tik. Wie in Kapitel 5 angesprochen, gelten Tiere rechtlich zum Beispiel als Eigentum. Wenn wir jemanden kaufen, verkaufen, ein- oder austauschen und sogar ausschlachten können, als handele es sich um einen Gebrauchtwagen, dann haben wir aus dem Tier in jedem Sinne des Wortes ein *Nutz*tier gemacht. Indem wir Tiere als Dinge betrachten, können wir mit ihrem Körper auch verfahren wie mit einem Ding – ohne das moralische Unbehagen, das wir andernfalls womöglich empfinden würden.

## ENTINDIVIDUALISIERUNG: DAS TIER ALS ABSTRAKTION

*Nein [, ich betrachte Nutztiere nicht als Individuen]. Wenn ich das so persönlich sehen würde, könnte ich meine Arbeit nicht machen. [...] Meinen Sie mit Individuen so was wie eine einzelne Person, ein einzelnes Ding mit eigenem Namen und eigenen Besonderheiten, eigenen Marotten? Ja? Oh, das will ich lieber nicht so genau wissen. Bestimmt hat es das, aber das will ich lieber nicht wissen.*

Fleischer, 31 Jahre

Entindividualisierung bezeichnet den Vorgang, dass Individuen ausschließlich als Teil einer bestimmten Gruppe betrachtet werden – und ihre Eigenschaften als identisch mit denen aller anderen Gruppenmitglieder. Wenn wir einer Gruppe anderer Personen begegnen, dann ist es völlig normal, dass wir diese Personen zumindest teilweise als Gruppe auffassen. Je größer die Gruppe, desto größer die Wahrscheinlichkeit, dass wir sie vor allem als Ganzes sehen und weniger ihre individuellen Teile. Wenn Sie zum Beispiel an ein bestimmtes Land denken, dann fassen Sie die Bewohner:innen dieses Landes wahrscheinlich in erster Linie als Mitglieder einer Gruppe auf, mit der Sie bestimmte landestypische Eigenschaften verbinden. Entindividualisierung bedeutet jedoch, dass man andere *ausschließlich* als Mitglieder eines Ganzen betrachtet – und die Individualität der Teile dieses Ganzen gar nicht realisiert. Bei unserer Wahrnehmung der Tiere, die wir essen, ist das der Fall.

Wenn Sie zum Beispiel, wie oben erwähnt, an die Schweine denken, die zur Fleischgewinnung aufgezogen werden, dann fassen Sie sie wahrscheinlich nicht als Individuen mit eigener Persönlichkeit und eigenen Vorlieben auf. Stattdessen sehen Sie in ihnen etwas *Abstraktes*, eine Gruppe. Wie bei vielen Gruppen, die Opfer gewalttätiger Ideologien werden, haben diese Schweine in der Regel keine Namen, sondern Nummern, und es wird davon ausgegangen, dass sie sich nicht voneinander unterscheiden: Ein Schwein ist ein Schwein, und alle Schweine sind gleich. Aber stellen Sie sich vor, was Sie empfinden würden, wenn auf Ihrer Packung Würstchen das Schwein, von dem das Fleisch dafür stammt, mit Namen, Bild und Beschreibung angegeben wäre – oder wenn Sie ein Schwein, das Sie später essen sollen, näher kennenlernen würden. Ebenso wie unzählige meiner Student:innen haben auch die Fleischesser:innen und Fleischer:innen, mit denen ich im Rahmen meiner Forschungen gesprochen habe, immer wieder berichtet, dass sie sich nach ausführlicherem Kontakt mit einem einzelnen »Schlachttier« nicht in der Lage sahen, dieses individuelle Tier zu essen. Einige fühlten sich sogar unwohl dabei, überhaupt weiter Fleisch von dieser Tierart zu essen. Ein dreißigjähriger Fleischer erzählte mir zum Beispiel: »Wenn ich ein Schwein als Haustier hätte, würde ich Schweine generell anders sehen. [...] Dann würde ich jedes Mal mein Haustier vor mir sehen, wenn jemand Rippchen oder so was macht.«

Die Vorstellung, ein Tier zu essen (oder zuzubereiten), das man kennt, ist überall auf der Welt negativ besetzt – und die Reaktion darauf kann heftig ausfallen. In der Gegend um Quito, die Hauptstadt von Ecuador, entwickeln indigene Frauen zum

Beispiel eine ebenso enge Bindung zu Hühnern wie wir zu Hunden und Katzen, und wenn die Umstände sie dazu zwingen, ihre Tiere an eine:n Schlachter:in zu verkaufen, trennen sie sich unter Tränen und Schreien von ihnen.[204] Oder nehmen wir die Antworten der Gesprächspartner:innen auf die Frage, wie es für sie wäre, ein Nutztier zu essen, das sie vorher näher kennengelernt haben. Eine fünfunddreißigjährige Fleischesserin sagte dazu: »Ich hätte das Gefühl, dass es falsch ist, das [Fleisch] zu essen. [...] Na ja, ich hätte das Gefühl, als hätte ich es ermordet, also getötet eben. Und für was? Wissen Sie, was ich meine? Ich würde nicht mal auf die Idee kommen. Wenn es ein Haustier ist, ist es tabu, verstehen Sie? Wenn es stirbt, begräbt man es. Es ist irgendwie wie ein Familienmitglied.«

Das gleiche Gefühl beschreibt auch ein achtundfünfzigjähriger Metzger, der mir erzählt hat: »Ich müsste schon am Verhungern sein, ehe ich mein eigenes [Schwein als] Haustier essen würde [..., denn] wenn ich erst mal ein engeres Verhältnis zu ihm hätte, würde es mich verletzen, wenn ich meine:n Freund:in essen müsste.« Auf meine Frage, warum es ihm mit den Schweinen, die er in seinem Beruf verarbeitet, nicht genauso gehe, meinte er jedoch: »Ich muss sie komplett als Nahrungsmittel einstufen. Wenn jemand ein Schwein als Haustier aufziehen würde, wäre das etwas anderes.«

Ein einunddreißigjähriger Fleischesser, der in seinem Heimatland Simbabwe selbst Tiere zum Essen aufgezogen und getötet hatte, sagte: »Ich würde nichts essen, dem ich einen Namen geben würde. [...] Für mich ist das wie ein:e Freund:in. Man isst ein Tier, zu dem man eine enge Beziehung hat.«

Ein anderer, achtundzwanzigjähriger Fleischesser meinte, er müsste ein Tier nicht einmal persönlich kennenlernen, um sich beim Gedanken an dessen Individualität unwohl zu fühlen: »Auch wenn da so ein Tier im Käfig sitzt, mit Hunderten anderen daneben, wenn man im Kopf erst mal diese Verbindung herstellt [dass es sich um ein Individuum handelt], dann ist das eigentlich ganz ähnlich wie bei einem Haustier. Wie kann man ein Haustier töten? Wie kann man ein Schwein töten, dass mit hundert anderen in einem Stall steht?«

Wenn man die Individualität anderer erkennt, wird der Prozess der Entindividualisierung unterbrochen. Dadurch wird es schwieriger, die psychische und emotionale Distanz aufrechtzuerhalten, die man braucht, um ihnen etwas anzutun.

**Masse und psychische Betäubung**

Der Psychologe Paul Slovic hat untersucht, welche Auswirkungen bei einer traumatischen Situation die Zahl der Opfer darauf hat, wie Zeug:innen dieser Situation auf das Leid der Opfer reagieren.[205] Sein Ergebnis: Je größer die Opferzahl, desto mehr verschwammen für die Zeugen die individuellen Züge der Opfer (in der Psychologie spricht man von »Entpersönlichung«) und desto geringer fiel ihre Anteilnahme aus. Dieses Verschwimmen begann bereits bei nur zwei Opfern. Nach Slovic gehen Masse und psychische Betäubung daher Hand in Hand. Konkret bedeutet das, dass einzelne Opfer – ob Menschen oder nicht – sehr viel eher unser Mitgefühl wecken als Gruppen von Opfern.

Nehmen wir zum Beispiel den Spatz, der sich 2005 in den Niederlanden in einen Dominowettbewerb verirrte, 23.000 Steine umwarf und schließlich erschossen wurde: Zum Gedenken an den Vogel wurde danach eine eigene Website eingerichtet, die Zehntausende Besucher anzog. Oder denken wir an die Massenschlachtung von Millionen Rindern 2001 in Großbritannien, bei denen eine mögliche Ansteckung mit der Maul- und Klauenseuche vermutet wurde: Trotz aller Forderungen von Tierschützer:innen, die Tötungen zu beenden, war die Regierung erst zu einem Kurswechsel bereit, nachdem eine Zeitung das Bild eines jungen Kalbs namens Phoenix abgedruckt hatte. Und als die amerikanische Schriftstellerin Annie Dillard ihrer siebenjährigen Tochter sagte, wie schwer ihr die Vorstellung falle, dass in Bangladesch 138.000 Menschen ertrunken waren, antwortete ihre Tochter: »Nein, das ist leicht. Blaues Wasser mit vielen, vielen Punkten drin.«

## DICHOTOMISIERUNG: DAS TIER ALS KATEGORIE

*Ich weiß auch nicht; vielleicht ist es einfacher, Tiere zu [essen], wenn sie extra dafür gezüchtet worden sind [gegessen zu werden]. [...] wenn ein Eichhörnchen bei einem hinter dem Haus herumläuft und man es dann auf dem Teller hat, das ist halt irgendwie seltsam. [...] Es ist fast wie eine Trennung zwischen den Tieren, die man draußen herumlaufen sieht – die sind sicher davor, dass Leute [sie] essen.*

Fleischesserin, 22 Jahre

Dichotomisierung bezeichnet den Vorgang, dass wir andere in zwei oft gegensätzliche Kategorien einteilen, je nachdem, was wir über sie denken. An und für sich ist es nichts Problematisches, wenn wir andere bestimmten Gruppen zuordnen. Wie in Kapitel 1 erläutert, ist diese geistige Klassifizierung ein normaler Vorgang, der uns dabei hilft, Informationen zu sortieren. Dichotomien sind jedoch nicht eine Klassifikation wie jede andere, sie sind dualistisch und malen deshalb ein Schwarz-Weiß-Bild der Realität. Das Ergebnis ist eine Einteilung der Welt in feste, wertbeladene Kategorien, die meist auf wenigen oder unzutreffenden Informationen beruhen. Die Dichotomisierung ermöglicht es uns somit, Individuen geistig in Gruppen zu trennen, denen wir ganz unterschiedliche Gefühle entgegenbringen.

Wenn wir in karnistischen Mustern denken, haben wir für Tiere zwei Hauptkategorien: essbar und nicht essbar. Und innerhalb dieser Dichotomie essbar/nicht essbar besitzen wir eine Reihe weiterer Kategorienpaare. Zum Beispiel essen wir eher domestizierte als wild lebende Tiere und eher pflanzenfressende als allesfressende oder fleischfressende. Die meisten Menschen essen keine Tiere, die sie für intelligent erachten (Delfine), verzehren aber regelmäßig jene, die in ihren Augen nicht besonders klug sind (Thunfisch). Viele meiden den Verzehr von Tieren, die sie niedlich finden (Kaninchen), und essen stattdessen Tiere, die ihnen weniger gefallen (Puten).

Ob die Kategorien, denen wir die Tiere zuordnen, tatsächlich zutreffen, ist weniger entscheidend als die Frage, ob wir *glauben*, dass sie zutreffen, denn der Zweck der Dichotomisierung besteht schlicht darin, jedes Unbehagen über das Essen von Tieren von uns fernzuhalten. Wenn wir unsere Wahrnehmung von Tieren durch entsprechend wertende Kategorien filtern, können wir zum Beispiel unser Steak essen und gleichzeitig unseren Hund streicheln, ohne dass uns bewusst wird, was diese Entscheidungen bedeuten. Die Dichotomisierung dient also der Rechtfertigung. Sie erlaubt es uns, uns im Recht zu fühlen, wenn wir ein Tier essen, weil dieses Tier zum Beispiel nicht klug, nicht niedlich oder kein Haustier ist, sprich: weil es sich nicht um ein nicht essbares Tier handelt.

Natürlich passen nicht alle essbaren Tiere wirklich in die Kategorien hinein, denen wir sie zuordnen. Um den karnistischen Status quo aufrechtzuerhalten, beharren wir deshalb auf falschen Annahmen über die Tiere, die wir essen, damit wir sie auch weiterhin als essbar einstufen können. Die intelligenten Schweine und Hühner betrachten wir als dumm, die schönen Puten als hässlich.

Sobald wir jedoch gezwungen sind, unsere Annahmen zu überprüfen, zeigen sich die Willkür und die Irrationalität der Dichotomisierung. Ein gutes Beispiel dafür ist die Antwort eines dreiundvierzigjährigen Fleischessers, der auf meine Frage, warum er kein Lammfleisch esse, verwirrt erklärte:

> [Lämmer] sind friedliche Geschöpfe. [...] Irgendwie ist es schade, dass sie getötet werden und wir sie essen. Klar, es gibt noch viele andere Dinge, die wir essen, die sind auch friedlich [...] Kühe zum Beispiel. Wir essen sie. [...] Wie soll ich das beschreiben, irgendwie essen alle Kuh. Es ist billiger. Es ist bezahlbar, und es gibt so viele davon. Aber Lämmer sind einfach anders. Sie sind kleiner. Oder knuddeliger, keine Ahnung. Eine Kuh knuddelt man nicht. Eine Kuh essen ist irgendwie okay, aber ein Lamm essen ist nicht okay. [...] Der Unterschied ist ziemlich schräg.

## TECHNIK, VERZERRUNG UND DISTANZIERUNG

*Es ist einfacher, wenn man sich [Nutztiere] als abstrakte Masse vorstellt. [...] Da muss ich an das Zitat denken: »Ein einzelner Toter ist eine Tragödie, eine Gruppe von Toten ist eine Statistik.«*

Fleischesser, 33 Jahre

Eine Erörterung des Kognitiven Trios wäre nicht vollständig, würden wir nicht auch darauf eingehen, welche Rolle die Technik bei der psychischen Verzerrung und Distanzierung spielt.

Die Technik verstärkt das Trio, indem sie uns die Möglichkeit gibt, bestimmte Tiere als Dinge und als Abstraktionen zu behandeln: als Dinge, weil die Tiere am Fließband buchstäblich zu Produktionseinheiten werden, und als Abstraktionen, weil das schiere Ausmaß der im Karnismus getöteten Tiere unweigerlich ihre Entindividualisierung zur Folge hat. Tatsächlich wird die karnistische Produktion im großen Maßstab durch die Technik überhaupt erst möglich. Die modernen Verfahren erlauben es uns, jedes Jahr Milliarden von Tieren zu konsumieren, ohne dass wir auch nur an einem einzigen Punkt Zeugen des Prozesses würden, der diese Tiere in Nahrung für uns verwandelt. Die Massenproduktion von Fleisch, Eiern und Milchprodukten auf der einen Seite und unsere Abkopplung vom Produktionsprozess auf der anderen Seite haben dazu geführt, dass wir heute zugleich mehr und weniger gewalttätig gegenüber Tieren sind als je zuvor. Wir sind in der Lage, mehr Tiere zu töten, fühlen uns aber weniger wohl bei dem Gedanken, dass wir sie töten, sind also weniger dagegen desensibilisiert. Die Technik hat die Kluft zwischen unserem Verhalten und unseren Wertvorstellungen vergrößert und damit die moralische Dissonanz verschärft, um deren Verdeckung sich das System so sehr bemüht.

Aber natürlich kommt es häufig vor, dass die Technik nicht alle Spuren der karnistischen Produktion restlos beseitigt. Und wenn das der Fall ist, können wir in die unangenehme Situation kommen zu erkennen, dass unser Essen eben doch von einem Lebewesen stammt. Eine zweiundzwanzigjährige Fleischesserin hat mir beispielsweise erzählt, dass sie kein Schweinefleisch von einem Markt in ihrer Stadt isst, auf dem Schweinefüße und ganze Schweine verkauft werden: »Ich glaube, zum Teil deswegen, weil es mich stärker daran erinnert, dass das, was man da isst, nicht nur – also, dass das Stück Fleisch nicht einfach vom Himmel gefallen ist. Es ist noch mit dem ganzen Tier verbunden [...], nicht nur ein schön verarbeitetes Etwas, das man einfach so für sich isst. [...] Man denkt dabei immer an das ganze Lebewesen.«

## VERZERRUNG UND EKEL

*Ich esse nicht gerne Hühnerherzen. [...] Ich glaube, das liegt vor allem daran, dass man [bei] Hühnerherzen wirklich erkennen kann, dass es ein kleines Herz ist. [Wenn ich eines essen würde, würde mir] schlecht werden. [...] Es ist genau so, wie wir uns ein Herz vorstellen, und, na ja, die Leber und solche Sachen [...], das Herz oder die Leber von jemandem – das verbindet man mit Menschen.*

Fleischesserin, 27 Jahre

Indem das Kognitive Trio unsere Wahrnehmung von Tieren verzerrt, hält es uns davon ab, uns mit ihnen zu *identifizieren*. Sich mit anderen zu identifizieren bedeutet, dass man in ihnen etwas von sich selbst sieht und in sich selbst etwas von ihnen – selbst wenn das Einzige, womit man sich identifiziert, der Wunsch ist, nicht zu leiden. Identifikation ist ein kognitiver Prozess, und wenn wir Tiere als Dinge, Abstraktionen oder als Bestandteil fester Kategorien auffassen, dann schwächen wir diesen Prozess ab. Und da unser Denken auch unser Fühlen beeinflusst, empfinden wir umso weniger *Empathie* gegenüber anderen, je weniger wir uns mit ihnen identifizieren. In der Psychologie spricht man hier vom »Gesetz der Ähnlichkeit«: Denjenigen, an denen wir mehr Gemeinsamkeiten mit uns selbst wahrnehmen, bringen wir mehr Empathie entgegen. Nehmen Sie zum Beispiel einen Flugzeugabsturz – wenn dabei Menschen umkommen, die aus Ihrer Stadt stammten, wird deren Tod Ihnen vermutlich näher gehen als der Tod anderer Passagiere, auch wenn Sie niemanden an Bord persönlich gekannt haben. Oder nehmen Sie die folgende Schilderung des achtundfünfzigjährigen Metzgers, mit dem ich gesprochen habe:

> Ich habe meinen Sohn mit reingenommen [in die Metzgerei], er ist acht Jahre alt. Wir hatten dort ein Lamm drin. Er mag Lamm, also geht er rein und sagt: »Was ist das?«
> Ich: »Das ist ein Lamm.«
> Alles kein Problem. Aber ein paar Tage später habe ich ihn gefragt: »Möchtest du ein schönes Lammsteak?«
> »Nee«, hat er gesagt. »Ich glaube, ich will kein Lamm. Ich habe das Tier dort angeschaut [... und] es hat zurückgeschaut.«

So wie der Grad der Identifikation darüber entscheidet, wie viel Empathie wir jemand anderem entgegenbringen, so entscheidet der Grad unserer Empathie zu einem großen Teil darüber, welchen *Ekel* die Vorstellung in uns auslöst, ihn:sie zu essen.* (Mögliche Ausnahmen hiervon sind Tiere, die wir auch schon lebend als ekelerregend einstufen, wie etwa Schlangen oder Insekten, sowie bestimmte Tierarten, die wir als »schmutzig« ansehen, wie Ratten oder Tauben.)

Dass Identifikation und Empathie zu Ekel führen, könnte erklären, weshalb nach wissenschaftlichen Erkenntnissen so gut wie alle ekelerregenden Objekte tierischen Ursprungs sind (und die wenigen, die es nicht sind, ähneln häufig tierischen Produkten, wie etwa die glibberigen, schleimartigen Okraschoten). Das

* Bei Ekel handelt es sich zwar in vielen Fällen um eine angeborene Reaktion, die uns davor schützen soll, schädliche Stoffe wie Fäkalien oder faulige Pflanzenteile zu uns zu nehmen, aber oft ist er zweifellos auch eine Reaktion auf rein ideelle, psychische Reize. Um ideellen Ekel geht es in diesem Buch.

folgende Schaubild zeigt, wie Identifikation, Empathie und Ekel zusammenhängen:

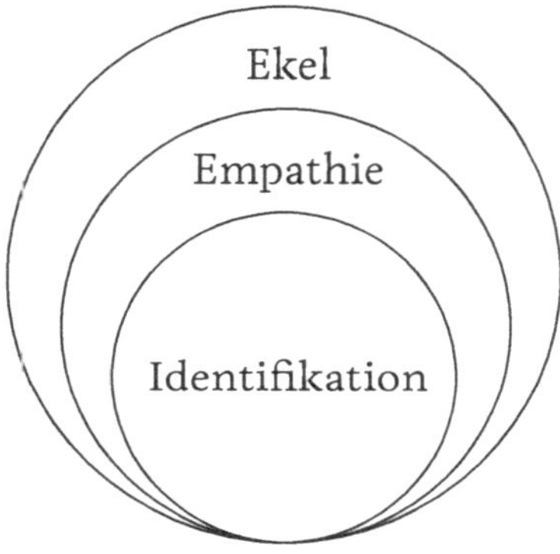


Der Grund für diese enge Verbindung zwischen Empathie und Ekel liegt darin, dass Empathie unser Moralempfinden maßgeblich beeinflusst, und Ekel ist ein *moralisches Gefühl*. Je mehr Empathie wir für ein Tier empfinden, als desto unmoralischer – und daher ekelerregender – empfinden wir es, dieses Tier zu essen. Dass Moral und Ekel zusammenhängen, belegen auch mehrere Studien, die zeigen, dass Menschen die Vorstellung als ekelerregend empfinden, ein Produkt zu verzehren, das sie moralisch anstößig finden und das ihr Gefühl für Anstand verletzt.[206] Betrachten wir dazu die Aussage eines vierunddreißigjährigen Fleischessers, der gerne und regelmäßig Fleisch isst, den Verzehr von Kalbfleisch aber aus ethischen Gründen ablehnt: »Nehmen wir mal an, ich komme Sie besuchen [...] und Sie sagen mir dann, dass ich gerade Kalbfleisch gegessen habe. Ich müsste mich wahrscheinlich übergeben [...], weil ich *muss* das wieder loswerden, irgendwie.«

**Ekelhafte Ungerechtigkeit**

Eine interessante Studie von Wissenschaftler:innen der University of Toronto lässt darauf schließen, dass Ekel gegenüber Moralverstößen zu unserer natürlichen Veranlagung gehört.[207] Die Forscher:innen brachten bei zwanzig Testpersonen Elektroden im Gesicht an, um Veränderungen der Mimik zu messen. Dann wurden die Testpersonen nacheinander drei verschiedenen Situationen ausgesetzt: Sie erhielten Getränke mit »ekelhaftem« Geschmack, betrachteten Fotos mit ekelerregenden Motiven, wie schmutzige Toiletten oder Verletzungen, und zuletzt nahmen sie im Labor an einem Spiel teil, bei dem sie ungerecht behandelt wurden.

Bei allen drei Situationen fanden die Forscher die gleiche unwillkürliche Mimik vor: Der *Musculus levator labii superioris* zog sich zusammen, wodurch die Oberlippe angehoben und die Nase gerümpft wurde – eine typische Reaktion bei Ekel. Daraus folgerten die Wissenschaftler:innen, dass »moralischer Ekel« wohl eng mit der ursprünglichen, sehr alten Ekelreaktion verbunden ist, die uns vor dem Verzehr fauliger und verunreinigter Nahrung schützt. Ähnliche Ergebnisse gibt es auch aus anderen Studien.

## PSYCHISCHE SCHADENSBEGRENZUNG: EKEL UND RATIONALISIERUNG

Aus verschiedensten Gründen kann es passieren, dass wir plötzlich Ekel vor dem Fleisch, den Eiern und Milchprodukten von essbaren Tieren empfinden – vor Produkten also, vor denen uns eigentlich nicht ekeln sollte. Für solche Fälle, in denen der Ekel die Abwehrmechanismen unserer psychischen Betäubung durchbricht, brauchen wir zur Absicherung einen weiteren Abwehrmechanismus, der uns bei Bedarf auffängt: Wir müssen das Irrationale »rationalisieren«.

*Rationalisierung* ist ein Mechanismus, durch den wir für etwas, das nicht rational – also nicht vernünftig – ist, eine rationale Erklärung finden. Ebenso wie die anderen Abwehrmechanismen dient auch die Rationalisierung dazu, das System intakt zu halten. Wenn der karnistische Distanzierungsprozess gestört ist und Ekel aufkommt, können wir die Aufmerksamkeit von unserem moralischen Unbehagen weglenken, indem wir unseren Ekel nicht dem Umstand zuschreiben, dass wir gerade ein Lebewesen verzehren, sondern ihn auf etwas anderes schieben. Wenn uns vor Fleisch ekelt, das uns an das Ursprungstier erinnert, können wir unsere Abneigung zum Beispiel mit der Konsistenz des Fleisches oder mit einem eingebildeten Gesundheitsrisiko begründen. Eine meiner Gesprächspartnerinnen meinte etwa: »Ich esse nicht gerne Speck, weil [...] er mich irgendwie anekelt. [...] Er steckt voller Fett. Ich kann mir halt nicht vorstellen, dass das für meinen Körper besonders gut ist. [...] Wenn ich so viel Fett sehe – ich glaube, es würde mich anwidern, auch wenn es gut schmecken würde.« Auf meine Frage, ob es ihr mit Pommes frites und anderem fettigen Essen genauso gehe, antwortete sie: »Es ist so ähnlich, aber es hat auch was damit zu tun, dass man beim Kochen rohes Fleisch sieht. [... E]ine Kartoffel zu kochen ist nicht ganz so schlimm, denke ich. [...] Da ist immer dieser Bezug da, dass [das Fleisch] ein Stück von etwas ist, nicht einfach etwas, was man aus dem Boden geholt hat.«

Ein anderer Gesprächspartner erzählte: »Ich esse nichts, was roh oder halbroh ist. [...] Der Anblick von Blut – ich mag kein Blut, also will ich es beim Essen ganz bestimmt nicht auf dem Teller haben.« Auf meine Frage, was er beim Anblick von blutigem Fleisch empfinde, meinte er: »[Es ist] ekelhaft. Es ist nicht gesund, auch wenn mir klar ist, dass [es] zum Essen leicht angebraten wahrscheinlich gesünder ist als richtig durchgebraten.«

Es ist frappierend, dass eine ganze Gesellschaft voller vernünftiger Menschen an solch irrationalen Denkmustern festhalten kann, ohne über die klaffenden Löcher in der Logik zu stolpern. Doch so paradox das ist, vor dem Hintergrund des Karnismus ergibt es durchaus Sinn: Da der Modus Operandi des Systems nicht darin besteht, die Realität wiederzugeben, sondern sie zu verzerren, ist es seinem ganzen Wesen nach irrational. Und da wir das System nur von innen sehen – innerhalb eines Schemas, in dem sich das System widerspiegelt –, haben wir auch seine Logik übernommen.

### Essen nach Gefühl

Wenn eine Kultur den Verzehr bestimmter Tierarten meidet, werden dafür oft Vernunftgründe unterstellt, in der Regel das Selbsterhaltungsinteresse der Kultur. Wir gehen beispielsweise davon aus, dass eine Kultur nicht den Verzehr von Tieren befürwortet, die ungesund (man denke an Kanalratten), nützlich (wie Ochsen zum Pflügen der Felder) oder für die Aufzucht und Schlachtung unwirtschaftlich sind (wie etwa fleischfressende Tiere, mit denen der Umgang gefährlich wäre). Für manches kulturelle Tabu bezüglich des Verzehrs bestimmter Tierarten mag es auch durchaus einen logischen Grund geben. Weit häufiger ist nach wissenschaftlichen Erkenntnissen aber das Gegenteil der Fall: Kulturen benutzen Erklärungen wie die oben genannten, um ihre irrationalen Entscheidungen darüber, welche Tiere gegessen werden sollen, zu rationalisieren.

In unzähligen Kulturen werden viele »essbare« Tierarten als nicht essbar angesehen – ein deutlicher Hinweis darauf, dass nicht Logik den Ausschlag dafür gibt, welche Tiere als Nahrung eingestuft werden, sondern kulturelle Vorurteile. Die Nambikwara zum Beispiel, ein Indiostamm in Brasilien, halten domestizierte Tiere, die für den menschlichen Verzehr geeignet wären, behandeln sie stattdessen aber als Haustiere und gehen ganz ähnlich mit ihnen um wie wir mit Hunden und Katzen. Sie essen nicht einmal die Eier, die ihre Hennen legen.[208] Zudem gibt es keinen Grund, weshalb wir nicht Pferde essen sollten, wie es in Frankreich üblich ist, oder Kakerlaken wie in manchen Teilen Asiens – oder Tauben, die in Ägypten gegessen werden und die es bei uns im Überfluss gibt. Die Menschen in Kalifornien könnten bequem die Schnecken einsammeln, mit denen ihre Gärten übervölkert sind und bei denen es sich um die gleichen Weinbergschnecken handelt, die auch als Spezialität serviert werden. Trotzdem essen sie lieber nur importierte Schnecken.[209] Und bei asiatischen Reiter:innenvölkern, die traditionell in hohem Maße auf Pferde angewiesen sind, gibt es kein Verzehrverbot für Pferdefleisch. Es scheint, als behielten bei der Frage, welche Tierarten wir essen, Gefühlsentscheidungen gegenüber der Vernunft die Oberhand.

## WENN DAS HUNDEFLEISCH HERAUSSORTIERT IST: EKEL UND VERUNREINIGUNG

Im Zusammenhang mit Ekel sprechen Psychologen vom »Gesetz der Ansteckung«: Kommt etwas, das wir ekelerregend finden, mit irgendetwas anderem in Berührung, dann wird auch dies dadurch ekelerregend. Die meisten von uns würden zum Beispiel keine Suppe essen, in der eine Fliege gelandet ist, selbst wenn wir das Insekt und die umgebende Flüssigkeit, die es berührt hat, schnell herausholen könnten. Die restliche Suppe ist irreparabel verunreinigt – auch ohne dass noch irgendwelche Spuren der Fliege darin wären. Die Suppe selbst war ursprünglich nicht ekelerregend, doch die *Vorstellung*, dass etwas Ekelerregendes – eine Fliege – auch nur einen kleinen Teil davon berührt hat, hat die Suppe ungenießbar werden lassen.

Mit dem Ansteckungscharakter des Ekels haben Sie sich schon einmal in Kapitel 1 befasst: in der Szene, in der Sie erfahren, dass man Ihnen Hundefleisch vorgesetzt hat. Dort habe ich Sie gefragt, ob Sie einfach das Fleisch weglassen und nur noch das Gemüse essen würden. Wenn Sie vorher nämlich das Hundefleisch ekelerregend fanden, dann würden Sie nun aller Wahrscheinlichkeit nach auch alles andere ekelerregend finden, was damit in Berührung gekommen ist. Das liegt daran, dass Ekel – im Gegensatz zu einer rein geschmacklichen Abneigung gegen ein Produkt – häufig *ideeller* Natur ist. Er wird sehr viel eher durch die Vorstellungen und Überzeugungen ausgelöst, die wir mit einem Lebensmittel verbinden, als durch dessen tatsächliche Beschaffenheit. Die ansteckende Wirkung des Ekels erklärt, warum sich viele Veganer:innen außerstande sehen, etwas zu essen, das zusammen mit oder in der unmittelbaren Nähe von Fleisch, Eiern oder Milchprodukten zubereitet worden ist.*

## DIE MATRIX IN DER MATRIX: DAS KARNISTISCHE SCHEMA

Der Karnismus ist ein gesellschaftliches System, eine gesellschaftliche Matrix. Zugleich aber ist er auch ein psychisches System, eine *innere* Matrix. Er ist also eine Matrix in der Matrix. Und genau wie die gesellschaftliche Matrix ist auch die psychische Matrix darauf angelegt, unsere Bewusstseinslücke aufrechtzuerhalten. Diese psychische Matrix nenne ich das *karnistische Schema*. Das karnistische Schema umfasst hauptsächlich das Kognitive Trio, es schließt aber auch die anderen Abwehrmechanismen und Überzeugungen mit ein, die in diesem Buch behandelt worden sind. Das karnistische Schema bildet sozusagen den Stecker, mit dem wir an die große Karnismus-Matrix angeschlossen sind.

Wie Sie aus Kapitel 1 vielleicht noch wissen, ist ein Schema die Brille, durch die wir die Welt sehen: Es dient als geistiges

* In diesem Zusammenhang habe ich schon häufiger das interessante Phänomen beobachtet, dass Veganer:innen sich vor Eiern und Milchprodukten tendenziell weniger ekeln als vor Fleisch. Hierzu gibt es bislang keine Untersuchungen. Meine Vermutung ist jedoch, dass Eier und Milchprodukte als moralisch weniger anstößig und daher weniger ekelerregend wahrgenommen werden, weil es *scheinbar möglich* ist, Eier- und Milchprodukte zu erhalten, ohne Gewalt anzuwenden (obwohl dies in Wirklichkeit so gut wie ausgeschlossen ist).

Klassifikationssystem, das die einströmenden Informationen ordnet und interpretiert. Unser karnistisches Schema schreibt uns vor, welche Tiere essbar und welche nicht essbar sind, und es bestimmt darüber, was wir empfinden – oder besser: ob wir überhaupt etwas empfinden –, wenn wir Fleisch essen.

Schemata kategorisieren Informationen aber nicht nur, sie *filtern* auch Informationen. Wir neigen dazu, nur das zur Kenntnis zu nehmen und uns zu merken, was unsere bestehenden Annahmen bestätigt. In der Psychologie bezeichnet man dieses Phänomen als *Bestätigungsfehler*. Das karnistische Schema lässt selektiv Informationen herein, die unsere Bewusstseinslücke aufrechterhalten, und verzerrt zugleich unsere Wahrnehmung von Informationen, die diese Lücke zu schließen drohen. Mit anderen Worten: Das karnistische Schema bestimmt, was wir zur Kenntnis nehmen, wie wir das zur Kenntnis Genommene interpretieren und ob wir uns das merken, was wir zur Kenntnis genommen haben. Bei der in Kapitel 2 beschriebenen Seminarübung zum Beispiel, in deren Verlauf meine Studierenden die Überzeugung geäußert hatten, Schweine seien dumm und ekelhaft, räumten einige der Studierenden später ein, dass sie irgendwann schon einmal auf Informationen gestoßen waren, die gegen diese Überzeugung sprachen. Doch derartige Informationen hatten sie schnell wieder vergessen, da ihr karnistisches Schema das Bild, das sie zuvor von Schweinen hatten, wiederherstellte. Auch dass das belastende Gefühl, das Menschen empfinden, wenn sie Aufnahmen von Tierschlachtungen sehen, oft kurz darauf wieder nachlässt, ist ein Beispiel für einen Bestätigungsfehler.

### Das Tolstoi-Syndrom

Das Phänomen, das Psychologen als »Bestätigungsfehler« bezeichnen, ist im englischen Sprachraum auch als »Tolstoi-Syndrom« bekannt. Der russische Schriftsteller hat schon im 19. Jahrhundert beschrieben, dass wir dazu neigen, uns von unseren Überzeugungen blenden zu lassen:

> Ich weiß, dass die meisten Menschen, selbst die intelligentesten, Mühe haben, die Wahrheit – selbst die einfachste und klarste Wahrheit – zu erkennen, wenn diese Wahrheit sie zwingt, Ideen für falsch zu halten, [...] auf die sie ihr Leben gegründet haben.

Das karnistische Schema verdreht Informationen so, dass uns Unsinn vollkommen sinnvoll erscheint. Das erklärt auch, warum uns nicht auffällt, wie absurd vieles in diesem System ist. Nehmen Sie zum Beispiel Werbespots, in denen Schweine fröhlich über der Feuerstelle tanzen, wo sie gegrillt werden sollen, oder in denen Hühner mit Kochschürzen darum betteln, vom Zuschauer gegessen zu werden. Oder betrachten Sie einmal den Veterinärseid des amerikanischen Tierärzt:innenverbandes AVMA – »Ich schwöre feierlich, mein [...] Können zur [...] Linderung von Tierleid [...] einzusetzen« – vor dem Hintergrund, dass die allermeisten Tierärzte Tiere essen, weil sie eben den Geschmack der Tiere mögen. Oder führen Sie sich vor Augen, dass Menschen sich selbst in dem Fall, dass der Geschmack identisch ist, noch weigern könnten, ihre gewohnten Hamburger durch Veggieburger zu ersetzen, weil sie sagen, sie könnten noch einen winzigen

Unterschied in der Konsistenz entdecken, wenn sie nur genau genug darauf achten. Erst nachdem wir das karnistische Schema dekonstruiert haben, wird uns klar, wie absurd es ist, unser Interesse an der hundertprozentigen Nachbildung einer bestimmten Konsistenz höher einzustufen als das Leben und den Tod von Milliarden anderer Lebewesen.

## HIER GEHT'S RAUS: DER RISS IN DER KARNISTISCEN MATRIX

Das karnistische System steckt voller Absurditäten, Widersprüche und Paradoxien. Es verschanzt sich hinter einem komplexen Netz aus Abwehrmechanismen, die es uns ermöglichen, Dinge zu glauben, ohne sie je zu hinterfragen, Dinge zu wissen, ohne je darüber nachzudenken, und Dinge zu tun, ohne dabei je etwas zu empfinden. Es ist ein Zwangssystem, das uns an umständliche geistige Verrenkungen gewöhnt hat, die uns davon abhalten, nach unserer eigenen Wahrheit zu leben. Man fragt sich daher zwangsläufig: *Wozu diese ganzen Verrenkungen?* Warum muss das System einen solchen Aufwand betreiben, um intakt zu bleiben?

Ganz einfach: weil uns Tiere nicht egal sind – und weil uns die Wahrheit nicht egal ist. Und: weil das System auf unsere Gleichgültigkeit angewiesen ist und weil es auf Täuschung beruht. Der Karnismus ist ein Kartenhaus, ein System voller Brüche und Risse, das ein starkes Bollwerk braucht, um sich vor seinen eigenen Vertretern zu schützen: vor uns.

Wie die Matrix im Film kann auch die Matrix des Karnismus unsere Köpfe und Herzen nur so lange gefangen halten, wie wir unsere eigenen Gefängniszellen bewachen – nur so lange, wie wir bereitwillig mitspielen. Sie kann die Wahrheit nur so lange von uns fernhalten, wie wir es ertragen, mit der Lüge zu leben. Morpheus sagt im Film zu Neo:

> Ich kann es in deinen Augen lesen. Du siehst aus wie ein Mensch, der das, was er sieht, hinnimmt, weil er damit rechnet, dass er wieder aufwacht. [...] Ich will dir sagen, wieso du hier bist. Du bist hier, weil du etwas weißt. Etwas, das du nicht erklären kannst, aber du fühlst es. Du fühlst es schon dein ganzes Leben lang, dass mit der Welt etwas nicht stimmt. Du weißt nicht, was, aber es ist da, wie ein Splitter in deinem Kopf. [...] Ich will deinen Geist befreien, Neo. Aber ich kann dir nur die Tür zeigen. Durchgehen musst du ganz allein.

Wie Neo sitzen Sie jetzt hier und lesen dieses Buch, weil sie schon länger wissen, dass mit der Welt etwas nicht stimmt. Sie sind bereit, aus der karnistischen Matrix auszubrechen und sich die Empathie zurückzuholen, von der Sie das System mit so viel Aufwand abgeschirmt hat, ebenjene Empathie, die zur Tür aus dem Karnismus hinführt – und die Ihnen helfen wird, durch diese Tür *hindurchzugehen* und eine gerechtere und mitfühlendere Welt zu schaffen.

KAPITEL 7

# ZEUGNIS ABLEGEN: VOM KARNISMUS ZUM MITGEFÜHL

*In einer dunklen Zeit beginnt das Auge zu sehen.*

Theodore Roethke

Im November 1995 stand in einem Schlachthof in Neuengland die Kuh Emily zusammen mit anderen Rindern vor der Schwingtür zum Schlachtbereich, wo auch sie schon bald an die Reihe kommen sollte. Vielleicht war es der Blutgeruch, vielleicht auch die Tatsache, dass diejenigen, die schon hineingegangen waren, nicht mehr zurückkamen – jedenfalls brach Emily plötzlich aus der Gruppe aus, rannte auf den anderthalb Meter hohen Zaun zu, der das Gelände umgab, und wuchtete ihren fast 700 Kilogramm schweren Körper darüber. Sie floh durch die Wälder und entkam den Arbeiter:innen, die ihr ungläubig nachjagten.

Vierzig eiskalte Tage und Nächte lang versteckte sich Emily vor ihren Verfolgern in dem Waldgebiet um Hopkinton, einem kleinen Landstädtchen in Massachusetts. Und obwohl die Firma A. Arena & Sons, aus deren Schlachthof Emily entkommen war, entschlossen war sie einzufangen, waren die Menschen vor Ort ihrerseits entschlossen, Emily bei ihrer Flucht in die Freiheit zu helfen. Die Bäuer:innen ließen auf den Feldern Heuballen für sie liegen, und die Anwohner:innen führten die Polizei mit falschen Angaben über Emilys Aufenthaltsort bewusst in die Irre.

Lewis und Megan Randa, die Gründer der nahe gelegenen »Peace Abbey«, eines Begegnungs- und Bildungszentrums für gewaltfreies Leben, hörten von Emilys Notlage. Die Randas boten den Eigentümern A. Arena & Sons an, ihnen Emily abzukaufen, um ihr in dem kleinen Gnadenhof auf ihrem Grundstück einen friedlichen Lebensabend zu ermöglichen. Frank Arena, der Besitzer des Schlachthofs, war von Emilys Geschichte gerührt und verkaufte ihnen die 500-Dollar-Kuh für nur einen Dollar. Diesem unerwarteten Akt der Wohltätigkeit folgte noch ein weiterer: Die Filmproduzentin Ellen Little, die für die Rechte an Emilys Geschichte bereits einen Betrag bezahlt hatte, mit dem die Kuh für den Rest ihres Lebens versorgt werden konnte, spendete zusätzlich 10.000 Dollar zum Bau eines neuen Stallgebäudes für Emily und eines angegliederten Informationszentrums für Tierrechte.

Aus Emily, der einst anonymen Milchkuh, wurde so eine Persönlichkeit, die das Mitgefühl vieler Menschen weckte und ihr Leben nachhaltig beeinflusste. Aus aller Welt meldeten sich Menschen, die aufgehört hatten, Tiere zu essen, nachdem sie von Emilys Geschichte erfahren hatten. Ihre karnistischen Abwehrmechanismen waren zusammengebrochen und hatten dem Mitgefühl Platz gemacht. Warum sonst hätte eine Gemeinde von Fleischesser:innen und Bäuer:innen einer entlaufenen Kuh auf ihrer Flucht vor dem Schlachter geholfen? Warum sonst hätte der Besitzer eines Schlachthofs seine Kuh einem Gnadenhof geschenkt, der zugleich ein veganes Bildungszentrum ist?

Emily verbrachte den Rest ihres Lebens auf dem Gnadenhof der Peace Abbey und starb im Alter von zehn Jahren an Gebärmutterkrebs. Die Gedenkfeier fand internationale Beachtung und die Gedenkreden dauerten über eine Stunde. Eine Rede brachte Emilys Geschichte besonders gut auf den Punkt:

> Du hast das Bewusstsein der Menschen durch deine bloße Anwesenheit zu neuem Leben erweckt. Ein Blick in deine großen, leuchtenden Augen hat so viel mehr gesagt, als Worte es je könnten. [...] Du hast ohne Worte Zeugnis davon abgelegt, wie dringend wir zu einem allumfassenden Mitgefühl gelangen müssen. [...] Es kann keinen »letzten Gruß« an dich geben, Emily, und keine Schließung dieser Gedenk-

> stätte, ehe nicht der letzte Schlachthof seine Türen geschlossen hat und ehe sich nicht alle Lebewesen mit Mitgefühl begegnen, hier und auf der ganzen Welt. Das ist ein langer Prozess, dessen Ende auch ich nicht mehr erleben werde. Dein Leben und der Mut, den du gezeigt hast, werden mir eine stete Mahnung sein, dass ich niemals aufgeben darf. Genau wie du.[210]

Und Emilys Leben ist auch heute noch eine Mahnung. Es mahnt uns, dass wir diesem gewalttätigen System namens Karnismus nicht erlauben dürfen, uns für die Wahrheit blind zu machen: für die Wahrheit, dass Milliarden Tiere unnötig für uns leiden – und für die Wahrheit, *dass uns das nicht egal ist*.

Emily ist in einer naturgetreuen, lebensgroßen Bronzestatue verewigt, die auf ihrem Grab bei der Peace Abbey steht. Diese Statue mit der Aufschrift »Emily, die heilige Kuh« steht dort als Zeugnis für die Milliarden Tiere, die als namenlose Opfer des Karnismus sterben, und für die unzähligen Menschen, die um ihre Freiheit kämpfen. Die Statue der heiligen Kuh steht für den heiligen Akt, Zeugnis abzulegen.

## MIT DEM HERZEN SEHEN: DIE KRAFT DER ZEUG:INNENSCHAFT

Als ich zum letzten Mal die Peace Abbey besucht habe, bin ich vor jedem einzelnen ihrer Denkmäler stehen geblieben. Ich habe zur hoch aufragenden Statue von Gandhi emporgeschaut und die Welt mit seinen Augen betrachtet: eine Welt voller Gewalt und Leid, aber auch ein Ort großer Schönheit und enormer Möglichkeiten. Ich dachte an den Salzmarsch von 1930 und an die Würde der Menschen, die im Namen des gewaltlosen Befreiungskampfes in Indien ihr Leben gegeben haben. Dann blickte ich hinab auf das grabsteinähnliche Monument mit der Aufschrift »Unschuldige Zivilist:innen – im Krieg getötet«, und wieder kam mir dieses Paradox des menschlichen Lebens in den Sinn. Ich sah die Straßen des Irak vor mir, die Felder Kambodschas und den Dschungel Nicaraguas, übersät mit Leichen jedweder Gestalt und Größe, jeder Farbe und jeden Alters. Doch mir fielen auch die 400.000 Menschen ein, mit denen ich am 15. Februar 2003 durch die eisigen Straßen von New York gezogen war, um friedlich gegen den drohenden Einmarsch in den Irak zu demonstrieren. Schließlich betrachtete ich die Statue von Emily und stellte mir vor, wie es für sie gewesen sein muss, auf diese Welt zu kommen, um hier als lebende Maschine zu dienen. Ich dachte an die dunklen Tierfabriken und an die Angst und die Hilflosigkeit der unzähligen Tiere darin. Aber ich dachte auch an das Rechercheteam der Humane Society of the United States, dessen Undercover-Videoaufnahmen von der brutalen Misshandlung zahlreicher Tiere in einem Schlachthof zu öffentlicher Empörung und zur größten Rückrufaktion für Rindfleisch in der Geschichte der USA geführt hatten. Vor jedem Denkmal habe ich die Welt mit den Augen derjenigen gesehen, für die es stand. Ich bin zu ihrer Zeugin geworden.

Wenn wir für jemanden Zeugnis ablegen, dann handeln wir nicht nur als äußere:r Beobachter:in, sondern wir stellen eine emotionale Verbindung zum inneren Erleben des anderen her. Wir *versetzen uns in ihn hinein*. Und mit diesem Akt der Empathie schließen wir die Lücke in unserem Bewusstsein: jene Lücke, die das Gewaltregime des Karnismus am Leben hält.

Wir haben diese Bewusstseinslücke in Kapitel 1 schon angesprochen. Sie ist das Missing Link in unserer Wahrnehmung, die nicht hergestellte Verbindung zwischen dem Fleisch, den Eiern und Milchprodukten auf unserem Teller und seinem Ursprungstier. Diese Lücke blockiert unseren Ekel und unsere Empathie. Und sie blockiert unser Bewusstsein davon, dass beim Verzehr von Tieren eine Diskrepanz zwischen unseren Wertvorstellungen und unserem Verhalten besteht. Indem wir Zeugnis ablegen, schließen wir diese Lücke, weil es uns in Verbindung mit der Wahrheit bringt. Als Zeug:innen bekennen wir uns zu dem Leid, das das System mit aller Macht zu verbergen versucht, und wir bekennen uns auch zu unserer wahren Reaktion darauf. Zeuge sein bedeutet, sowohl die Verbindung zur Wahrheit der karnistischen Praktiken herzustellen als auch die Verbindung zu unserer inneren Wahrheit, unserer Empathie. Wir legen Zeugnis für andere und für uns selbst ab.

Ebenso wie unsere persönliche Zeug:innenschaft die Lücke in unserem eigenen Bewusstsein schließt, so schließt die *kollektive Zeug:innenschaft* die Lücke im Bewusstsein der Gesellschaft. Die kollektive Zeug:innenschaft führt dazu, dass eine informierte und mobilisierte Öffentlichkeit entsteht – und damit ein System, dessen Praktiken mehr mit den vorhandenen Wertvorstellungen in Einklang stehen. Überlegen Sie einmal: Praktisch alle Gräueltaten in der Geschichte der Menschheit wurden erst dadurch möglich, dass die jeweilige Bevölkerung wegsah, weil es ihr zu schmerzhaft schien, der Realität ins Gesicht zu sehen. Praktisch jede Revolution für Frieden und Gerechtigkeit dagegen ist von Menschen möglich gemacht worden, die sich dafür entschieden haben, hinzusehen und Zeugnis abzulegen – und die andere dazu aufgefordert haben, dasselbe zu tun. Jede Gerechtigkeitsbewegung hat das Ziel, eine kollektive Zeug:innenschaft herbeizuführen, damit die gesellschaftlichen Wertvorstellungen ihren Ausdruck in entsprechenden gesellschaftlichen Praktiken finden. Erfolg hat eine Bewegung immer dann, wenn es ihr gelingt, eine kritische Masse an Zeugen zu erreichen: genügend Zeugen also, dass sich die Waagschale der Macht zu ihren Gunsten neigt. Da vermutlich nichts den Karnismus mehr bedroht, als wenn eine große Zahl von Menschen zu Zeug:innen wird, ist das gesamte System darauf angelegt, genau das zu verhindern. Der alleinige Zweck der karnistischen Abwehrmechanismen besteht darin, uns davon abzuhalten, dass wir Zeugnis ablegen.

Zeugnis abzulegen ist auf vielerlei Weise möglich, zum Beispiel mit Demonstrationen, Mahnwachen, Lichterketten, verdeckten Recherchen, politischer Lobbyarbeit oder mit Kunst und Kreativität. Zeugnis abzulegen ist immer schon auch eine kreative Handlung gewesen – denken Sie an die revolutionäre Musik der 1960er, an das 85 Kilometer lange AIDS-Quilt mit seinen über 91.000 Namen, an die riesige Gedenkmauer des Vietnam Veterans' Memorial in Washington, die jedes Jahr drei Millionen Besucher:innen anzieht, an den Tierrechtsmarsch in Israel im Jahr 2017 mit 30.000 Demonstrant:innen, oder an die zahlreichen Aktionen, die überall auf der Welt von der Umweltschutzbewegung Extinction Rebellion organisiert werden.

Zeugnis abzulegen ist eine kreative, also schöpferische Handlung – und damit eine logische menschliche Reaktion auf die Zerstörung, an der wir etwas ändern wollen. Die bekannte amerikanische Psychiaterin Judith Herman erklärt: »Gewalttaten verbannt man aus dem Bewusstsein – das ist eine normale Reaktion. [...] Doch Gewalttaten lassen sich nicht einfach begraben. Dem Wunsch, etwas Schreckliches zu verleugnen, steht die Gewissheit entgegen, dass Verleugnung unmöglich ist.«[211] Wenn wir dagegen die Kraft aufbringen, das Unaussprechliche auszusprechen, so Herman weiter, dann lösen wir die Blockade aus Verleugnung und Unterdrückung und setzen damit eine enorme kreative Energie frei.

**Empathisch veranlagt?**

In den letzten Jahren mehren sich in der Forschung die Hinweise darauf, dass Empathie eine biologische Grundlage hat. Die Fähigkeit, sich in andere hineinzuversetzen, ist beim Menschen (und auch bei einigen anderen Tieren) also bereits angeboren. Wissenschaftliche Untersuchungen haben gezeigt, dass unsere Spiegelneuronen – Nervenzellen in unserem Gehirn, die auf Handlungen reagieren – unabhängig davon aktiv werden, ob wir selbst Ausführende oder nur Zeug:innen einer Handlung sind.[212] Wenn wir zum Beispiel sehen, wie jemand gegen einen Ball tritt, weint, verletzt wird oder mit dem Bein zappelt, weil ein Insekt daran heraufkriecht, dann werden bei uns dieselben Hirnregionen aktiviert, die auch aktiv wären, wenn uns all das selbst passieren würden. Was jemand anderer empfindet, wissen wir also nicht nur, weil wir versuchen, uns in seine:ihre Lage zu versetzen, sondern bis zu einem gewissen Grad auch deshalb, weil wir buchstäblich dasselbe empfinden.

Dieser Befund ist von erheblicher Bedeutung. Wenn wir im Gehirn eine natürliche Veranlagung zur Empathie haben, wenn sie als automatische Reaktion abläuft, dann ist es unser Normalzustand, dass wir mit anderen mitfühlen. Keine Empathie zu empfinden würde dann bedeuten, dass bei uns ein natürlicher Impuls außer Kraft gesetzt ist. Die karnistischen Abwehrmechanismen wären somit gegen unsere Natur.

## VON DER APATHIE ZUR EMPATHIE

Die kollektive Zeug:innenschaft vieler Menschen ist eine Bedrohung für alle gewalttätigen Systeme, da diese zum Überleben auf das genaue Gegenteil angewiesen sind: auf kollektive *Dissoziation*. Die Dissoziation ist der innerste Abwehrmechanismus des Karnismus, das Nervenzentrum der psychischen Betäubung. Alle anderen Abwehrmechanismen arbeiten diesem zentralen Mechanismus zu. Bei der Dissoziation handelt es sich um die psychische und emotionale Abkopplung von der Realität unseres Erlebens – um das Gefühl, nicht ganz »bei sich« zu sein.

Ebenso wie die anderen Mechanismen ist auch die Dissoziation manchmal *adaptiv*, also nützlich. Befindet sich zum Beispiel jemand in einer akuten Opfersituation, dann treten häufig automatisch dissoziative Wahrnehmungsveränderungen auf, damit die Belastung für diese Person nicht erdrückend wird. Betroffene berichten dann oft von einem »entrückten« Gefühl oder von einer »außerkörperlichen Erfahrung«. Doch ebenso wie die anderen Mechanismen kann die Dissoziation auch *maladaptiv* sein, indem sie nicht dazu dient, auf Gewalt zu reagieren, sondern dazu, Gewalt aufrechtzuerhalten. Im Extremfall kann ein:e Täter:in durch Dissoziation eine doppelte Identität entwickeln, ein zweites Ich, das immer dann ins Spiel kommt, wenn er anderen etwas antut. In seinem Buch *Ärzte im Dritten Reich* beschreibt der Psychiater Robert Jay Lifton dieses Phänomen am Beispiel von Ärzten, die tagsüber bei ihrer Arbeit Menschen töteten, danach aber scheinbar als ganz normale Ehemänner und Väter wieder nach Hause zu ihrer Familie gehen konnten. Bei den meisten von uns dagegen geht die Dissoziation nicht so weit, dass wir in der Lage wären, eine Tötung direkt auszuführen. Wir begnügen uns damit, dass unsere Dissoziation groß genug ist, um andere für uns töten zu lassen. Wenn wir dann Tiere essen, hindert uns die Dissoziation daran, eine Verbindung zwischen dem herzustellen, was wir da tun, und dem, was wir dabei sonst eigentlich empfinden würden. Die Dissoziation – das ist ihr Wesenskern – nimmt uns die Fähigkeit, Entscheidungen zu treffen, die unseren wahren Empfindungen entsprechen.

Es ist daher kein Wunder, dass die Tiere, die wir essen, nicht die einzigen sind, die unsere Dissoziation teuer zu stehen kommt. Die Dissoziation schränkt unsere Selbstachtsamkeit ein und steht deshalb unserem Persönlichkeitswachstum im Weg. In praktisch allen bedeutenden geistigen und spirituellen Traditionen wird die Selbstverbundenheit oder auch *Integration* als Ziel der menschlichen Entwicklung angesehen. Integration meint die Vereinigung verschiedener Aspekte unserer Persönlichkeit zu einem harmonischen Ganzen: Körper, Geist und Seele – Es, Ich und Über-Ich – Werte, Überzeugungen und Verhalten – und so weiter. Wie bei der Dissoziation gibt es auch bei der Integration kein Entweder-Oder, sondern sie findet auf einem Spektrum statt. Je stärker wir innerlich integriert sind, desto stimmiger unsere Persönlichkeit. Wer einen gewissen Grad an Integration erreicht hat, ist zum Beispiel am Arbeitsplatz keine grundlegend anderere Person als zu Hause oder im Umgang mit Freund:innen.

Zeugnis ablegen fördert die Integration, weil es eine verbindende Handlung ist: sowohl auf persönlicher Ebene, indem wir Verbindung zu unserem inneren Erleben aufnehmen, als auch auf sozialer Ebene, indem wir mit dem Erleben anderer in Verbindung treten. Deshalb ist Zeug:innenschaft die Achillesferse des Karnismus. Sie löst die Dissoziation auf und führt zu einer integrierteren Gesellschaft. Eine integrierte Gesellschaft kann nicht aus Menschen bestehen, denen Tiere am Herzen liegen und die trotzdem Tierquälerei in großem Maßstab unterstützen.

## ZEUGNIS ABLEGEN: UNSERE WIDERSTÄNDE

Trotz der verändernden Kraft der Zeug:innenschaft wehren sich viele Menschen dagegen, von der Realität des Karnismus Zeugnis abzulegen. Um diese inneren Widerstände zu überwinden, müssen wir ihre Ursachen verstehen: Wir müssen über unsere Widerstände Zeugnis ablegen.

Der offensichtlichste Grund für unsere Widerstände besteht darin, dass das System darauf angelegt ist, sie zu verstärken. In Kapitel 5 haben wir gesehen, wie dominante Systeme unser Denken, Empfinden und Verhalten prägen, indem sie uns unsichtbare »Wege des geringsten Widerstands« vorzeichnen. Diese Wege schreiben uns vor, was »normal« ist, wie wir also nach den Grundsätzen des Systems zu denken und zu handeln haben. Dominante Systeme erhalten ihre Dominanz aufrecht, indem sie uns zwingen, uns der Norm anzupassen. Zeugnis abzulegen bedeutet, vom Weg des geringsten Widerstands abzuweichen.

Ein weiterer Grund, weshalb wir uns mitunter dagegen wehren, von der Existenz des Karnismus Zeugnis abzulegen, ist, dass Zeug:in sein wehtut. Sich des Leids von Milliarden Tieren sowie unserer Mitwirkung an diesem Leid bewusst zu werden, kann schmerzhafte Gefühle hervorrufen: Trauer und Sorge um die Tiere, Zorn über die Ungerechtigkeit und Verlogenheit des Systems, Verzweiflung angesichts der Ausmaße des Problems, Angst, dass Behörden und Institutionen, denen wir vertrauen, in Wahrheit nicht vertrauenswürdig sind, und Schuld, weil wir selbst zu diesem Problem beigetragen haben. Zeugnis ablegen heißt sich dafür zu entscheiden, Schmerz zu empfinden. Nicht zufällig bedeutet Empathie wörtlich »Mitleiden«. Sich dafür zu entscheiden, Schmerz zu empfinden, ist gerade in einer Kultur besonders schwierig, die sich der Bequemlichkeit verschrieben hat – einer Kultur, die uns lehrt, dass man nach Möglichkeit jedweden Schmerz vermeiden sollte und dass Unwissenheit ein Segen ist. Unsere Widerstände dagegen, Zeugnis abzulegen, können wir dadurch abbauen, dass wir unsere Authentizität wichtiger nehmen als unser persönliches Vergnügen und Integration höher schätzen als Unwissenheit.

Mit diesem zweiten Grund, weshalb wir uns gegen eine Zeug:innenschaft von der Existenz des Karnismus wehren, hängt noch ein dritter zusammen: Wir fühlen uns womöglich machtlos, an einem Leid in dieser Größenordnung etwas zu ändern. Man kann sehr leicht den Mut verlieren, wenn man unter dem »Beheben« eines Problems versteht, dass sich auf einen Schlag alles ändern muss. Es ist wichtig zu akzeptieren, dass Wandel – insbesondere signifikanter Wandel – ein Prozess ist. Doch auch das Zeugnisablegen selbst bewirkt schon etwas – es stiftet eine schlagartige Veränderung in uns selbst, indem wir unser Handeln mit unseren Wertvorstellungen in Einklang bringen und so einen höheren Grad an Integration erreichen. Der bekannte US-Tierrechtsaktivist Eddie Lama hat das treffend formuliert: »Mir ist klar, dass auch weiterhin Tiere leiden und sterben – aber nicht mehr für *mich*.«[213]

Es gibt noch einen letzten, vielleicht elementareren Grund, weshalb wir uns bisweilen gegen eine Zeug:innenschaft von der Existenz des Karnismus wehren: Wenn wir uns nicht mehr dazu berechtigt fühlen, Tiere zu töten und zu essen, dann wirft das Fragen zu unserem Selbstverständnis als Menschen auf. Indem wir Zeugnis ablegen, sehen wir uns zwangsläufig nicht mehr als Spitze der sogenannten Nahrungskette, sondern »nur noch« als Fäden im großen Netz des Lebens. Zeugnis abzulegen stellt unser Bild von menschlicher Überlegenheit infrage und zwingt uns einzugestehen, dass wir mit allen anderen Lebewesen in der Natur verbunden sind – eine Verbindung, die unsere Spezies seit Jahrtausenden mit aller Macht abstreitet. Und doch ist es letztlich eine Befreiung, Zeugnis abzulegen. Wenn wir erkennen, dass wir nicht isoliert vom Rest der Welt existieren, sondern Teil einer großen, lebenden Gemeinschaft sind, dann verbinden wir uns mit einer Kraft, die sehr viel größer ist als wir selbst. Dann unterstützen wir nicht länger ein System, das auf Herrschaft und Unterwerfung beruht, ein System, das Hitlers Credo folgt: »Wer Macht nicht besitzt, verliert das Recht zum Leben.«[214] Dann lernen wir, wie der Schriftsteller Matthew Scully schreibt, unser Leben nicht mehr danach zu bemessen, »was wir alles in Besitz genommen, bezwungen und getötet haben.«[215]

Das Paradoxe ist, dass wir aus dem gleichen Grund Zeugnis von der Existenz des Karnismus ablegen wollen, aus dem wir uns auch dagegen wehren: weil uns das Leid *nicht egal ist*. Das ist die einfache Wahrheit, die sich hinter all den komplizierten, verschlungenen Mechanismen des Systems verbirgt. Weil es uns nicht egal ist, möchten wir es lieber nicht sehen. Und weil es uns nicht egal ist, fühlen wir uns verpflichtet, Zeugnis abzulegen. Dieses Paradox können wir überwinden, indem wir unsere Zeug:innenschaft integrativ angehen: *Wir müssen zugleich von der Existenz des Karnismus und von uns selbst Zeugnis ablegen.* Wir müssen das gleiche Mitgefühl, das wir gegenüber den Tieren zulassen, auch auf uns selbst beziehen. Wenn wir mitfühlend Zeugnis von uns selbst ablegen, legen wir Zeugnis von unseren Gefühlen ab – ohne sie jedoch zu bewerten. Wir erkennen uns als Opfer in einem System, das uns auf den Weg des geringsten Widerstands geführt hat. Aber wir erkennen auch, dass es in unserer Macht liegt, uns für einen anderen Weg zu entscheiden: Wir haben die Möglichkeit, unsere Entscheidungen frei und unabhängig zu treffen, ohne psychische Einschränkungen durch ein verborgenes Zwangssystem.

## ZEUGNIS ABLEGEN: DER GEIST DER ZEIT

Trotz der flächendeckenden Verbreitung des Karnismus gibt es Grund zur Annahme, dass das System allmählich ins Wanken gerät und dass die Zeit reif ist für den Wandel. Es gibt mehrere Gründe, weshalb es heute zeitgemäß ist, den Karnismus infrage zu stellen: das gestiegene Umweltbewusstsein, die zunehmende Bedeutung des Tierschutzes, die wachsende Beliebtheit und Überzeugungskraft des Veganismus sowie eine noch nie dagewesene Verfügbarkeit von Informationen sowohl über den Karnismus als auch über Veganismus.

Wie in den Kapiteln 3 und 4 erwähnt, ist die Tierindustrie einer der Hauptgründe für die Umweltzerstörung, einschließlich des Klimawandels.[216] Methangas aus riesigen Mengen Gülle zerstört die Ozonschicht. Giftige Ableitungen mit Tonnen von Chemikalien aus der Tierhaltung – künstliche Hormone, Antibiotika, Pestizide und Fungizide – verschmutzen Luft und Wasser. Millionen Hektar Wald werden gerodet, um Futterpflanzen anzubauen, was zu Bodenerosion und dauerhaftem Verlust der Wälder führt. Aus den Grundwasserspeichern wird mehr Wasser abgepumpt, als sich nachbilden kann. Und in die Flüsse und Bäche sickern chemische Dünger, durch die sich Mikroorganismen ausbreiten können, die das Leben in den Gewässern zerstören. Führende Wissenschaftler:innen sind sich einig, dass die Massenproduktion von karnistischen Produkten nicht weitergehen kann, ohne zum Zusammenbruch des Ökosystems zu führen.

Für immer mehr Menschen ist der Umweltschutz ein wichtiges Anliegen, wie sich an der zunehmenden Zahl »grüner« Produkte ebenso ablesen lässt wie an den öffentlichen Debatten und der politischen Entwicklung der letzten Jahrzehnte. Je mehr Gedanken sich die Menschen über ökologische Nachhaltigkeit machen, desto mehr Gedanken machen sie sich stets auch über die karnistischen Praktiken.

Vielleicht ist es kein Zufall, dass sich auch immer mehr Menschen Gedanken über den Schutz von Nutztieren machen und dem Veganismus gegenüber aufgeschlossener geworden sind. Nicht nur in den USA sind in den letzten Jahren unzählige neue Organisationen entstanden, die sich dem Schutz von Nutztieren respektive der veganen Interessenvertretung verschrieben haben. Die neue Offenheit gegenüber dem Veganismus zeigt sich auch am massiven Wachstum der veganen Lebensmittelindustrie (im Jahr 2018 wurde das Volumen des globalen Markts für vegane Lebensmittel auf 12,69 Milliarden Dollar taxiert; für den Zeitraum zwischen 2019 und 2025 wird eine durchschnittliche jährliche Wachstumsrate von 9,6 Prozent prognostiziert).[217] Diese Offenheit gegenüber dem Veganismus beweist auch der Erfolg von Büchern und Filmen, die sich mit veganen Themen auseinandersetzen, wie beispielsweise des von James Cameron produzierten Dokumentarfilms *The Game Changers*.

Der Veganismus, der früher oft als extreme Ideologie und gesundheitlich bedenkliche Ernährungsweise gesehen wurde, erfährt einen rasanten Zulauf. Veganer:innen bilden in der Bevölkerung zwar immer noch eine Minderheit, und viele Gesundheitsexpert:innen hängen immer noch den karnistischen Mythen an, doch wer heute auf karnistische Produkte verzichtet, wird bei Weitem nicht mehr in dem Maße ausgegrenzt und pathologisiert, wie es noch vor nur fünf Jahren der Fall war. Es sind nicht mehr die Blumenkinder der 1960er Jahre, die heute für Veganismus stehen. Die Bewegung ist vielfältig geworden und wächst beständig, nicht zuletzt dank zahlreicher prominenter Vertreter:innen – von Moby über Lewis Hamilton bis hin zum Bodybuilder und fünffachen Mr. Universe Bill Pearl. Und auch in der medizinischen Fachwelt setzt sich angesichts immer neuer Studien allmählich die Einsicht durch, dass eine reine

Pflanzenkost nicht nur genauso gesund sein kann wie die tierische Ernährung, sondern höchstwahrscheinlich sogar gesünder. Der rasante Zuwachs an Büchern und Zeitschriften zum Thema, an veganen Produkten im Supermarkt, veganen Restaurants und an veganen Organisationen macht deutlich, wie rasant die Bewegung derzeit an Kraft und Größe zunimmt.

Und schließlich ist die Zeit auch deshalb reif für ein entschlossenes Eintreten gegen den Karnismus, weil der Hauptabwehrmechanismus des Systems, seine Unsichtbarkeit, seit einiger Zeit bröckelt. Für die karnistische Tierindustrie wird es immer schwieriger, ihre Geheimnisse vor der Öffentlichkeit zu bewahren. Während sie darauf angewiesen ist, Informationen gezielt steuern zu können, um die alten Mythen des Karnismus aufrechtzuerhalten, sieht sie sich mit einer allgegenwärtigen und nicht kontrollierbaren Informationsquelle konfrontiert: dem Internet. Mit dem Karnismus ist es wie beim Zauberer von Oz. Zieht man erst einmal den Vorhang weg, hinter dem er sich versteckt, dann löst sich die Macht des Systems praktisch in Luft auf.

**Die Gefahr ist DA**
**Die Gefahr ist AKUT**
**Die Folgen können immens sein**

Folie am Ende einer PowerPoint-Präsentation mit dem Titel *Tierschutz und Aktivismus: Was Sie darüber wissen sollten*, die 2008 auf der jährlichen Fleischkonferenz des American Meat Institute und des Food Marketing Institute gezeigt wurde.

## AKTIV ZEUGNIS ABLEGEN: WAS SIE TUN KÖNNEN

Wie schon angesprochen, kann man sich leicht hilflos und frustriert fühlen, wenn man Zeuge des riesigen Leids wird, das der Karnismus verursacht. Aber es gibt durchaus Dinge, die man tun kann, die sich direkt auf das eigene Leben, das Leben der betroffenen Nutztiere und die Umwelt auswirken.

Es gibt drei wichtige Schritte, mit denen Sie anfangen können: Gestalten Sie jede Mahlzeit so vegan wie möglich, unterstützen Sie eine Organisation, die sich für Veganismus einsetzt, und informieren Sie sich und andere regelmäßig. Kurz gesagt: treten Sie für den Veganismus ein – nutzen Sie Ihren Einfluss, um Veganismus und Veganer:innen zu unterstützen, auch wenn Sie selbst noch nicht vollständig vegan leben. Überhaupt keine karnistischen Produkte zu konsumieren, ist zwar ein erstrebenswertes Ziel, aber auch wenn Sie den Anteil dieser Produkte an Ihrer Ernährung im Zuge Ihrer Abwendung vom Karnismus zunächst nur reduzieren, kann das für die Tiere, die Umwelt, und für Sie schon eine deutliche Verbesserung bedeuten. Jemand, der ein- oder zweimal im Monat karnistische Produkte isst, verbraucht viel weniger Tiere als jemand, der täglich solche Produkte isst. Das hilft natürlich zum einen den Tieren und reduziert Ihren $CO_2$-Fußabdruck, zum anderen profitieren Sie aber auch selbst davon, da Ihr Handeln dann stärker mit Ihren Wertvorstellungen in Einklang steht und wahrscheinlich erhebliche gesundheitliche Vorteile mit sich bringt.

Wenn Sie etwas verändern wollen, müssen Sie das keineswegs alleine tun. Weltweit arbeiten Millionen Menschen aktiv daran, einen Wandel des karnistischen Systems herbeizuführen, und sich ihnen anzuschließen oder sie anderweitig zu unterstützen, war noch nie so einfach wie heute. Falls es in Ihrer Nähe keine veganen Gruppen oder Organisationen gibt, können Sie sich online mit einer solchen zusammenschließen. Bei bestehenden Organisationen haben Sie verschiedene Möglichkeiten, sich zu engagieren: indem Sie Geld spenden, aktiv mitarbeiten oder in beliebiger anderer Form dazu beitragen, ein Teil der Lösung zu sein. (Weitere Vorschläge und Hilfsmittel finden Sie auf *carnism.org*.)

Und das vielleicht Wichtigste: Sie können und sollten sich regelmäßig weiter informieren – und andere gleich mit. Man vergisst sehr schnell und rutscht leicht wieder zurück in den schützenden Kokon der karnistischen Betäubung. Vergessen Sie nicht: Ihr karnistisches Schema wird Sie immer wieder in das karnistische Denken zurückholen. Wenn Sie sich nicht aktiv darum bemühen, informiert zu bleiben und Ihr Wissen über dieses Thema zu vertiefen, dann wird sich Ihr Bewusstsein von der karnistischen Produktion voraussichtlich nach und nach wieder verlieren.* Machen Sie es zu Ihrem Credo, Zeugnis abzulegen.

## DER BLICK ÜBER DEN KARNISMUS HINAUS

Die Mechanismen, durch die der karnistische Konsum in großem Maßstab möglich wird, sind keineswegs eine Besonderheit des Karnismus. Wie ich mehrfach betont habe, ist der Karnismus nur eine von vielen fest etablierten, gewalttätigen Ideologien beziehungsweise unterdrückerischen Systemen.** Und wann

* Informiert bleiben bedeutet *nicht*, dass Sie sich regelmäßig grausame Bilder anschauen sollen. Wenn Sie das Leid der Nutztiere erst einmal kennen, brauchen Sie sich nicht mit Informationen zu beschäftigen, die eine traumatisierende Wirkung haben können.
** Vor kurzem habe ich zu diesem Thema ein eigenes Buch mit dem Titel *Powerarchy: Understanding the Psychology of Oppression for Social Transformation* veröffentlicht.

immer eine dominante Ideologie auf die Mitwirkung von Menschen angewiesen ist, die ihr möglicherweise die Unterstützung versagen würden, wenn sie besser informiert wären, setzt diese Ideologie dieselben Mechanismen ein wie der Karnismus. Wenn wir den Karnismus verstehen, können wir deshalb auch alle anderen Systeme, an denen wir teilhaben, kritischer beleuchten. Betrachten wir einmal die Argumente und den psychologischen Hintergrund für den weit verbreiteten Hass und die Diskriminierung von Mitgliedern der LGBTQ+-Community, für das langjährig fest etablierte System der Apartheid oder für den Völkermord in Darfur. In all diesen Fällen wurde oder wird die Gewalt verleugnet, gerechtfertigt und verzerrt, um die Unterstützung der Masse zu gewinnen.

Das Gleiche gilt auch für unsere Zeug:innenschaft: Da sich gewalttätige Systeme strukturell sehr ähnlich sind, können wir auf gleiche Weise wie vom Karnismus auch von anderen Systemen Zeugnis ablegen. Die Fähigkeit, Zeugnis abzulegen, geht nicht zuletzt auch deshalb über den Karnismus hinaus, weil das Zeugnisablegen nicht einfach eine *Handlungsweise* ist, sondern vielmehr eine *Daseinsweise*. Zeugnis ablegen ist kein isolierter Akt, sondern eine bestimmte Art und Weise, sich zu sich selbst und zur Welt in Beziehung zu setzen. Es ist eine Lebensweise, die unseren Umgang mit uns selbst und anderen prägt. Unsere Fähigkeit, Zeugnis abzulegen, ist unbegrenzt.*** Da es uns Kraft gibt, Zeugnis abzulegen, fällt es uns sogar umso leichter, je öfter wir es tun. Ebenso wie unser Mitgefühl wächst mit der Übung auch unsere Fähigkeit, Zeugnis abzulegen.

*** Zeugnis ablegen kann zwar manchmal schmerzhaft sein, es sollte aber nie so weit gehen, dass Sie sich emotional nicht mehr stabil fühlen. Zeugnis abzulegen bedeutet, geistig und emotional für das eigene Erleben und das Erleben anderer offen zu bleiben. Es bedeutet nicht, sich zur Auseinandersetzung mit stark belastenden Informationen zu zwingen.

## DER MUT, ZEUGNIS ABZULEGEN

Zeugnis abzulegen erfordert Mut. Es erfordert Mut, unser Herz für das Leid anderer zu öffnen und einzugestehen, dass wir wohl oder übel Teil des Systems sind, in dem dieses Leid stattfindet. James O'Dea, vormals Leiter des Büros von Amnesty International in Washington, hat das so ausgedrückt:

> Der:die Zeug:in steht mittendrin, Seite an Seite mit denjenigen, die missbraucht und verletzt werden. Der:die Zeug:in hat die außergewöhnliche Fähigkeit, mitten im Feuer von Hass und Gewalt zu stehen, ohne diese weiter anzufachen. Die wohl intensivste Form, Zeugnis abzulegen, ist das Mitgefühl für alle leidenden Wesen. [...] In Wirklichkeit sind wir nie außenstehende Beobachter:innen. Wir sind alle Teil der großen Wunde, nur dass die einen etwas fühlen und die anderen betäubt sind. Wir sind mittendrin in dem, was wir verändern müssen.[218]

Zeugnis abzulegen erfordert den Mut, sich dem Weg des geringsten Widerstands zu verweigern. Wie die Kuh Emily hat man uns in Reih und Glied zusammengetrieben, damit wir dem erlernten, vorgezeichneten Pfad folgen. Aber genau wie Emily können wir uns entschließen, aus der Reihe auszubrechen und unser Leben in neue Bahnen zu lenken. Ganz gleich, ob Sie sich der Existenz des Karnismus vorher schon bewusst waren oder nicht, dass Sie sich dafür entschieden haben, dieses Buch zu lesen, zeugt von Ihrem Mut, ausgetretene Pfade zu verlassen. Der Inhalt dieses Buches ist provokativ, herausfordernd und stellenweise verstörend, und es erfordert Mut, davon Zeugnis abzulegen.

Zeugnis abzulegen erfordert den Mut, das Potenzial des menschlichen Geistes auszuschöpfen. Um Zeug:innen werden zu können, müssen wir in uns die besten Eigenschaften wachrufen, die unsere Spezies kennt: Eigenschaften wie innere Überzeugung, Integrität, Empathie und Mitgefühl. Es ist bei Weitem einfacher, an den Merkmalen der karnistischen Kultur festzuhalten: Apathie, Selbstgefälligkeit, Eigennutz und »selige« Unwissenheit. Ich habe dieses Buch geschrieben – und damit meinerseits Zeugnis abgelegt –, weil ich glaube, dass wir als Menschen grundsätzlich bestrebt sind, das Beste aus uns zu machen. Ich glaube, dass praktisch jede:r Einzelne von uns die Fähigkeit besitzt, in einer Welt, die das dringend nötig hat, als Zeug:in zu handeln und zu wirken. Durch meine Arbeit als Dozentin, Buchautorin und Referentin habe ich Gelegenheit gehabt, mich zusätzlich zu meinen privaten Kontakten mit Tausenden von Menschen auszutauschen. Immer wieder bin ich Zeugin geworden, wie mutig und mitfühlend sogenannte Durchschnittsbürger:innen sind: einst apathische Student:innen, aus denen leidenschaftliche Aktivist:innen werden, lebenslange Fleischesser:innen, die beim Anblick von Bildern mit Tierqualszenen offen in Tränen ausbrechen und nie wieder ein Stück Tier anrühren, Schlachter:innen, die plötzlich die Verbindung zwischen dem Fleisch und seinem Ursprungslebewesen herstellen und keine Tiere mehr töten können, und eine ganze Gemeinde von Fleischesser:innen, die einer entlaufenen Kuh bei ihrer Flucht vor dem Schlachter beisteht.

Zeugnis abzulegen erfordert letztlich den Mut, Partei zu ergreifen. Judith Herman legt ausführlich dar, dass jede:r Beobachter:in im Angesicht massenhafter Gewalt gezwungen ist, durch sein:ihr Handeln oder Nichthandeln für eine Seite Partei zu ergreifen und dass es so etwas wie eine moralische Neutralität nicht gibt. So konstatierte auch der Friedensnobelpreisträger und Holocaust-Überlebende Elie Wiesel: »Neutralität hilft dem Unterdrücker, niemals dem Opfer. Schweigen ermutigt den Folterknecht, niemals den Gefolterten.«[219] Zeugnis ablegen gibt uns die Möglichkeit, uns selbst für eine Rolle zu entscheiden, anstatt sie uns von anderen zuweisen zu lassen. Und auch wenn es für uns selbst mit emotionalem Schmerz verbunden sein kann, auf der Seite der Opfer zu stehen, so Hermans und auch mein Fazit, »kann es keine größere Ehre geben als diese.«[220]

# NACHWORT

Seit der Erstveröffentlichung von *Warum wir Hunde lieben* sind über zehn Jahre vergangen und es ist mir eine große Ehre, zu dieser neuen Ausgabe beizutragen und über die Ereignisse und Ideen zu reflektieren, die das Buch mit angestoßen hat.

## WAS NACH *WARUM WIR HUNDE LIEBEN* GESCHAH: EIN SEHR KNAPPER ÜBERBLICK

*Warum wir Hunde lieben* wurde bisher in 15 Sprachen übersetzt – einige Ausgaben sind Bestseller und preisgekrönt – und gilt als wegweisendes Werk im Kanon der Tierrechtsliteratur. Die Veröffentlichung des Buches im Jahr 2010 veranlasste mich zu einer weltweiten Vortragstournee, die sechs Kontinente und etwa fünfzig Länder umspannte und ein breites Medienecho, von der BBC bis zu ABC Australia, hervorrief. Darüber hinaus hat *Warum wir Hunde lieben* dazu beigetragen, dass ich mehrere wichtige Auszeichnungen erhalten habe, darunter den Ahimsa Award, der zuvor unter anderem an Nelson Mandela und den Dalai Lama verliehen wurde.

Das Buch legte auch den Grundstein zu meiner Organisation Beyond Carnism, einer internationalen NGO, die es sich zur Aufgabe gemacht hat, den Karnismus auf der ganzen Welt zu entlarven und zu transformieren. Eine Schlüsselrolle innerhalb dieser Organisation nimmt das Center for Effective Vegan

Advocacy (CEVA) ein, dessen derzeitiges Ziel es ist, die Wirksamkeit veganer Interessenvertretung weltweit zu erhöhen. CEVA bietet Schulungen und andere Formen der Unterstützung für Befürworter:innen des Veganismus auf der ganzen Welt an.

Des Weiteren ebnete *Warum wir Hunde lieben* mir auch den Weg zur Mitgründung der NGO ProVeg International, einer Ernährungsorganisation mit Hauptsitz in Berlin, wohin ich schließlich auch zog, um mit dem Gründungs-CEO Sebastian Joy zusammenzuarbeiten (und ihn zu heiraten). ProVeg setzt sich dafür ein, den weltweiten Tierkonsum bis zum Jahr 2040 um 50 Prozent zu reduzieren.

Andere Wissenschaftler:innen haben *Warum wir Hunde lieben* als Grundlage genutzt, um die karnistische Psychologie und Ideologie zu untersuchen und zu hinterfragen. Beispielsweise hat eine Reihe von Sozialwissenschaftler:innen auf meiner Theorie des Karnismus aufgebaut und sie empirisch überprüft: Sie entwickelten Instrumente, um die Gültigkeit der Theorie zu untersuchen und den Karnismus zudem als eine Form von Vorurteil zu verstehen.

*Warum wir Hunde lieben* half nicht nur dabei, ein globales Netzwerk aus Verfechter:innen und Unterstützer:innen aufzubauen, sondern diente mir auch als Fundament zur Entwicklung neuer Konzepte, die auf meiner ursprünglichen Analyse aufbauen, diese vertiefen und erweitern.

## DIE WEITERENTWICKLUNG DER THEORIE: NEOKARNISMUS UND SEKUNDÄRE KARNISTISCHE ABWEHRMECHANISMEN

Kurz nach der Veröffentlichung von *Warum wir Hunde lieben* habe ich begonnen, meine Theorie des Karnismus zu erweitern. Zwei spezifische Ergänzungen waren der Erkenntnis geschuldet, dass mit dem wachsenden Bewusstsein vom Unrecht in der Tierindustrie auch ein Backlash gegen den Veganismus einsetzte.

2012 veröffentlichte ich einen Artikel über das, was ich Neokarnismus nannte: neue Formen des Karnismus, die im Zuge des »karnistischen Backlash« entstanden und ein System stützen sollten, das zunehmend in Frage gestellt wurde. Es gibt drei Hauptmanifestationen des Neokarnismus, die jeweils eine karnistische Rechtfertigung liefern, um eines der drei Hauptargumente – die Steigerung des Tierwohls, des Umweltschutzes und der menschlichen Gesundheit – auszuhebeln, die für den Veganismus sprechen. Jede Ausprägung des Neokarnismus stärkt auch eines der drei Ns der Rechtfertigung – Tiere zu essen sei normal, natürlich und notwendig – und befördert auf diese Weise die Mythen, dass der *Verzicht* auf den Verzehr von Tieren *a*normal, *un*natürlich und *un*nötig sei.

Der Neokarnismus, den ich als »mitfühlenden Karnismus« bezeichne, drückt sich in der Überzeugung aus, dass es möglich sei, Fleisch, Eier und Milchprodukte auf eine artgerechte, humane Weise zu beschaffen. Diese Form des Neokarnismus spiegelt den Backlash gegen das Tierwohlargument des Veganismus wider. Wenn Nutztiere und Tierwohl wirklich miteinander vereinbar wären (was sie im derzeitigen System nicht sind und auch sonst niemals sein könnten, da die bloße Existenz von Nutztieren in Widerspruch zu ihrem Wohlergehen steht – Nutztiere wurden von und für Menschen geschaffen und werden per definitionem ausgebeutet), dann würde es den Veganismus nicht brauchen. Der mitfühlende Karnismus stützt den Mythos, dass es normal sei, Tiere zu essen, und dass es anormal sei, keine Tiere zu essen. Die »artgerechte« Produktion von Fleisch, Eiern und Milchprodukten präsentiert sich als (normale) Alternative zum Gegensatz von der Brutalität der Massentierhaltung und der scheinbar radikalen Praxis des Veganismus. Mit anderen Worten: Karnistische Konsument:innen können beruhigten Gewissens innerhalb der karnistischen Norm verbleiben, indem sie glauben, dass sie nur Tiere essen, die gut behandelt wurden.

Die neokarnistische Spielart, die ich »Ökokarnismus« nenne, schlägt sich größtenteils in den Bewegungen nieder, die sich für die Verwendung regionaler Lebensmittel einsetzen, und bis zu einem gewissen Grad auch in der »Foodie«-Bewegung. Ökokarnismus stellt die Jagd und die Aufzucht eigener Tiere zum Schlachten als natürlich und förderlich dar, während Veganismus als ein Trend und als eine Abweichung von solchen modernen Lebensweisen charakterisiert wird. Veganer:innen werden als hypersensible, zimperliche Stadtmenschen porträtiert, die sich von der wahren Quelle der Lebensmittel entfernt und sich somit von der Realität abgekoppelt haben.

Der Ökokarnismus festigt den Mythos, dass es natürlich sei, Tiere zu essen, und unnatürlich sei, keine Tiere zu essen. Die Vertreter:innen des Ökokarnismus argumentieren, dass wir, um uns gesund zu ernähren und ein gesundes Leben zu führen, zur Natur – unserer menschlichen Natur und der natürlichen Einrichtung der Welt – zurückkehren müssen. Dies beinhaltet, dass wir unsere inneren Widerstände überwinden und uns die Hände schmutzig machen müssen, indem wir Land bestellen und Tiere töten. Der Ökokarnismus verherrlicht unsere omnivore Vergangenheit, in der uns das Schlachten von Tieren vertrauter war und anscheinend weniger Unbehagen bereitete. Man darf dabei nicht vergessen, dass wir in früheren Epochen auch vertrauter mit dem Töten von Menschen waren, wodurch uns dies auch weniger Unbehagen bereitete – denken Sie nur an die römischen Gladiatorenkämpfe oder die öffentlichen Hinrichtungen. Gleichwohl werden wir nicht dazu ermutigt, diese Verhaltensweisen wieder anzunehmen, weil wir verstanden haben, dass Empathie und Mitgefühl Eigenschaften sind, die wir kultivieren sollten, anstatt sie zu überwinden.

Und schließlich ist der Neokarnismus, den ich »Ökokarnismus« nenne, eine Manifestation des Backlash gegen das Gesundheitsargument des Veganismus. Erscheinungsformen dieses Neokarnismus sind die Modeerscheinungen der Paleo- oder Keto-Diät; aufrechterhalten wird dadurch der Mythos, dass es notwendig sei, Tiere zu essen, beziehungsweise, dass es unnötig sei, keine Tiere zu essen.

Die Analyse des karnistischen Backlash führte mich auch zu der Erkenntnis, dass es nicht nur eine, sondern zwei Arten von karnistischen Abwehrmechanismen gibt. 2013 habe ich dieses Phänomen in einem Artikel beleuchtet. Ich realisierte, dass der Karnismus (und im erweiterten Sinne auch andere unterdrückerische Systeme) nur fortbestehen kann, wenn er die Überhand über die Gegensysteme behält, die ihn in Frage stellen. Die karnistischen Abwehrmechanismen müssen folglich zwei Ziele erreichen: Sie müssen sowohl den Karnismus bestätigen als auch den Veganismus entkräften. Ich bezeichne diejenigen Abwehrmechanismus, die dem ersten Ziel dienen, als »primäre Abwehrmechanismen«, und diejenigen, die dem zweiten Ziel dienen, als »sekundäre Abwehrmechanismen«.

Die sekundären Abwehrmechanismen entkräften den Veganismus auf dreierlei Weise: sie entwerten die vegane Ideologie, die vegane Bewegung und die Veganer:innen selbst. Die vegane Ideologie wird außer Kraft gesetzt, indem die sekundären Abwehrmechanismen suggerieren, dass Veganismus anormal, unnatürlich und unnötig sei. Der veganen Bewegung wird zum Beispiel unterstellt, dass es sie in Wahrheit gar nicht gebe (weil Veganismus nur ein »Trend« sei). Und der Großteil der Veganer:innen selbst wird durch die Verbreitung falscher, negativer Stereotype entwertet, die dazu führen, dass Fleischesser:innen – oder *Nicht-Veganer:innen* – die Informationen abwehren, die von Veganer:innen geteilt werden: Wenn wir den:die Bot:in erschießen, müssen wir die Tragweite der Botschaft nicht ernst nehmen. So werden Veganer:innen beispielsweise oft als übermäßig emotionale, sentimentale Tierliebhaber:innen dargestellt. Jemand, der übermäßig emotional ist, handelt definitionsgemäß nicht rational, und Menschen, die nicht rational handeln, sind es nicht wert, dass man ihnen zuhört. (Natürlich stellen Traurigkeit und Wut legitime, gesunde Reaktionen auf die Gräueltaten des Karnismus dar; viel beunruhigender ist die epidemische Apathie, die eine unvermeidliche Folge der weitverbreiteten karnistischen Zombifizierung ist.) Leider gibt es eine lange Reihe negativer Stereotype, die sich gegen Veganer:innen richten und Menschen dazu bringen, sich gegen genau die Informationen zu sperren, die sie aus dem karnistischen Gehäuse befreien würden, von dem sie nicht einmal wissen, dass es sie umgibt. Eine Aufgabe der sekundären Abwehrmechanismen ist es, sicher zu stellen, dass diese Stereotype intakt bleiben.

## JENSEITS DES KARNISMUS: BEZIEHUNGSKOMPETENZ UND MACHTHIERARCHIE

Bei meinen Vorträgen und Schulungen fiel mir zunehmend ein Muster auf, das mich beunruhigte. Eine Reihe veganer Teilnehmer:innen erzählte sich ähnelnde Geschichten: Nachdem sie Veganer:innen geworden waren, reduzierte sich der Austausch mit Nicht-Veganer:innen und die Beziehungen zu diesen begannen auseinanderzubrechen. Solche Berichte waren auch Gegenstand unzähliger E-Mails und Facebook-Nachrichten, die ich erhielt. Es war offenkundig, dass Veganer:innen (und mitunter auch Vegetarier:innen oder sogar Fleischesser:innen, die mit Vegetarier:innen oder Veganer:innen interagierten) Ratschläge benötigten, wie sie ihre problembehafteten interideologischen Beziehungen und Dialoge gestalten sollten.

Diese Geschichten stimmten mich persönlich ebenso traurig wie der ironische Befund, dass wir in einer Welt leben, in der die Entscheidung für Integrität so oft mit dem Verlust geliebter Menschen erkauft wird. Gleichzeitig frustrierte es mich; ich hatte einige Jahre als Beziehungscoach gearbeitet und wusste daher, dass ein großer Teil des Leids, das ich mitbekam, mit dem richtigen Werkzeug vermeidbar und umkehrbar war.

Mir wurde klar, dass der Zusammenbruch der Beziehungen und der Kommunikation einen enormen Tribut von Veganer:innen und infolgedessen von der veganen Bewegung als Ganzes forderte. Tatsächlich haben Studien gezeigt, dass Menschen, die in stabilen, erfüllenden Beziehungen leben, in so ziemlich allen Bereichen des Lebens besser abschneiden: Sie leben länger, sind gesünder, glücklicher und haben größeren beruflichen Erfolg. Ich stellte mir also vor, welche Auswirkungen nicht nur das Fehlen solcher Beziehungen, sondern auch das Vorhandensein gestörter Beziehungen auf Veganer:innen hat. Eine gewaltige Menge an Energie wurde aus einer Bewegung gesaugt, die jede Hilfe brauchte, die sie bekommen konnte.

Sieben Jahre waren seit der Veröffentlichung von *Warum wir Hunde lieben* vergangen, und ich hatte mir selbst geschworen, dass dies mein letztes Buch sein würde. Auf der anderen Seite war ich in einer einzigartigen Position, um über die Beziehungen und die Kommunikation zwischen Veganer:innen und Nicht-Veganer:innen zu schreiben, da ich Psychologin, Beziehungscoach und langjährige Verfechter:in des Veganismus war. Und so stürzte ich mich in ein neues Buchprojekt und begann alle relevanten Forschungsergebnisse, die ich finden konnte, zu durchforsten, zergliedern und analysieren, um diesen riesigen Berg an Informationen schließlich mit meinen eigenen Theorien und Erkenntnissen zusammenzubringen. Das Ergebnis war *Beyond Beliefs: A Guide to Improving Relationships and Communication Among Vegans, Vegetarians, and Meat Eaters*.

In diesem Buch führe ich ein Konzept ein, das ich als »Beziehungsresilienz« bezeichne – eine Bauanleitung für gesunde

Beziehungen, die speziell auf Beziehungen zugeschnitten ist, die mindestens eine:n Veganer:in (oder Vegetarier:in) enthält. Ich erörtere unter anderem, wie der Karnismus sich in die Beziehungen zwischen Veganer:innen und Nicht-Veganer:innen einschleicht und die Wahrnehmung beider Parteien verzerrt; oder wie die Traumatisierung, die viele Veganer:innen durch das Erleben von Tierleid erfahren, dazu führen kann, dass sie sich unbewusst sowohl von Nicht-Veganer:innen als auch von anderen Veganer:innen abkapseln. Das Schreiben von *Beyond Beliefs* setzte eine Fülle aufgestauter Gedanken frei und löste einen analytischen Prozess aus, aus dem wiederum neue Ideen resultieren, die dann das Verfassen weiterer Bücher rechtfertigten. Nachdem ich jahrelang so gut wie gar nicht geschrieben hatte, konnte ich plötzlich nicht mehr aufhören.

Ein Kapitel in *Beyond Beliefs* befasst sich mit einer neuen Theorie über die **Machtdynamiken** in Beziehungen und die Psychologie der Unterdrückung, die ich entwickelt hatte. Es stellte sich jedoch heraus, dass das Kapitel nicht recht in das Buch hineinpasste, sodass ich beschloss, es zu streichen. Letztendlich entwickelte sich dieses Kapitel zu einem eigenen Buch namens *Powerarchy: Understanding the Psychology of Oppression for Social Transformation.* In *Powerarchy* (als Machthierarchien zu übersetzen) mache ich den Vorschlag, dass Unterdrückung (und Missbrauch, bei dem es sich im Grunde um Unterdrückung in kleinerem, nicht-institutionalisierten Rahmen handelt) eine Störung in der Beziehung widerspiegelt und verstärkt, das heißt eine Störung der Art und Weise, wie wir in Beziehung zueinanderstehen: als soziale Gruppen, als Individuen zu anderen menschlichen und nichtmenschlichen Wesen und zur Umwelt, und sogar zu uns selbst. Alle unterdrückerischen und von Missbrauch geprägten Systeme (wie Sexismus, Karnismus oder eine gewalttätige Beziehung) spiegeln dieselbe grundlegende Mentalität wider und weisen dieselbe Grundstruktur auf: Sie sind alle dysfunktional in Bezug auf Beziehungen; ich nenne sie auch *nicht-beziehungsorientierte* Systeme. Nicht-beziehungsoriente Systeme basieren auf dem Glauben an eine **Hierarchie moralischer Wertigkeit** – dass manche Individuen oder Gruppen es eher wert sind als andere, nach moralischen Maßstäben behandelt zu werden – und sind so strukturiert, dass sie ungerechte Machtgefälle schaffen und aufrechterhalten. Solche Systeme bringen uns dazu, auf eine Weise zu denken und zu handeln, die konträr zu einer gesunden Bezugnahme aufeinander steht: Sie lehren uns, unsere Integrität aufzugeben (wir praktizieren weder Gerechtigkeit noch Mitgefühl) und die Würde anderer zu verletzen, was zu einer Entfremdung von den anderen, aber auch von uns selbst führt. Wenn wir uns die Unterdrückungsmaßnamen als Speichen eines Rades vorstellen, dann ist die **Machthierarchie** die Nabe. Sie ist das *Metasystem* der Unterdrückung.

In *Powerarchy* dekonstruiere ich das System, indem ich, wie in *Warum wir Hunde lieben*, seine Verteidigungslinie skizziere, dabei aber mehr Merkmale und Analysen einbeziehe. Zudem gebe ich dem:der Leser:in Instrumente zur Transformation – insbesondere zur Entwicklung dessen, was ich Beziehungskompetenz nenne – an die Hand. Beziehungskompetenz umfasst das Verständnis und die Fähigkeiten, die notwendig sind, um gesunde Beziehungsformen zu praktizieren – und steht im Mittelpunkt des Buches, das ich als nächstes schrieb.

Es war immer mein Plan, das Manuskript, das später zu *Beyond Beliefs* wurde, zu einem Buch umzuarbeiten, das ein Mainstream-Publikum erreicht. Denn das Problem dysfunktionaler Beziehungen betrifft jede:n und das von ihnen verursachte Leid ist mit dem richtigen Verständnis und den richtigen Werkzeugen weitgehend vermeidbar und behandelbar. Infolge meiner Coaching-Tätigkeit, innerhalb der ich zahllose Menschen beraten habe, die mit ihren Liebesbeziehungen, Familiendynamiken und Menschenführung zu kämpfen hatten, wünschte ich mir schon lange ein Buch, auf das ich sie verweisen könnte. Dieses sollte alle relevanten Konzepte zu gesunden Beziehungen abdecken – einen »universeller Leitfaden«, der auch berücksichtigt, inwiefern Systeme der Unterdrückung sich unweigerlich und tiefgreifend auf Beziehungen auswirken. Im Zuge meiner umfassenden Recherche und Theoriearbeit für *Beyond Beliefs* wuchs in mir die Erkenntnis, welche wesentliche Rolle die Ausbildung von Beziehungskompetenz dabei spielt, echten und nachhaltigen sozialen Wandel voranzubringen. Wäre das kollektive Niveau der Beziehungskompetenz nicht so niedrig – befänden wir uns nicht im Mittelalter der Beziehungskompetenz –, so würden wir zweifellos die toxischen, nicht-beziehungsorientierten Machthaber:innen, politischen Programme und Praktiken als das erkennen, was sie sind, und ihnen unsere Unterstützung verweigern. Die Welt wäre ein anderer Ort.

Die gute Nachricht ist, dass sich die Grundsätze und Werkzeuge, die gesunde zwischenmenschliche Beziehungen ermöglichen, auf alle Arten von Beziehungen übertragen lassen. Menschen, die lernen, wie sie ihre zwischenmenschlichen Beziehungen verbessern können, sind also grundsätzlich auch in der Lage, ihre Beziehungskompetenz insgesamt zu steigern – und tun dies auch eher. Anders gesagt: Wenn jemand lernt, achtsamer, reflektierter und empathischer zu sein, und gewillt ist, sich gegenüber seiner Umgebung integer zu verhalten (und erkennt, wie die Systeme der Unterdrückung ihn dazu bringen, sich von seinen Gedanken und Gefühlen abzukoppeln), dann ist er:sie auch eher in der Lage, anderen – andere Tiere eingeschlossen – mit mehr Wertschätzung zu begegnen. Mein Buch *Getting Relationships Right: How to Build Resilience and Thrive in Life, Love, and Work* zielt darauf ab, sowohl den persönlichen als auch den gesellschaftlichen Wandel mittels der Steigerung der Beziehungskompetenz zu fördern, um ganzheitliche und dauerhafte Veränderungen auf den Weg zu bringen.

Bei dem vierten Buch, das auf *Warum wir Hunde lieben* folgte, handelt es sich um einen kurzen Text darüber, wie die Machthierarchie – und insbesondere die Dynamik von Privilegien und Unterdrückung, die sie hervorbringt – innerhalb der veganen Bewegung wirksam ist. Es trägt den Titel *The Vegan Matrix: Understanding and Discussing Privilege Among Vegans to Build a More Inclusive and Empowered Movement* und geht auf eine Reihe von Essays zurück, die ich kurz nach dem Aufstand der #ARMeToo*-Bewegung verfasste. Ich habe *The Vegan Matrix* in der Absicht geschrieben, dass Problem der unhinterfragten Privilegien unter Veganer:innen zu adressieren. In diesem Buch biete ich Richtlinien an, anhand derer wir über Privilegien sprechen können, wenn entweder unsere Privilegien hinterfragt werden oder wir die Privilegien anderer in Frage stellen.

Ich hatte schon lange gewusst, dass unhinterfragter Sexismus, Rassismus, Klassismus und andere Machthierarchien nicht nur zu zwischenmenschlichen Problemen unter Veganer:innen führten. Sondern auch zwischen Veganer:innen und denjenigen, die die Bewegung andernfalls vielleicht unterstützen würden, wie Feminist:innen oder Menschen, die für soziale Gerechtigkeit einstehen. Mir fehlten aber die Kapazitäten, um ein weiteres Schreibprojekt in Angriff zu nehmen. Schließlich erkannte ich jedoch das Ausmaß des Schadens, den diese Problematik anrichtete. Ich realisierte zudem, dass, während es zwar hervorragendes Material zum Thema Privilegien und Unterdrückung unter Veganer:innen gab, sich dieses in den wenigsten Fällen an Personen richtete, die nicht bereits einigermaßen gut über die Problematik unterrichtet waren. Darüber hinaus schuf die Diskussion, die auf #ARMeToo folgte, in gewisser Weise mehr Probleme, als sie löste; Austausch fand kaum mehr statt und die Spaltungen unter Veganer:innen nahmen zu.

* #ARMeToo ist das #MeToo der Tierrechtsbewegung.

In *The Vegan Matrix* stelle ich das karnistische Privileg anderen Spielarten von Privilegien gegenüber, um veganen Leser:innen, die etwas über Privilegien und Unterdrückung innerhalb der Bewegung (und darüber hinaus) lernen wollen, einen vertrauen Einstieg zu bieten. Das Buch macht auch Vorschläge, wie es möglich ist, über unhinterfragte Privilegien zu diskutieren, ohne dass der Dialog in eine Sackgasse führt. Es soll dazu beitragen, Veganer:innen zusammenzuführen, um eine stärkere Bewegung und somit eine effektivere und wirksamere Kraft zugunsten der Tiere zu schaffen. Ziel des Buches ist es, Ungerechtigkeit und Leid auch über die vegane Bewegung hinaus zu verringern.

*Warum wir Hunde lieben* hat einen Prozess in Gang gesetzt, der ein Eigenleben entwickelt hat und sich auf eine Art und Weise ausbreitet, die ich mir nie hätte vorstellen können. Hoffnungsvoll, ermutigt und neugierig blicke ich in die Zukunft. Ich werde weiterhin daran arbeiten, den Karnismus zu entlarven und zu transformieren. Auch in Zukunft werde ich diejenigen stärken, die an der vordersten Front der veganen Bewegung stehen. Ich werde auch künftig versuchen, das Bewusstsein über die Machthierarchie zu vergrößern und die Beziehungskompetenz als ein Schlüsselinstrument der Transformation zu fördern.

Wenig Zweifel habe ich daran, dass der Veganismus den Karnismus eines Tages als die vorherrschende Ideologie ablösen wird. Die Frage ist für mich nicht, ob, sondern wann dies geschieht. Tatsächlich hätte ich nie gedacht, dass ich das Aufblühen der veganen Bewegung, dessen Zeuge wir derzeit werden – und das sich in der wachsenden Zahl von Veganer:innen, veganen Organisationen und Institutionen sowie Unterstützer:innen des Veganismus manifestiert – noch erleben würde. Auch wenn mancherorts der Fleischkonsum zunimmt (die Tierindustrie tritt in die Fußstapfen der Tabakindustrie und exportiert ihre Probleme in Länder, die anfälliger für ihren toxischen Einfluss sind) und die Ausbeutung von Nutztieren nach wie vor wahrlich eine globale Katastrophe darstellt, schießt die vegane Bewegung wie Pilze aus dem Boden. Ich bin überzeugt davon, dass wir an der Schwelle zu einer Revolution stehen – einer Revolution, die die Menschheit und die Welt, wie wir sie kennen, für immer verändern wird. Es ehrt mich und stimmt mich demütig, dass ich einen kleinen Beitrag zu diesem zutiefst inspirierenden Prozess leisten konnte.

# DANKSAGUNG

Das vorliegende Buch ist das Ergebnis eines Projekts, das vor vielen Jahren begonnen hat. Aus einer Idee wurde eine Doktorarbeit, daraus schließlich der Band, den Sie heute in Händen halten. Im Verlauf dieser Jahre haben mir viele Menschen geholfen, meinen Gedanken und Worten ihre jetzige Form zu geben. Für die Unterstützung, die ich sowohl auf fachlicher als auch auf menschlicher Ebene erfahren habe, bin ich unendlich dankbar. Mein Dank geht an Aimee Houser, meine brillante Lektorin, die mich Schritt für Schritt bei meiner Arbeit begleitet und immer wieder inspiriert hat; an meine Agentin Patti Breitman, die an meine Arbeit geglaubt und ein gutes Zuhause für sie gefunden hat; an Clare Seletsky, die dieses Projekt über die Zielgerade gebracht hat; an Caroline Pincus und Bonni Hamilton von Red Wheel/Weiser für ihren Elan und ihre Unterstützung; an Carolyn Zaikowski, die darauf bestand, dass ich dieses Buch schreibe; an Bonnie Tardella für ihre unermüdliche Korrekturarbeit; an Janice Goldman, George Bournakis, Herb Peace und Susan Solomon, die als Rettungsanker für mich da waren; an Anna Meigs für ihre klugen Ratschläge; an Ruth und Jake Tedaldi für ihre Hilfe zur rechten Zeit; an Teri Jessen für ihre Weitsicht; an Bonnie und Perry Norton, die an mich geglaubt und mir die Möglichkeit gegeben haben, meine Arbeit durchzuführen; an Fred und Claudette Williams, Dina Aronson, John Adams, Stephen Cinda, Adam Wake, Linda Riebel, Michael Greger, Zoe Weil, V. K. Kool, Ken Shapiro, Stephen Shainbart, Hillary Rettig, Rita Agrawal, Eric Prescott, Laureano Batista, Josh Balk und Robin Stone. Ich danke außerdem meinen Freund:innen und meiner Familie, die mich auf diesem sehr langen Weg immer unterstützt haben. Schließlich möchte ich Josh Balk danken; Stacey Wells; Daniel Braune; Theresa Lukassowitz; Christina Castellan, Michelle Schaefer; Sana Al-Badri; meinem brillanten und geliebten Ehemann, Sebastian Joy; ebenso meinem Team von Beyond Carnism, für seine unschätzbare Unterstützung bei dieser neuen Ausgabe. Und ich danke Yuval Harari, für das fesselnde und aufschlussreiche neue Vorwort, das er beigesteuert hat, und für die unschätzbare Arbeit, die er in der Welt leistet.

## ANMERKUNGEN

**1** Victor Benno Meyer-Rochow, »Food Taboos: Their Origins and Purposes«, *Journal of Ethnobiology and Ethnomedicine*, 8 (2009), S. 18, https//doi.org/10.1186/1746-4269-5–18; Daniel M. T., »Meat Is Good to Taboo«, *Journal of Cognition and Culture* (2003), verfügbar auf http://cognitionandculture.net/wp-content/uploads/MeatIsGoodToTaboo.pdf (Stand: 07.5.2022).
**2** Nida Najar und Suhasini Raj, »Indian State Is Expanding Penalty for Killing a Cow to Life in Prison«, *New York Times*, 31.03.2017, verfügbar auf https://www.nytimes.com */2017/03/31/world/asia/india-gujarat-cow-slaughter-penalty.html?smid=url-share* (Stand: 07.05.2022); Krishnadev Calamur, »India's Food Fight Turns Deadly«; *Atlantic*, 08.10.2015, verfügbar auf https://theatlantic.com/international/archive/2015/10/india-muslim-hindu-beef-akhlaq/409405/ (Stand: 07.05.2022); Supriya Nair, »The Meaning of India's ›Beef Lynchings‹«, *Atlantic*, 24.07.2017, verfügbar auf https://theatlantic.com/international/archive/2017/07/india-modi-beef-lynching-muslim-partition/533739/ (Stand: 07.05.2022); Anna Collison, »Why the UK Doesn't Eat Dog Meat, but People in China Do«, *Newsbeat*, verfügbar auf http://www.bbc.co.uk/news/newsbeat-33223450 (Stand: 07.05.2022); Telegraph Reporters »EDL Protestres Holding Pig's Head in Anti-Muslim Slur Clash with Police at Couter-Terror March in Manchester«, *Telegraph*, 12.06.2017, verfügbar auf https://www.telegraph.co.uk/news/2017/06/11/mayor-andy-burnham-condemns-manchester-protest-against-islamist/ (Stand: 07.05.2022); »Seoul: Anti-Dog Meat Protestors Facing Provocative Dog Meat Consumers«, *EuroNews*, 12.07.2019, verfügbar auf https://euronews.com/2019/07/12/seoul-anti-dog-meat-protesters-facing-provocative-dog-meat-consumers (Stand: 07.05.2022).
**3** Lotte Holm und M. Mohl, »The Role of Meat in Everyday Food Culture: An Analysis of an Interview Study in Copenhagen«, *Appetite*, 34 (2000), S. 277–283.
**4** Nick Fiddes, *Fleisch: Symbol der Macht* (Frankfurt a. M.: Zweitausendeins, 2001) [Originaltitel: *Meat: A Natural Symbol* (New York: Routledge, 1991)]; Peter Farb und George Armelagos, *Consuming Passions: The Anthropology of Eating* (Boston: Houghton Mifflin, 1980); Frederick J. Simoons, *Eat Not This Flesh: Food Avoidances in the Old World* (Madison: University of Wisconsin Press, 1961); »Food Taboos: It's All a Matter of Taste«, *National Geographic News*, http://news.nationalgeographic.com/news/2004/04/0419_040419_TVfoodtaboo.html; Daniel M. T. Fessler und Carlos David Navarrette, »Meat Is Good to

Taboo: Dietary Proscriptions as a Product of the Interaction of Psychological Mechanisms and Social Processes«, *Journal of Cognition and Culture*, 3.1 (2003), S. 1–40, http://www.sscnet.ucla.edu/anthro/faculty/fessler/pubs/MeatIsGood-ToTaboo.pdf (Stand: 07.05.2022).

**5** Farb und Armelagos; Simoons; Daniel Kelly, »The Role of Psychology in the Study of Culture«, Purdue University, verfügbar auf http://web.ics.purdue.edu/~drkelly/KellyMacheryMallonMasonStichCommentonMesoudietal.htm (Stand: 26.3.2013).

**6** Zeiad Amjad Aghwan und Joe Mac Regenstein, »Slaughter Practices of Different Faiths in Different Countries«, *Journal of Animal Science and Technology*, 61.3 (2019), S. 111–121, verfügbar auf https://www.ncbi.nlm.nih.gov/pmc/articles/PMC6582925/ (Stand: 07.05.2022); E. Szücs, R. Geers, T. Jezierski, E. N. Sossidou und D. M. Broom, »Animal Welfare in Different Human Cultures, Traditions and Religious Faiths«, *Asia-Australasian Journal of Animal Science*, 25.11 (2012), S. 1499–1506, verfügbar auf https://www.ncbi.nlm.nih.gov */articles/PMC4093044/* (Stand: 07.05.2022); »Vegetarianism«, *Encyclopedia Britannica*, https://www.britannica.com/topic/vegetarianism; Gunnel Ekroth, »Meat in Ancient Greece: Sacrificial, Sacred or Secular?«, *Food & History*, 5.1 (2007), S. 249–272, verfügbar auf https://academia.edu/3386121/Meat_in_ancient_Greece_sacrificial_sacred_or_secular (Stand: 07.05.2022).

**7** Harish, »How Many Animals Does a Vegetarian Save?«, *Counting Animals*, 16.03.2015, verfügbar auf http:/www.countinganimals.com/how-many-animals-does-a-vegetarian-save/#:~:text=A%20vegetarian%20saves%20more%20than,each%20year%20for%20our%20food (Stand: 07.05.2022).

**8** Zitiert in Dave Grossman, *On Killing: The Psychological Cost of Learning to Kill in War and Society* (New York: Back Bay Books, 1996), S. 12.

**9** Grossman, *On Killing*, S. 12.

**10** Grossman; Martha Stout, *Der Soziopath von nebenan: Die Skrupellosen; ihre Lügen, Taktiken und Tricks* (Wien: Springer, 2006). [Originaltitel: *The Sociopath Next Door* (New York: Broadway Books, 2005).]

**11** Grossman, *On Killing*, S. 15.

**12** National Agriculture Statistics Service, *Poultry – Production and Value, 2018 Summary* (Washington, DC: USDA, 2019), https:/www.nass.usda.gov.

**13** National Agriculture Satatis Service, *Poultry – Production and Value.*

**14** M. Shahbandeh, »Per Capita Consumption of Beef in the U.S. 2000–2028«, *Statista*, 14.03.2019, https://www.statista.com.

**15** US Department of Agriculture, »Per Capita Availability of Chicken Higher Than That of Beef«, 28.08.2019, https://ers.usda.gov.

**16** National Agriculture Statistics Service, *Poultry – Production and Value*; M. Shahbandeh, »Per Capita Consumption of Beef in the U.S:«; US Department of Agriculture, »Per Capita Availability of Chicken Higher Than That of Beef«; Megan Durisin and Shruti Singh, »Americans Will Eat a Record Amount of Meat in 2018«; *Bloomberg*, 02.01.2018, verfügbar auf https://www.bloomberg.com/news/articles/2018-01-02/have-a-meaty-new-year-americans-will-eat-record-amount-in-2018 (Stand: 07.05.2022).

**17** US Department of Agriculture, »Food Availability (Per Capita) Data System«, https://ers.usda.gov./
**18** Food and Agriculture Organization of the United States, »Food Supply – Livestock and Fish Primary Equivalent«, http://www.fao.org.
**19** US Department of Agriculture, »Livestock & Meat Domestic Data«, https://ers.usda.gov.
**20** Harish, »How Many Animals Does a Vegetarian Save?«
**21** US Department of Agriculture, »Cattle/Calves Accounted for Nearly 40 Percent of 2018 U.S. Animal/Product Receipts«, https://www.ers.usda.gov.
**22** Eurostat, *Agriculture, Forestry, and Fishery Statistics* (Luxemburg: Eurostat 2018), https://ec.europa.eu/eurostat/; US Department of Agriculture, »Cattle/Calves Accounted for Nearly 40 Percent.«
**23** Natural Resources Conversation Service, »Animal Feeding Operations«, https://www.nrcs.usda.gov.
**24** Health for Animals, »Global Challenges: Animal Disease«, https://healthforanimals.org.
**25** Daniel Zwerdling, »A View to a Kill«, *Gourmet*, Juni 2007, verfügbar auf http://www.gourmet.com/magazine/2000s/2007/06/aviewtoakill (Stand: 26.3.2013). Siehe auch Kim Severson, »Upton Sinclair, Now Playing on YouTube«, *The New York Times*, 12.3.2008, verfügbar auf http://www.nytimes.com/2008/03/12/dining/12animal.html?pagewanted=2& _r=1 (Stand: 26.3.2013).
**26** Eric Schlosser, »Fast Food Nation: Meat and Potatoes«, *Rolling Stone*, 3.9.1998, verfügbar auf http://www.ericsecho.org/investigation2.htm (Stand: 26.3.2013).
**27** Center for Constitutional Rights, *Ag-Gag Across America: Corporate Backed Attacks on Activicts and Whistleblowers* (New York: Center for Constitutional Rights and Defending Rights & Dissent, 2017), verfügbar auf https://ccrjustice.org/sites/default/files/attach/2017/09/Ag-GagAcrossAmerica.pdf (Stand: 07.05.2022); ASPCA, »What Is Ag-Gag Legislation?«, verfügbar auf https://www.aspca.org/improving-laws-animals/public-policy/what-ag-gag-legislation (Stand: 07.05.2022); ACLU, »ACLU Letter to Congress Urging Opposition to the Animal Enterprise Act, S. 1926 and H.R. 4239«, verfügbar auf https://www.aclu.org/aclu-letter-congress-urging-opposition-animal-enterprise-act-s-1926-and-hr-4239 (Stand: 07.05.2022).
**28** Diese Studie wird von der Humane Society of the United States zitiert: http://www.hsus.org/animals/pigs/pigs_more.html.
**29** *Lori Marino und Christina M. Colvin*, »Thinking Pigs: A Comporative Review of Cognition, Emotion, and Personality in *Sus domesticus*«, *International Journal of Comparative Psychology*, 33 (2015), S. 1–22, verfügbar auf *escholarship.org/uc/ item/8sx4s79c* (Stand: 07.05.2022); Anna K. Johnson und Jeremy N. Marchant-Forde, »Natural Farrowing Behavior of the Sow and Piglets«, Pork Information Gateway, 29.12.2010, verfügbar auf http://porkgateway.org/resource/natural-farrowing-behavior-of-the-sow-and-piglets/ (Stand: 07.05.2022).

**30** Jim Barrett, »United States Hog Inventory Up 4 Percent«, US Department of Agriculture, 27.06.2019, verfügbar auf https://www.nass.usda.gov/Newsroom/archive/2019/06-27-2019.php (Stand: 07.05.2022).
**31** American Veterinary Medical Association, »Tail Docking and Teeth Clipping of Swine«, https://avma.org.
**32** Yuzhi Lee, Lee Johnston und Wayne Martin, »Docking the Tail or Not: Effect on Tail Damage, Skin Lesions and Growth Performance in Growing-Finishing Pigs«, US Department of Agriculture, 18.05.2018, https://www.vetmed.umn.edu.
**33** Weitere Informationen über das PSS: Tammy McCormick Donaldson, »Is Boredom Driving Pigs Crazy?«, University of Idaho, College of Natural Resources, verfügbar auf http://www.cnr.uidaho.edu/range556/Appl_BEHAVE/projects/pigs_ster.html (Stand: 26.3.2013); Wayne Du, »Porcine Stress Syndrome Gene and Pork Production«, Ontario Ministry of Agriculture and Food, Juni 2004, verfügbar auf http://www.omafra.gov.on.ca/english/livestock/swine/facts/04-053.htm (Stand: 26.3.2013). Weitere Informationen über die genetischen Grundlagen der PTBS: Aimee Midei, »Identification of the First Gene in Posttraumatic Stress Disorder«, *Bio-medicine.org*, 22.9.2002, http://news.bio-medicine.org/biology-news-2/Identification-of-the-first-gene-in-posttraumatic-stress-disorder-6692-1 (Stand: 26.3.2013).
**34** Wayne Du, Ontario Ministry of Agriculture Food and Rural Affairs, Juni 2004, http://www.omafra.gov.on.ca.
**35** Annette Charlotte Olsson, Jos Botermans und Jan-Eric Englund, »Piglet Mortality – A Parallel Comparison Between Loose-Housed and Temporarily Confined Farrowing Sows in the Same Herd«, *Acta Agriculturea Scandinavica*, 68 (2018), S. 52–62, verfügbar auf https://www.tandfonline.com/doi/full/10.1080/09064702.2018.1561934 (Stand: 07.05.2022).
**36** E. Mainau, D. Temple und X. Manteca, »Pre-Weaning Mortality in Piglets«, Farm Animal Welfare Education Centre, Januar 2015, verfügbar auf https://www.fawec.org/en/fact-sheets/36-swine/116-pre-weaning-mortality-in-piglets (Stand: 07.05.2022).
**37** PennState Extension, »Swine Production«, 20.06.2005, verfügbar auf https://extension.psu.edu/swine-production (Stand: 07.05.2022).
**38** PennState Extension, »Swine Production«; Andrew Jacobs, »Stealing Lauri: A Pig Kidnapping Highlights the Concerns over Anibiotics in Livestock«, *New York Times*, 04.08.2019, verfügbar auf https://www.nytimes.com/2019/08/04/science/stealing-lauri.html.
**39** National Agricultural Library, US Department of Agriculture, »Twenty-Eight Hour Law« (49 USC, Section 80502), 17.03.2020, S. 1219–1220, www.nal.usda.gov.
**40** Fiona Rioja-Lang, Jennifer A. Brown, Egan J. Brockhoff und Luigi Faucitano, »A Review of Swine Transportation Research on Priority Welfare Issues: A Canadian Perspective«, *Frontiers in Veterinary Science*, 22.02.2019, verfügbar auf https://frontiersin.org/articles/10.3389/fvets.2019.00036/full (Stand: 07.05.2022).

**41** Joe Vansickle, »Preparing Pigs for Transport«, *The National Hog Farmer*, 15.9.2008, verfügbar auf http://nationalhogfarmer.com/behavior-welfare/0915-preparing-pigs-transport (Stand: 26.3.2013).
**42** Gail Eisnitz, *Slaughterhouse: The Shocking Story of Greed, Neglect, and Inhumane Treatment Inside the U.S. Meat Industry* (Amherst, NY: Prometheus Books, 1997), S. 102–104.
**43** »My Visit to the Slaughterhouse: Crossing the Line Between Life and Meat«, *Guardian*, 29.08.2014, verfügbar auf https://www.theguardian.com/lifeandstyle/2014/aug/29/slaughterhouse-crossing-line-between-life-meat (Stand: 08.05.2022).
**44** Schlosser, »Fast Food Nation: Meat and Potatoes.«
**45** Eisnitz, *Slaughterhouse*, S. 68.
**46** Food Safety and Inspection Service, Livestock Slaughter Inspection Training, »Human Handling of Livestock and Good Commercial Practices in Poultry«, Livestock Slaughter Inspection Training, US Department of Agriculture, 18.04.2017, https://www.fsis.usda.gov.
**47** Eisnitz, *Slaughterhouse*, S. 84.
**48** Ebenda, S. 93.
**49** Wilson G. Pond, Fuller W. Bazer, Bernard E. Rollin (Hrsg.), *Animal Welfare in Animal Agriculture* (Boca Raton: CRC Press, 2011), S. 151 ff.
**50** Dylan Matthews, »America's Largest Pork Producer Pledged to Make Its Meat More Humane. An Investigation Says It Didn't«, *Vox*, 08.05.2018, verfügbar auf https://www.vox.com/science-and-health/2018/5/8/17318936/smithfield-foods-pork-pig-humane-animal-abuse-animal-welfare (Stand: 07.05.2022).
**51** Peter J. Lammers, David R. Stender und Mark S. Honeyman, »Mating or Inception«, https://www.ipic.iastate.edu; Joe Vansickle, »Making 30 Pigs Per Sow Per Year Dream Come True«, *National Hog Farmer*, 15.01.2009, verfügbar auf https://www.nationalhogfarmer.com/genetics-reproduction/0109-producers-nearing-thershold; Cheryl Day, »Increase in U.S. Sow Mortality a Real Mystery«, *National Hog Farmer*, 23.05.2017, verfügbar auf https://www.nationalhogfarmer.com/animal-health/increase-us-sow-mortality-real-mystery (Stand: 07.05.2022); Iowa Pork Industry Center, »Iowa Pork Center Leads Industry-Wide Collaboration to Address Sow Mortality«, Iowa State University, https://www.ipic.iastate.edu; Natalie James und Chris Cook, »Two Amputations a Week: The High Cost of Working in a US Meat Plant«, Bureau of Investigative Journalism, 07.05.2018, verfügbar auf https://www.thebureauinvestigates.com/stories/2018-07-05/us-meat-plant-injuries (Stand: 08.05.2022); Matthew Prescott, »Your Pig Almost Certainly Came from a Factory Farm, No Matter What Anyone Tells You«, *Washington Post*, 15.07.2014, verfügbar auf https://www.washingtonpost.com/posteverything/wp/2014/07/15/your-pig-almost-certainly-came-from-a-factory-farm-no-matter-what-anyone-tells-you/ (Stand: 07.05.2022); Joshua Specht, »The Price of Plenty: How Beef Changed America«; *Guardian*, 07.05.2019, verfügbar auf https://www.theguardian.com/environment/2019/may/07/the-

price-of-plenty-how-beef-changed-america (Stand: 07.05.2022); Animal Legal & Historical Center Title 9 – Animals and Animal Producs; Chapter III – Food Safety and Inspection Service, Department of Agriculture; Subchapter A – Agency Organization and Terminology; Mandatory Meat and Poultry Products Inspection and Voluntary Inspection and Certification; Part 313 – Humane Slaughter of Livestock; Natalie Jones, »Suffocation, Scalding, Heat Stress: Chickens Suffer ›Inexcusable‹ Welfare Breaches at US Abbattoirs«, Bureau of Investigative Journalism, 17.12.2018, verfügbar auf https://www.thebureauinvestigates.com/stories/2018-12-17/suffocation-scalding-heat-stress-chickens-suffer-egregious-welfare-violations-at-us-slaughterhouses (Stand: 07.05.2022); Madlen Davies und Andrew Wasley, »New Animal Cruelty Figures Show Need for Cameras«, Bureau of Investigative Journalism, 11.08.2017, verfügbar auf www.https://www.thebureauinvestigates.com/stories/2017-08-11/animal-cruelty-figures-show-need-for-cameras (Stand: 07.05.2022); Occupational Safety and Health Administration, »Safety and Health Guide for the Meatpacking Industry«, US Department of Labor, https://www.osha.gov; Matt McConnell, »›When We're Dead and Buried, Our Bones Will Keep Hurting‹: Workers Rights Under Threat in US Meat and Poultry Plants«, Human Rights Watch, 04.09.2019, verfügbar auf https://hrw.org/report/2019/09/04/when-were-dead-and-buried-our-bones-will-keep-hurting/workers-rights-under-threat (Stand: 07.05.2022); Mercy For Animals, »Undercover Investigations«, https://mercyforanimals.org.

**52** David Irvin, »Control Debate, Growers Advised«, *Arkansas-Democrat Gazette*, Ausgabe Northwest Arkansas, 22.9.2007, verfügbar auf http://www.nwanews.com/adg/Business/202171 (Stand: 26.3.2009).

**53** Zitiert in Joan Dunayer, *Animal Equality: Language and Liberation* (Derwood, MD: Ryce Publishing, 2001), S. 138.

**54** Ebenda, S. 137.

**55** Ebenda.

**56** Zitiert in Fiddes, S. 119–120. [Anm. d. Übers.: Im Zitat wurden Rechtschreib- und Übersetzungsfehler der deutschen Ausgabe beseitigt.]

**57** Michael Pollan, *Das Omnivoren-Dilemma: Wie sich die Industrie der Lebensmittel bemächtigte und warum Essen so kompliziert wurde* (München: Arkana, 2011), S. 108. [Originaltitel: *The Omnivore's Dilemma: A Natural History of Four Meals* (New York: Penguin, 2006).]

**58** Temple Grandin, »Evaluation of the Welfare of Cattle Housed in Outdoor Feedlot Pens«, *Veterinary and Animal Science*, 1–2 (2016), S. 23–28, verfügbar auf https://sciencedirect.com/science/article/pii/S2451943X16300278 (Stand 07.05.2022).

**59** Pollan, *Das Omnivoren-Dilemma*, S. 104.

**60** Siehe Clyde Lane jr. *et al.*, »Castration of Beef Calves«, *TheBeefSite.com: The Website for the Global Beef Industry*, Januar 2007, http://www.thebeefsite.com/articles/930/castration-of-beef-calves (Stand: 26.3.2013).

**61** Michael Pollan, »Power Steer«, *The New York Times*, Abt. 6, 31.3.2002. [Zitiert nach Pollan, *Das Omnivoren-Dilemma*, S. 107.]

**62** Eilish Lynch, Mark McGee und Bernadette Earley, »Weaning Management of Beef Calves with Implications for Animal Health and Welfare«, *Journal of Applied Animal Research*, 47 (2019), S. 167–175, https://doi.org/10.1080/09712119.2019.1594825; Daniel Enriquez, Maria J. Hötzel und Rodolfo Ungerfeld, »Minimising the Stress of Weaning of Beef Calves: A Review«, *Acta Veterinaria Scandinavica*, 53.1 (2011), S. 28, verfügbar auf https://www.ncbi.nlm.nih.gov/pmc/articles/PMC3108315/ (Stand: 07.05.2022).

**63** Stan Smith, »Why Consider Backgrounding a Calf?«, Ohio Beef Cattle Letter, The Ohio State Universitym 28.08.2019, verfügbar auf https://u.osu.edu/beef/2019/08/28/why-consider-backgrounding-a-calf/ (Stand: 07.05.2022); US Department of Agriculture, »USDA Chief Scientist Statement on WHO Guidelines on Antibiotics«, 07.11.2017, https://www.usda.gov-media/press-releases/2017/11/07/usda-chief-scientist-statement-who-guidelines-antibiotics (Stand: 07.05.2022); Economic Research Service, »Sector at a Glance: U.S. Cattle Production and U.S. Beef and Cattle Trade«, US Department of Agriculture, 28.08.2019, verfügbar auf https://www.ers.usda.gov/topics/animal-products/cattle-beef/sector-at-a-glance/ (Stand: 07.05.2022).

**64** J. E. Lombard, C. B. Tucker, M. A. G. von Keyserlingk, C. A. Korpral und D. M. Weary, »Associations Between Cow Hygiene, Hock Injuries, and Free Stall Usage on US Dairy Farms«, *Journal of Dairy Science*, 93.10 (2010), S. 4668–4676, https://doi.org/10.3168/jds.2010-3225; James Drouillard, »Current Situation and Future Trends for Beef Production in the United States of America – A Review«, *Asian-Australasian Journal of Animal Sciences*, 31.7 (2018), S. 1007–1016, Abbildung 2, verfügbar auf https://www.ncbi.nlm.nih.gov/pmc/articles/PMC6039332 (Stand: 07.05.2022); Temple Grandin, »Euthanasia and Slaughter of Livestock«, *Journal American Veterinary Medical Association*, 204 (1994), S. 1354–1360, verfügbar auf https://www.grandin.com/ritual/euthanasia.slaughter.livestock.html (Stand: 07.05.2022); Chiara Disanto, Giuseppe Celano, Michele Varvara, Nunziana Fusiello, Armida Fransvea, Giancarlo Bozzo und Gaetano Vitale Celano, »Stress Factors During Cattle Slaughter«, *Italian Journal of Food Safety*, 3.3 (2014), S. 1682, verfügbar auf https://www.ncbi.nlm.nih.gov/pmc/articles/PMC5076716 (Stand: 07.05.2022).

**65** Eisnitz, *Slaughterhouse*, S. 46.

**66** Ebenda, S. 43–44.

**67** Schlosser, »Fast Food Nation: Meat and Potatoes«. [Zitiert nach Schlosser, *Fast Food Gesellschaft: Die dunkle Seite von McFood & Co. (München: Riemann, 2002)*, S. 243; Originaltitel: *Fast Food Nation: The Dark Side off the All-American Meal* (New York: Houghton Mifflin, 2001).]

**68** Joby Warrick, »They Die Piece by Piece«, *The Washington Post*, 10.4.2001, verfügbar auf http://www.hfa.org/hot_topic/wash_post.pdf (Stand: 26.3.2009).

**69** Siehe Sandra Blakeslee, »Minds of Their Own: Birds Gain Respect«, *The New York Times*, 1.2.2005, verfügbar auf http://www.nytimes.com/2005/02/01/science/01bird.html (Stand: 26.3.2013).

**70** National Agriculture Statistics Service, *Poultry – Production and Value, 2018 Summary* (Washington, DC: USDA, 2019), https://www.nass.usda.gov.
**71** University of Arkansas, »Poultry Feed Efficiency Research Has Implications for Human Health«, 04.01.2018, verfügbar auf https://news.uark.edu/articles/40577/poultry-feed-efficiency-research-has-implications-for-human-health (Stand: 07.05.2022).
**72** Poultry Service Association, *Poultry Handling and Transportation Manual* (Ontario, Kanda: Poultry Service Association, 2017), verfügbar auf https://www.poultryserviceassociation.com/uploads/2/7/9/6/27967763/2017_poultry_handling_and_transportation_manual.pdf (Stand: 07.05.2022); Toby G. Knowles, Steve C. Kestin, Susan M. Haslam, Steven N. Brown, Laura E. Gren, Andrew Butterworth, Stuart J. Pope, Dirk Pfeiffer und Christine J. Nicol, »Leg Disorders in Broiler Chickens: Prevalence, Risk Factors and Prevention«, *PLOS One*, 3.2 (2008), S. 1545, verfügbar auf https://www.ncbi.nlm.nih.gov/pmc/articles/PMC2212134/ (Stand: 07.05.2022).
**73** National Chicken Council, »Animal Welfare for Broiler Chickens«, https://www.nationalchickencouncil.org.
**74** Peter Singer (Hrsg.), *In Defense of Animals: The Second Wave* (Hoboken, NJ: Wiley-Blackwell, 2013).
**75** Union of Concerned Scientists, »USDA Increases Line Speeds, Endangering Poultry Processing Plant Worker«, 09.01.2019, verfügbar auf https://www.ucsusa.org/resources/attacks-on-science/usda-increases-line-speeds-endangering-poultry-processing-plant.
**76** Josh Balk, »COK Investigation Exposes Chicken Industry Cruelty; Undercover Footage of Perdue Slaughter Plant Reveals Routine Abuse«, Compassion Over Killing, http://www.cok.net/inv/perdue/log-notes (Stand: 26.3.2013).
**77** Helen Harrison, »Why Infant Surgery without Anesthesia Went Unchallenged«, *New York Times*, 17.12.1987, verfügbar auf https://www.nytimes.com/1987/12/17/opinion/l-why-infant-surgery-without-anesthesia-went-unchallenged-124987.html (Stand: 07.05.2022).
**78** Lindsey Beaver, »Switzerland Bans Boiling Live Lobsters, but Scientists Wonder Why«, *Washington Post*, Wiederabdruck im *New Zealand Heraldy*, 14.01.2018, verfügbar auf https://www.nzherald.co.nz/lifestyle/switzerland-bans-boiling-live-lobsters-but-scientists-wonder-why/ATGOB6WHKN7IPBC6PGEQAOBI3A/ (Stand: 07.05.2022).
**79** Rebecca Morelle, »Further Evidence Crabs and Other Crustaceans Feel Pain«, BBC News, 17.01.2013, verfügbar auf https://www.bbc.com/news/science-environment-21044077 (Stand: 07.05.2022).
**80** Zu den in diesem Abschnitt angesprochenen Studien und Informationen über Schmerz siehe K. J. S. Anand, D. Phil und P. R. Hickey, »Pain and Its Effects in the Human Neonate and Fetus«, *New England Journal of Medicine*, 317.21 (1987), S. 1321–1329, verfügbar auf http://www.cirp.org/library/pain/anand (Stand: 26.3.2013); Liz Austin, »Whole Foods Bans Sale of Live Lobsters«, *CBSnews.com*, 16.6.2006, http://www.cbsnews.com/stories/2006/06/16/ap/business/mainD8I99PRO0.shtml (Stand: 27.3.2009); David B. Chamber-

lain, »Babies Remember Pain«, *Journal of Prenatal and Perinatal Psychology and Health*, 3.4 (1989), S. 297–310, verfügbar auf http://www.cirp.org/library/psych/chamberlain (Stand: 26.3.2013); J. P. Chambers *et al.*, »Self-Selection of the Analgesic Drug Carprofen by Lame Broiler Chickens«, *The Veterinary Record*, 146.11 (2000), S. 307–311. Siehe außerdem Mary T. Phillips, »Savages, Drunks, and Lab Animals: The Researcher's Perception of Pain«, *Society and Animals*, 1.1 (1993), S. 61–81.

**81** Jones, »Suffocation, Scalding, Heat Stress«.

**82** Joel L. Greene and Tadlock Cowan, *Table Egg Production and Hen Welfare: Agreement and Legislative Proposals* (Washington, DC: Congressional Research Service, 2014), verfügbar auf *sgp.fas.org/crs/misc/R42534.pdf* (Stand: 07.05.2022).

**83** Greene and Cowan, *Table Egg Production and Hen Welfare*; »How Hens Are Confined«, *New York Times*, 14.10.2010, verfügbar auf https://archive.nytimes.com/www.nytimes.com/interactive/2010/08/15/weekinreview/15marsh-grfk.html (Stand: 07.05.2022).

**84** Martin Hickman, »The End of Battery Farms in Britain – but Not Europe«, *Independent*, 27.12.2011, verfügbar auf https://www.independent.co.uk/climate-change/news/the-end-of-battery-farms-in-britain-but-not-europe-6281802.html (Stand: 07.05.2022); Mattha Busby, »EU Imposes Hen Welfare Standards on Egg Imports for the First Time«, *Guardian*, 02.10.2019, verfügbar auf https://www.theguardian.com/environment/2019/oct/02/eu-imposes-hen-welfare-standards-on-egg-imports-for-first-time (Stand: 07.05.2022); Kelsey Piper, »Egg-Laying Hens Live in Horrific Conditions. Washington State Just Passed a Law to Change That«, *Vox*, 10.05.2019, verfügbar auf https://www.vox.com/future-perfect/2019/5/10/18564455/washington-jay-inslee-hens-animal-cruelty (Stand: 07.05.2022).

**85** M. M. Bain, Y. Nys und I. C. Dunn, »Increasing Persistency in Lay and Stabilising Egg Quality in Longer Laying Cycles. What Are the Challenges?«, *British Poultry Science*, 57.3 (2016), S. 330–338, verfügbar auf https://www.ncbi.nlm.nih.gov/pmc/articles/PMC4940894/ (Stand: 07.05.2022); M. N. Romanov und S. Weigend, »Breeding and Genetics: Analysis of Genetic Relationships between Various Populations of Domestic and Jungle Fowl Using Microsatellite Markers«, *Poultry Science*, 80.8 (2001), S. 1057–1063, https://doi.org/10.1093/ps/80.8.1057.

**86** Rodrigo Espinosa, »Prolapse of the Oviduct in Poultry«, *MSD Manual Veterinary Manual*, verfügbar auf https://www.msdvetmanual.com/poultry/disorders-of-the-reproductive-system/prolapse-of-the-oviduct-in-poultry (Stand: 07.05.2022).

**87** *Poultry Industry Manual: FAD Prep – Foreign Animal Disease Preparedness and Response Plan* (US Department of Agriculture, 2013), https://www.aphis.usda.gov; Compassion in World Farming, »The Life of Laying Hens«, Farm Animal Welfare Compendium, 01.03.2012, https://www.ciwf.org.uk.

**88** Jia-Rui Chong, »Wood-Chipped Chickens Fuel Outrage«, *Los Angeles Times*, 22.11.2003, verfügbar auf http://articles.latimes.com/2003/nov/22/local/me-chipper22 (Stand: 26.3.2013).

**89** Lombard, etl a., »Associations between Cow Hygiene, Hock Injuries, and Free Stall Usage«; Albert De Vries, Hailegziabher Dechassa und Henk Hogeveen, »Economic Evaluation of Stall Stocking Density of Lactating Dairy Cows«, *Journal of Dairy Science*, 99.5 (2016), S. 3848–3857, https://www.sciencedirect.com.
**90** American Cancer Society, »Recombinant Bovine Growth Hormone«, verfügbar auf https://www.cancer.org/cancer/cancer-causes/chemicals/recombinant-bovine-growth-hormone.html (Stand: 07.05.2022); US Department of Agriculture and Natural Resources, »Pregnant Cows, Timing of Pregnancy, Open Cows, Pregnancy Rate«, University of Nebraska–Lincoln, https://beef.unl.edu.
**91** John Dhuyvetter, »Winter Storm Information: Feeding Grain to Stock Cows«, North Dakota State University, https://www.ag.ndsu.edu; Ron Scott, »Why Feed High-Fat Cattle Supplements«, Purina Animal Nutrition, verfügbar auf https://www.purinamills.com/cattle-feed/education/detail/why-feed-high-fat-cattle-supplements (Stand: 07.05.2022); US Food & Drug Administration, »Feed Ban Enhancement: Implementation Questions and Answers«, https://www.fda.gov.
**92** Food Safety and Inspection Service, »Veal from Farm to Table«, US Department of Agriculture, 06.08.2013, https://www.fsis.usda.gov.
**93** Julie Føske Johnsen et al., »The Effect of Nursing on the Cow-Calf Bond«, *Applied Animal Behavior Science* (2014), 74, verfügbar auf https://www.researchgate.net/publication/270008422_The_effect_of_nursing_on_the_cow_-_Calf_bond (Stand: 07.05.2022); Melissa C. Cantor, Heather W. Neave und Joao H. C. Costa, »Current Perspectives on the Short- and Long-Term-Effects of Conventional Dairy Calf Raising Systems: A Comparison with the Natural Environment«; Translational Animal Science, 1 (2019), S. 549–563, https://doi.org/10.1093/tas/txy144; Kamil Hakan Dogan und Serafettin Demirci, »Livestock-Handling Related Injuries and Deaths«, in *Livestock Production*, herausgegeben von Khalid Javed, IntechOpen, https://www.intechopen.com.
**94** N. M. Nor, W. Steeneveld und H. Hogeveen, »The Average Culling Rate of Dutch Dairy Herds over the Years 2007 to 2010 and Its Association with Herd Reproduction, Performance and Health«, *Journal of Dairy Research*, 81.1 (2014), S. 1–8, https://www.ncbi.nlm.nih.gov.
**95** Wyatt Bechtel, »Dairy Cattle Beef Up Beef Industry«, *AgWeb*, 06.11.2014, https://www.agweb.com.
**96** Humane Society Veterinary Medicine Association, »Facts on Veal Calves«, 2018, https://www.hsvma.org.
**97** Josh Stull, »USDA Proposes Changes to Improve Humane Handling of Veal Calves«, Food Safety and Inspection Service, US Department of Agriculture, 08.05.2015, verfügbar auf https://www.fsis.usda.gov/news-events/news-press-releases/usda-proposes-changes-improve-humane-handling-veal-calves (Stand: 07.05.2022).
**98** CattleUSA.com, »Live Cattle Auctions«, https://www.cattleusa.com;

Empire Livestock Marketing, https://www.empirelivestock.com; Lanesboro Sales Commission, http://lanesborosalescommission.com.
**99** CalfCare.ca, »Preventing Navel Infections in Newborn Calves«, 01.08.2019, https://calfcare.ca.
**100** American Veterinary Medical Association, »Welfare Implications of the Veal Calf Husbandry«, 13.10.2008, verfügbar auf http://www.avma.org/KB/Resources/Backgrounders/Pages/Welfare-Implications-of-the-Veal-Calf-Husbandry-Backgrounder.aspx (Stand: 26.3.2013); Food Safety and Inspection Service, US Department of Agriculture, »Veal from Farm to Table«, 05.03.2020, www.fsis.usda.gov.
**101** US Department of Agriculture, »Veal from Farm to Table«.
**102** Food Safety and Inspection Service, Livestock Slaughter Inspection Training, »Human Handling of Livestock and Good Commercial Practices in Poultry«; Food and Agriculture Organization of the United Nations, »Slaughter of Livestock«, http://www.fao.org.
**103** Eisnitz, *Slaughterhouse* S. 43.
**104** Informationen zu den in diesem Abschnitt beschriebenen kognitiven Fähigkeiten von Tieren bietet die Website der Humane Society of the United States auf http://www.hsus.org/animals. Siehe außerdem Culum Brown, Kevin Laland und Jens Krause (Hrsg.), *Fish Cognition and Behavior* (Oxford, UK: Blackwell Publishing, 2006), wo die kognitiven Fähigkeiten von Fischen ausführlich beschrieben werden, sowie Jeffrey Masson, *The Face on Your Plate: The Truth About Food* (New York: W.W. Norton, 2009).
**105** Agence France-Presse, »World Briefing/Europe: Italy: City Wants Happier Goldfish«, *New York Times*, 24.07.2004, verfügbar auf https://www.nytimes.com/2004/07/24/world/world-briefing-europe-italy-city-wants-happier-goldfish.html (Stand: 07.05.2022).
**106** Zur Empfindungsfähigkeit von Meerestieren siehe »Fish May Actually Feel Pain and React to It Much Like Humans Do«, *Science Daily*, 1.5.2009, http://www.sciencedaily.com/releases/2009/04/090430161242.htm (Stand: 26.3.2013). Dieser Artikel beschreibt ausführlich die Studie, in der die Reaktion von Goldfischen auf steigende Temperaturen untersucht wurde. Siehe außerdem Alex Kirby, »Fish Do Feel Pain, Scientists Say«, BBC News Online, http://news.bbc.co.uk/2/hi/science/nature/2983045.stm (Stand: 26.3.2013). Dieser Artikel stellt die ersten schlüssigen Beweise für Schmerzrezeptoren bei Fischen vor und beschreibt die Studie, in der Fischen eine säurehaltige Substanz in die Lippen gespritzt wurde. Der Originalartikel zu dieser Studie stammt von L. U. Sneddon, V. A. Braithwaite und M. J. Gentle, »Do Fishes Have Nociceptors? Evidence for the Evolution of a Vertebrate Sensory System«, *Proceedings of the Royal Society of London*, B 270.1520 (7.6.2003), S. 1115–1121.
**107** Harish, »How Many Animals Does a Vegetarian Save?«
**108** Zur kommerziellen Fischerei und Fischzucht siehe Ken Jacobsen und Linda Riebel, *Eating to Save the Earth: Food Choices for a Healthy Planet* (Berkeley, CA: Celestial Arts, 2002). Siehe außerdem Erik Marcus, *Meat Market: Animals,*

*Ethics, and Money* (Ithaca, NY: Brio Press, 2005); The Humane Society of the United States auf http://www.hsus.org/animals; Masson, *The Face on Your Plate*; Harish, »How Many Animals Does a Vegetarian Save?«

**109** Food and Agriculture Organization of the United Nations, *The State of World Fisheries and Aquaculture: Meeting the Sustainable Development Goals* (Rom: FAO, 2018), verfügbar auf https://www.fao.org/documents/card/en/c/I9540EN/ (Stand: 07.05.2022); Mukhisa Kituyi und Peter Thomson, »90% of Fish Stocks Are Used Up – Fisheries Subsidies Must Stop«, United Nations, 13.07.2018, verfügbar auf https://unctad.org/news/90-fish-stocks-are-used-fisheries-subsidies-must-stop (Stand: 07.05.2022)

**110** FAO, *The State of World Fisheries and Aquaculture*; Kituyi und Thomson, »90% of Fish Stocks Are Used Up«; Amy McDermott, »We Waste Almost Half of What We Catch: 5 Reasons That's Disastrous for the Oceans«, Oceana, 20.09.2017, verfügbar auf https://oceana.org/blog/we-waste-almost-half-what-we-catch-5-reasons-s-disastrous-oceans/ (Stand: 07.05.2022).

**111** Amanda Keledgian et. Al, *Wasted Catch: Unsolved Problems in U.S. Fisheries* (Washington, DC: Oceana, 2014), verfügbar auf http://www.widecast.org/Resources/Docs/Oceana_Bycatch_Report_FINAL.pdf (Stand: 07.05.2022); R. W. D. Davies, S. J. Cripps, A. Nickson und G. Porter, »Defining and Estimating Global Marine Fisheries Bycatch«, *Marine Policy*, 33.4 (2009), S. 661–672.

**112** Ret Talbot, »Holy Grail' Test for Illegal Cyanide-Caught Aquarium Fish May Be Fatally Flawed«, *National Geographic*, 25.06.2018, verfügbar auf https://www.nationalgeographic.com/animals/article/wildlife-watch-cyanide-test-marine-aquarium-fish (Stand: 07.05.2022); Jani Hall, »Watch Fishermen Bomb Their Catch Out of the Water«, *National Geographic*, 03.06.2016, verfügbar auf https://www.nationalgeographic.com/animals/article/blast-fishing-dynamite-fishing-tanzania (Stand: 07.05.2022).

**113** NOAA Fisheries, »Fisheries of the United States, 2017«, verfügbar auf https://www.fisheries.noaa.gov/national/fisheries-united-states-2017 (Stand: 07.05.2022); FAO, *The State of World Fisheries and Aquaculture*.

**114** Joel K. Bourne Jr., »How to Farm a Better Fish«, *National Geographic*, Juni 2014, verfügbar auf https://www.nationalgeographic.com/foodfeatures/aquaculture/ (Stand: 07.05.2022); Celia A. Hoga, Fernanda L. Almeida und Felix G. R. Reyes, »A Review on the Use of Hormones in Fish Farming: Analytical Methods to Determine Their Residues«, *CyTA – Journal of Food*, 16 (2018), S. 679–91, verfügbar auf https://www.tandfonline.com/doi/full/10.1080/19476337.2018.1475423 (Stand: 07.05.2022); Samantha Horton, »Indiana Aquafarm Is Approved to Sell Genetically Modified Salmon«, *NPR*, 27.06.2019, verfügbar auf https://www.npr.org/2019/06/27/736500264/indiana-aqua-farm-is-approved-to-sell-genetically-modified-salmon?t=1652089554533 (Stand: 07.05.2022).

**115** Center for Food Safety, »Ocean-Based Fish Farming: Pollution, Pathogens & Environmental Impacts«, März 2015, verfügbar auf https://www.centerforfoodsafety.org/fact-sheets/3816/ocean-based-fish-farming-pollution-pathogens-and-environmental-impacts (Stand: 07.05.2022).

**116** The Human Society of the United States, »The Welfare of Animals in the Aquaculture Industry« (2008). *HSUS REPORTS.*, 5, https://animalstudiesrepository.org.
**117** Dylan Matthews, »Cage-Free, Free Range, Organic: What All Those Egg Labels Really Mean«, *Vox*, 19.10.2018, verfügbar auf https://www.vox.com/2015/12/25/10662742/egg-labels-cage-free (Stand: 07.05.2022); Jennifer Chait, »Is Organic Livestock Production More Humane?«, 26.06.2019, verfügbar auf https://www.thebalancesmb.com/is-organic-livestock-production-more-humane-2538119 (Stand: 07.05.2022).
**118** Damien McElroy, »Korean Outrage as West Tries to Use World Cup to Ban Dog Eating«, *The Telegraph*, 6.1.2002, verfügbar auf http://www.telegraph.co.uk/news/worldnews/europe/france/1380569/Korean-outrage-as-West-tries-to-use-World-Cup-to-ban-dog-eating.html (Stand: 26.3.2013).
**119** Schlosser, »Fast Food Nation: Meat and Potatoes«. [Zitiert nach Schlosser, *Fast Food Gesellschaft*, S. 244.]
**120** Adam Andrzejewski, »Mapping the US Farm Subsidy $1M Club«, *Forbes*, 14.08.2018, verfügbar auf https://www.forbes.com/sites/adamandrzejewski/2018/08/14/mapping-the-u-s-farm-subsidy-1-million-club/?sh=174724e5 (Stand: 07.05.2022).
**121** Trevor J. Smith, *Corn, Cows and Climate Change: How Federal Agricultural Subsidies Enable Factory Farming and Exacerbate U.S: Greenhouse Gas Emissions*, 9 *Washington Journal of Environmental Law & Policy*, 26 (2019), verfügbar auf https://digitalcommons.law.uw.edu/wjelp/vol9/iss1/3/ (Stand: 07.05.2022).
**122** Greenpeace, *Feeding the Problem: The Dangerous Intensification of Animal Farming in Europe* (Brüssel: Greenpeace, 2019), https://storage.googleapis.com.
**123** Zu den Arbeitsbedingungen in der Fleischindustrie siehe Human Rights Watch, »Blood, Sweat and Fear«, *HRW.org*, 24.1.2005, http://www.hrw.org/en/node/11869/section/5 (Stand: 26.3.2013); Lance Compa und Jamie Fellner, »Meatpacking's Human Toll«, *The Washington Post*, 3.8.2005, verfügbar auf http://www.washingtonpost.com/wp-dyn/content/article/2005/08/02/AR2005080201936.html (Stand: 26.3.2013); Megan Feldman, »Swift Meat Packing Plant and Illegal Immigrants«, *The Houston Press*, 5.4.2007, verfügbar auf http://www.houstonpress.com/2007-04-05/restaurants/swift-meatpacking-plant-and-illegal-immigrants (Stand: 26.3.2013); Jeremy Rifkin, *Das Imperium der Rinder* (Frankfurt a. M./New York: Campus Verlag, 1994) [Originaltitel: *Beyond Beef: The Rise and Fall of the Cattle Culture* (New York: Plume, 1992)]; Schlosser, Eric Schlosser, *Fast Food Gesellschaft: Die dunkle Seite: Die dunkle Seite von McFood & Co. (München: Riemann, 2002) [Originaltitel: Fast Food Nation: The Dark Side of the All-American Meal (New York: Houghton Mifflin, 2001)].*
**124** *McConnell*, »When We're Dead and Buried, Our Bones Will Keep Hurting«.
**125** Zu den Auswirkungen von Massentierhaltungsanlagen auf die menschliche Gesundheit siehe Mark Bittman, »Rethinking the Meat-Guzzler«, *The New York Times*, 27.1.2008, verfügbar auf http://www.nytimes.com/2008/01/27/weekinreview/27bittman.html?_r=2 (Stand: 26.3.2013); Jennifer Lee, »Neighbors of Vast Hog Farms Say Foul Air Endangers Their Health«, *The New York*

*Times*, 11.5.2003, verfügbar auf http://www.nytimes.com/2003/05/11/us/neighbors-of-vast-hog-farms-say-foul-air-endangers-their-health.html (Stand: 26.3.2013); Pollan, »Power Steer«; National Resources Defense Council, »Pollution from Giant Livestock Farms Threatens Public Health«, 15.7.2005, http://www.nrdc.org/water/pollution/nspills.asp (Stand: 26.3.2013); Johns Hopkins Bloomberg School of Public Health, »Public Health Association Calls for Moratorium on Factory Farms; Cites Health Issues, Pollution«, 9.1.2004, http://www.jhsph.edu/publichealthnews/press_releases/PR_2004/farm_moratorium.html (Stand: 26.3.2013); McConnell, »When We're Dead and Buried, Our Bones Will Keep Hurting«.

**126** McConnell, »When We're Dead and Buried, Our Bones Will Keep Hurting«.

**127** Food Service and Inspection Service, US Department of Agriculture, »Modernization of Swine Slaughter Inspection«, *Federal Register*, 84.190 (2019), S. 52300–52349, https://www.fsis.usda.gov; OxFam America, *No Relief: Denial of Bathroom Breaks in the Poultry Industry* (Boston, MA: OxFam America, 2018), *oxfamamerica.org*.

**128** Wendee Nicole, »CAFOs and Environmental Justice: The Case of North Carolina«, *Environmental Health Perspectives*, 121.6 (2013), a182–a189, verfügbar auf https://www.ncbi.nlm.nih.gov/pmc/articles/PMC3672924/ (Stand: 07.05.2022); Amy A. Schultz, Paul Peppard, Ron E. Gangnon und Kristen M. C. Maleckia, »Residental Proximity to Concentrated Animal Feeding Operations and Allergic and Respiratory Disease«, *Environment International*, 130 (2019), Artikel 104911, verfügbar auf https://www.sciencedirect.com/science/article/pii/S0160412018320750 (Stand: 07.05.2022); JoAnn Burkholder, Bob Libra, Peter Weyer, Susan Heathcote, Dana Kolpin, Peter S. Thorne und Michael Wichman, »Impacts of Waste from Concentrated Animal Feeding Operations on Water Quality«, *Environmental Health Perspectives*, 115.2 (2007), S. 308–312, verfügbar auf https://www.ncbi.nlm.nih.gov/pmc/articles/PMC1817674/ (Stand: 07.05.2022).

**129** Renee Johnson, *The U.S.–EU Hormone Dispute* (Washington, DC: Congressional Research Service, 2015), verfügbar auf https://sgp.fas.org/crs/row/R40449.pdf (Stand: 07.05.2022).

**130** Siehe Michael Greger, *Bird Flu: A Virus of Our Own Hatching* (New York: Lantern Books, 2006); Rifkin; Union of Concerned Scientists, »They Eat What? The Reality of Feed at Animal Factories«, *UCSUSA.org*, 8.8.2006; und Johnson, *The U.S.–EU Hormone Dispute*. http://www.ucsusa.org/food_and_agriculture/science_and_impacts/impacts_industrial_agriculture/they-eat-what-the-reality-of.html (Stand: 26.3.2013) und Johnson, *The U.S.–EU Hormone Dispute*.

**131** Zitiert in Justin Ewers, »Don't Read This Over Dinner«, *U.S. News and World Report*, 7.8.2005, verfügbar auf http://www.usnews.com/usnews/culture/articles/050815/15meat.htm (Stand: 26.3.2013).

**132** WGBH Educational Foundation, »What Is HACCP?«, verfügbar auf http://www.pbs.org/wgbh/pages/frontline/shows/meat/evaluating/haccp.html (Stand:

26.3.2013). Siehe auch Rifkin, *Beyond Beef*; Food Service and Inspection Service, US Department of Agriculture, »Modernization of Swine Slaughter Inspection«.
**133** Kimberly Kindy, »Pork Industry Soon Will Have More Power Over Meat Inspections«, *Washington Post*, 03.04.2019, verfügbar auf https://www.washingtonpost.com/business/economy/pork-industry-soon-will-have-more-power-over-meat-inspections/2019/04/03/12921fea-4f30-11e9-8d28-f5149e5a2fda_story.html (Stand: 07.05.2022); Food Service and Inspection Service, US Department of Agriculture, »Modernization of Swine Slaughter Inspection«.
**134** Kindy, »Pork Industry Soon Will Have More Power Over Meat Inspections«; McConnell, »When We're Dead and Buried, Our Bones Will Keep Hurting«.
**135** Morgan Radford und Aaron Franco, »Inspectors Warn Unsafe Pork Could Make Its Way to Consumers Under Trump Rule Change«, *NBC News*, 16.12.2019, verfügbar auf https://www.nbcnews.com/politics/2020-election/inspectors-warn-unsafe-pork-could-make-its-way-consumers-under-n1097676 (Stand: 07.05.2022); Sentient Media, »The USDA Is Cutting Pig Slaughterhouse Rules: These Groups Are Fighting Back«, 23.12.2019, verfügbar auf https://sentientmedia.org/usda-pig-slaughterhouse-rules/ (Stand: 07.05.2022).
**136** National Antimicrobial Resistance Monitoring System, *2015 NARMS Integrated Report* (Washington, DC: US FDA, CDC und USDA, 2015), https://www.fda.gov.
**137** Greger, *Bird Flu*; S. Pao, M. R. Ettinger, M. F. Khalid, A. O. Reid und B. L. Nerrie, »Microbial Quality of Raw Aquacultured Fish Fillets Procured from Internet and Local Retail Markets«, *Journal of Food Protection*, 71.8 (August 2008), S. 1844–1849; World Health Organization, *Review of Latest Available Evidence on Potential Transmission of Avian Influenza (H5N1) Through Water and Sewage and Ways to Reduce this Risks to Human Health* (Genf: WHO, 2006), verfügbar auf https://www.who.int/publications/i/item/WHO-SDE-WSH-06.1 (Stand: 07.05.2022); Physicians Committee for Responsible Medicine, »USDA Refuses to Protect Consumers from Fecal Contamination of Chicken and Other Meat«, 27.06.2019, verfügbar auf https://www.pcrm.org/news/news-releases/usda-refuses-protect-consumers-fecal-contamination-chicken-and-other-meat (Stand: 07.05.2022).
**138** Greger, *Bird Flu*; WHO, *Review of Latest Available Evidence on Potential Transmission of Avian Influenza*; Physicians Committee for Responsible Medicine, »USDA Refuses to Protect Consumers«.
**139** Consumer Federation of America, »Foodborne Illness Investigation Exposes Weakness in Meat and Poultry Inspection System«, 22.08.2019, verfügbar auf https://consumerfed.org/press_release/foodborne-illness-investigation-exposes-weakness-in-meat-and-poultry-inspection-system/ (Stand: 07.05.2022).
**140** Andrew Wasley, »›Dirty Meat‹: Shocking Hygiene Failings Discovered in US pig and Chicken Plants«, *Guardian*, 21.02.2018, verfügbar auf https://www.theguardian.com/animals-farmed/2018/feb/21/dirty-meat-shocking-hygiene-failings-discovered-in-us-pig-and-chicken-plants (Stand: 07.05.2022).
**141** Stephen J. Hedges und Washington Bureau, »E. coli Loophole Cited in

Recalls: Tainted Meat Can Be Sold if Cooked«, *Chicago Tribune*, 11.11.2007, verfügbar auf http://articles.chicagotribune.com/2007-11-11/news/0711100508_1_coli-contamination-usda-inspectors-usda-officials (Stand: 26.3.2013).
**142** Bureau of Investigative Journalism, »Blowing the Whistle on the Meat Industry«, 19.09.2017, verfügbar auf https://www.thebureauinvestigates.com/stories/2017-09-19/blowing-the-whistle-on-the-meat-industry (Stand: 07.05.2022).
**143** McConnell, »When We're Dead and Buried, Our Bones Will Keep Hurting«; Brett Bachman und Samantha Stokes, »Critics Worry About Food Safety as Federal Meat Inspectors Face Work Overload, Burnout«, Midwest Center for Investigative Reporting, 18.09.2019, verfügbar auf https://investigatemidwest.org/2019/09/18/critics-worry-about-food-safety-as-federal-meat-inspectors-face-work-overload-burnout/ (Stand: 07.05.2022).
**144** Stephen J. Hedges und Washington Bureau, »Topps Meat Recall Raises Questions about Inspections Workload«; *Chicago Tribune*, 14.10.2007, verfügbar auf https://www.chicagotribune.com/news/ct-xpm-2007-10-14-0710131204-story.html (Stand: 07.05.2022).
**145** US Bureau of Labor Statistics, »Labor Force Statistics from the Current Population Survey«, 22.01.2020, https://www.bls.gov; Mary Jo Dudley, »These U.S. Industries Can't Work Without Illegal Immigrants«, CBS News, 10.01.2019, verfügbar auf https://www.cbsnews.com/news/illegal-immigrants-us-jobs-economy-farm-workers-taxes/ (Stand: 07.05.2022); Julia G.Young, »A Wall Can't Solve America's Addiction to Undocumented Immigration«, *Washington Post*, 09.01.2019, verfügbar auf https://www.washingtonpost.com/outlook/2019/01/09/how-americans-became-addicted-undocumented-immigration/ (Stand: 07.05.2022); Food Service and Inspection Service, US Department of Agriculture, »Modernization of Swine Slaughter Inspection«.
**146** Schlosser, »Fast Food Nation: Meat and Potatoes«.
**147** Union of Concerned Scientists, »USDA Increases Line Speeds«.
**148** Eric Schlosser, »The Chain Never Stops«, *Mother Jones*, Juli/August 2001, verfügbar unter dem Titel »The Most Dangerous Job in America« auf http://www.motherjones.com/news/feature/2001/07/meatpacking.html (Stand: 26.3.2013).
**149** Amy Braunschweiger und Matt McConnell, »Interview: How the US Is Making Meatpacking Jobs Even More Dangerous«, Human Rights Watch, 04.09.2019, verfügbar auf https://www.hrw.org/news/2019/09/04/interview-how-us-making-meatpacking-jobs-even-more-dangerous (Stand: 07.05.2022); James und Cook, »Two Amputations a Week«; Sean M. Smith, »How Safe Are the Workers Who Process Our Food?«, *Monthly Labor Review*, US Bureau of Labor Statistics, Juli 2017, verfügbar auf https://www.bls.gov/opub/mlr/2017/article/how-safe-are-the-workers-who-process-our-food.htm (Stand: 07.05.2022); McConnell, »When We're Dead and Buried, Our Bones Will Keep Hurting«.
**150** McConnell, »When We're Dead and Buried, Our Bones Will Keep Hurting«.
**151** Schlosser, »The Chain Never Stops«.

**152** Human Rights Watch, »Blood, Sweat and Fear«.
**153** Eisnitz, Slaughterhouse, S. 87.
**154** Eric B. Elbogen, Sally C. Johnson, H. Ryan Wagner, Connor Sullivan, Casey T. Taft und Jean C. Beckham, »Violent Behaviour and Post-Traumatic Stress Disorder in US Iraq and Afghanistan Veterans«, *British Journal of Psychiatry*, 204.5 (2014), S. 368–375, verfügbar auf https://www.ncbi.nlm.nih.gov/pmc/articles/PMC4006087/ (Stand: 07.05.2022); Connor P. Sullivan und Eric B. Elbogen, »PTSD Symptoms and Family vs. Stranger Violence in Iraq and Afghanistan Veterans«, *Law and Human Behavior*, 38.1 (2014, S. 1–9, verfügbar auf https://www.ncbi.nlm.nih.gov/pmc/articles/PMC4394858/ (Stand:07.05.2022).
**155** Eisnitz, *Slaughterhouse*.
**156** Ebenda.
**157** Ebenda.
**158** Ebenda, S. 94.
**159** Frederic J. Frommer, »Video Shows Workers Abusing Pigs«, *USA Today*, 17.9.2008, verfügbar auf http://usatoday30.usatoday.com/news/nation/2008-09-16-467433543_x.htm (Stand: 26.3.2013).
**160** Siehe Fiddes, *Fleisch*; Simoons, *Eat Not This Flesh*.
**161** Louis A. Berma, *Vegetarianism and the Jewish Tradition* (New York: Ktav Publishing, 1982), S. 13.
**162** Zu den ökologischen Auswirkungen der Fleischindustrie siehe Jacobsen und Riebel; Food and Agriculture Organization of the United Nations (FAO), »Livestock's Long Shadow: Environmental Issues and Options«, 2006, verfügbar auf http://www.fao.org/docrep/010/a0701e/a0701e00.HTM (Stand: 26.3.2013); Union of Concerned Scientists, www.ucsusa.org; Daniel Ross, »Factory Farms Pollute the Environment and Poison Drinking Water«, EcoWatch, 20.02.2019, verfügbar auf https://www.ecowatch.com/factory-farms-drinking-water-pollution-2629508815.html (Stand: 07.05.2022); Virginia Morell, »Meat-Eaters May Speed Worldwide Species Extinction, Study Warns«, *Science*, 11.08.2015, verfügbar auf https://www.science.org/content/article/meat-eaters-may-speed-worldwide-species-extinction-study-warns (Stand: 07.05.2022); Damian Carrington, »Avoiding Meat and Dairy Is ›Single Biggest Way‹ to Reduce Your Impact on Earth«, *Guardian*, 31.05.2018, verfügbar auf https://www.theguardian.com/environment/2018/may/31/avoiding-meat-and-dairy-is-single-biggest-way-to-reduce-your-impact-on-earth (Stand: 07.05.2022); Michael Greger, »The Public Health Impacts of Concentrated Animal Feeding Operations on Local Communities«, *Family and Community Health*, 33.1 (2010), S. 373–382, verfügbar auf https://www.humanesociety.org/sites/default/files/docs/public-impacts-factory-farms-on-communities.pdf (Stand: 07.05.2022).
**163** FAO, »Livestock's Long Shadow«; Carrie Hribar, *Understanding Concentrated Animal Feeding Operations and Their Impact on Communities* (Bowling Green, OH: National Association of Local Boards of Health, 2010), verfügbar auf https://www.cdc.gov/nceh/ehs/docs/understanding_cafos_nalboh.pdf

(Stand: 07.05.2022); Nina Chestney und Stephanie Nebehay, »The UN Says We Need to Reduce Our Meat Consumption to Fight Climate Change and Improve Food Security«, World Economic Forum, 09.08.2019, verfügbar auf https://www.weforum.org/agenda/2019/08/global-meat-consumption-reduce-mitigate-effects-global-warming (Stand: 07.05.2022); Francis Vergunst und Julian Savulescu, »Five Ways the Meat on Your Plate Is Killing the Planet«, The Conversation, 26.04.2017, verfügbar auf https://theconversation.com/five-ways-the-meat-on-your-plate-is-killing-the-planet-76128 (Stand: 07.05.2022); Martin C. Heller, J. B. Ruhl und Sacoby Wilson, »Court Ruling Is a First Step Toward Controlling Air Pollution from Livestock Farms«, The Conversation, 04.05.2017, verfügbar auf https://theconversation.com/court-ruling-is-a-first-step-toward-controlling-air-pollution-from-livestock-farms-76443 (Stand: 07.05.2022).

**164** Johns Hopkins Bloomberg School of Public Health, »Public Health Association Calls for Moratorium on Factory Farms«; American Public Health Organisation, »Precautionary Moratorium on New Concentrated Animal Feed Operations«, 08.11.2003, verfügbar auf https://www.apha.org/policies-and-advocacy/public-health-policy-statements/policy-database/2020/01/13/precautionary-moratorium-on-new-and-expanding-concentrated-animal-feeding-operations (Stand: 07.05.2022).

**165** Center for Science in the Public Interest, http://www.cspinet.org; Jacobsen und Riebel, *Eating to Save the Earth*; FAO, Livestock's Long Shadow: Environmental Issues and Options«; Hribar, *Understanding Concentrated Animal Feeding Operations*; Chestney und Nebehay, »The UN Says We Need to Reduce Our Meat Consumption«; Vergunst und Savulescu, »Five Ways the Meat on Your Plate Is Killing the Planet«; D. Lee Miller und Gregory Muren, *CAFOs: What We Don't Know Is Hurting Us* (New York: Natural Resources Defense Council, 2019), verfügbar auf https://nrdc.org/sites/default/files/cafos-dont-know-hurting-us-report.pdf (Stand: 07.05.2022); Heller, Ruhl und Wilson, »Court Ruling Is a First Step«.

**166** FAO, »Livestock's Long Shadow«.

**167** William J. Ripple, Christopher Wolf, Thomas M. Newsome, Phoebe Barnard und William R. Moomaw, »World Scientists' Warning of a Climate Emergency«, *BioScience*, 70.1 (2020), S. 8–12, verfügbar auf https://academic.oup.com/bioscience/article/71/9/894/6325731 (Stand: 07.05.2022); Damian Carrington, »Climate Crisis: 11,000 Scientists Warn of ‚Untold Suffering« *Guardian*, 05.11.2019, verfügbar auf https://www.theguardian.com/environment/2019/nov/05/climate-crisis-11000-scientists-warn-of-untold-suffering (Stand: 07.05.2022).

**168** Javier Mateo-Sagasta, Sara Marjani Zadeh und Hugh Turral, *Water Pollution from Agriculture: A Global Review* (Rom: FAO, 2017), http://www.fao.org; FAO, »Livestock's Long Shadow«.

**169** B. Machovina, K. J. Feeley und W. J. Ripple, »Biodiversity Conservation: The Key Is Reducing Meat Consumption«, *Science of the Total Environment*, 536 (2015), S. 419–431.

**170** FAO, »Livestock's Long Shadow«.
**171** Claire Schaffnit-Chatterjee, »The Global Food Equation: Food Security in an Environment of Increasing Scarcity«, Deutsche Bank Research, 21.09.2009, verfügbar auf https://www.dbresearch.com/PROD/RPS_EN-PROD/The_global_food_equation%3A_Food_security_in_an_envi/RPS_EN_DOC_VIEW.calias?rwnod (Stand: 07.05.2022).
**172** EPA, »Greenhouse Gas Emissions from a Typical Passenger Vehicle«, März 2018, https://nepis.epa.gov; P. Gerber, H. Steinfeld, B. Henderson et al., *Tackling Climate Change Through Live stock: A Global Assessment of Emissions and Mittigation Opportunities* (Rom: FAO, 2013).
**173** Select USA, »Agribusiness Spotlight: The Agribusiness Industry in the United States«, https://www.selectusa.gov; James M. MacDonald, Robert A. Hoppe und Doris Newton, *Three Decades of Consolidation in U.S. Agriculture*, EIB-189, US Department of Agriculture, Economic Research Service, März 2018, verfügbar auf https://www.ers.usda.gov/publications/pub-details/?pubid=88056#:~:text=Crop%20production%20has%20seen%20a,the%20associated%20cow-calf%20sector (Stand: 07.05.2022).
**174** McConnell, »When We're Dead and Buried, Our Bones Will Keep Hurting«.
**175** Philip Mattera, »USDA Inc.: How Agribusiness Has Hijacked Regulatory Policy at the U.S. Department of Agriculture«, Corporate research project of Good Jobs First, 23.07.2004, verfügbar auf https://www.competitivemarktes.com/usda-inc-how-agribusiness-has-hijacked-regulatory-policy-at-the-u-s-department-of-agriculture/ (Stand: 07.05.2022).
**176** Ebenda.
**177** FarmFutures, »Craig Morris Leaving USDA to Join National Pork Board«, 18.10.2017, verfügbar auf https://www.farmprogress.com/names-news/craig-morris-leaving-usda-join-national-pork-board (Stand: 07.05.2022).
**178** JBS USA, »JBS Names Former U.S. Department of Agriculture Deputy Under Secretary for Food Safety as Global Head of Food Safety and Quality Assurance«, 03.08.2017, verfügbar auf https://competitivemarkets.com/jbs-hires-former-usda-deputy-under-secretary-for-food-safety-as-global-head-of-food-safety-and-quality-assurance/ (Stand: 07.05.2022).
**179** OpenSecrets.org, »Livestock: Money to Congress«, 2018, https://www.opensecrets.org.
**180** National Sustainable Agriculture Coalition, »Cover Crops and CAFOs: An Analysis of 2016 EQIP Spending«, 12.01.2017, https://sustainableagriculture.net/blog/eqip-fy2016-analysis/ (Stand: 07.05.2022); Union of Concerned Scientists, »EPA Stops Collecting Data on Pollutants Released from Farms«, 05.08.2019, https://www.ucsusa.org/resources/attacks-on-science/epa-stops-collecting-data-pollutants-released-farms (Stand: 07.05.2022).
**181** Simply Wall St., »CEO Compensation Analysis: Conagra Brands«, aufgerufen am 03.03.2022, https://simplywall.st.
**182** Siehe Centers for Disease Control, »Multistate Outbreak of Escherichia coli O157:H7 Infections Associated with Eating Ground Beef – United Sta-

tes, June–July 2002«, 26.7.2002, verfügbar auf http://www.cdc.gov/mmwr/preview/mmwrhtml/mm5129a1.htm (Stand: 26.3.2013); siehe außerdem *About-ecoli.com*, »ConAgra E. coli Outbreak«, http://www.about-ecoli.com/ecoli_outbreaks/view/conagra-e-coli-outbreak.

**183** C. G. Corey et. al., »US Adult Cigar Smoking Patterns, Purchasing Behaviors, and Reasons for Use According to Cigar Type: Findings from the Population Assessment of Tobacco and Health (PATH) Study, 2013–2014«, Nicotine & Tobacco Research, 20.12 (2018), S. 1457–1466, verfügbar auf https://www.ncbi.nlm.nih.gov/pmc/articles/PMC6236070/ (Stand: 07.05.2022).

**184** Heinrich-Böll-Stiftung, *Meat Atlas: Facts and Figures About the Animals We Eat* (Berlin: Heinrich-Böll-Stiftung; Brüssel: Friends of the Earth, 2014), 56, verfügbar auf http://www.foeeurope.org/sites/default/files/publications/foee_hbf_meatatlas_jan2014.pdf (Stand: 07.05.2022); Niall McCarthy, »Who Are America's Vegans and Vegetarians«, *Forbes*, 06.08.2018, verfügbar auf https://www.forbes.com/sites/niallmccarthy/2018/08/06/who-are-americas-vegans-and-vegetarians-infographic/?sh= (Stand: 07.05.2022).

**185** W. C. Willet, »Balancing Lifestyle and Genomics Research for Disease Prevention«, *Science* 296 (2022), S. 695–698; Walter C. Willett, Jeffrey P. Koplan, Rachel Nugent, Courtenay Dusenbury, Pekka Puska und Thomas A. Gaziano, *Disease Control Priorities in Developing Countries*, 2. Aufl. (Washington, DC: The International Bank for Reconstruction and Development/The World Bank; New York: Oxford University Press, 2006), Kapitel 44, verfügbar auf https://www.ncbi.nlm.nih.gov/books/NBK11728/ (Stand: 07.05.2022).

**186** Rob M. van Dam et al., »Dietary Fat and Meat Intake in Relation to Risk of Type 2 Diabetes in Men«. *Diabetes Care*, 25.3 (01.03.2002), S. 417–424, https://doi.org/10.2337/diacare.25.3.417; An Pan et al. »Changes in Red Meat Consumption and Subsequent Risk of Type 2 Diabetes Mellitus: Three Cohorts of US Men and Women«, *JAMA Internal Medicine*, 173.14 (22.07.2013), S. 1328–1335, https://doi.org/10.1001/jamainternmed.2013.6633; Geertruida J. van Woudenbergh et al., »Eating Fish and Risk of Type 2 Diabetes«, *Diabetes Care*, 32.11 (November 2009), S. 2021–2026, https://doi.org/10.2337/dc09-1042.

**187** Genevieve Tse und Guy D. Eslick, »Egg Consumption and Risk of GI Neoplasms: Dose-Response Meta-Analysis and Systematic Review«, *European Journal of Nutrition*, 53.7 (Oktober 2014), S. 1581–1590, https://doi.org/10.1007/s00394-014-0664-5; Elizabeth A. Platz, Steven K. Clinton und Edward Giovannucci, »Association Between Plasma Cholesterol and Prostate Cancer in the PSA Era«, *International Journal of Cancer*, 123.7 (01.10.2008), S. 1693–1698, https://doi.org/10.1002/ijc.23715; *Kristine Pelton, Michael R. Freeman und Keith R. Solomon*, »Cholesterol and Prostate Cancer«, *Current Opinion in Pharmacology*, 12.6 (Dezember 2012, S. 751–759, https://doi.org/10.1016/j.coph.2012.07.006.

**188** N. Bergeron, S. Chiu, P. T. Williams, S. King und R. M. Krauss, »Effects of Red Meat, White Meat, and Nonmeat Protein Sources on Atherogenic Lipoprotein Measures in the Context of Low Compared with High Saturated Fat Intake: A Randomized Controlled Trial«, *American Journal of Clinical Nutrition*, 110.1 (2019), S. 24–33, https://doi.org/10.1093/ajcn/nqz035.

**189** M. Yang, S. A. Kenfield, E. L. Van Blarigan, K. M. Wilson, J. L. Batista, H. D. Sesso et al., »Dairy Intake After Prostate Cancer Diagnosis in Relation to Disease-Specific and Total Mortality«, *International Journal of Cancer*, 137.10 (2015), S. 2462–2469, https://doi.org/10.1002/ijc.29608.
**190** Center for Food Safety, *America's Secret Animal Drug Problem: How Lack of Transparency Is Endangering Human Health and Animal Welfare* (Washington, DC: Center for Food Safety, 2015), verfügbar auf http://www.centerforfoodsafety.org/files/animal_drug_es_10_26_77814.pdf (Stand: 07.05.2022); Michael Pollan, »Power Steer«, *New York Times*, 31.03.2022, verfügbar auf https://www.nytimes.com/2002/03/31/magazine/power-steer.html (Stand: 07.05.2022); US Food and Drug Administration, »Feed Ban Enhancement: Implementation Questions and Answers«, http://www.fao.org.
**191** EDSitement, »Voting Rights for Women: Pro and Anti-Suffrage«, 19.06.2019, https://edsitement.neh.gov.
**192** American Veterinary Medical Association, »Welfare Implications of Gestation Sow Housing«, 19.11.2015, verfügbar auf https://www.avma.org/resources-tools/literature-reviews/welfare-implications-gestation-sow-housing (Stand: 07.05.2022).
**193** Robert Jay Lifton, *Ärzte im Dritten Reich* (Stuttgart: Klett-Cotta, 1988) [Originaltitel: *The Nazi Doctors: Medical Killing and the Psychology of Genocide* (New York: Basic Books, 1986)]. Die Autoren verwenden diese Begriffe zur Beschreibung von Fachleuten, die die Entwicklung von Kernwaffen unterstützen.
**194** Lifton und Markusen, *Die Psychologie des Völkermordes.*
**195** Dietitians for Professional Integrity, »Concerns About Dairy Industry Sponsorship«, 26.09.2015, verfügbar auf https://integritydietitians.org/2016/09/26/concerns-dairy-industry-sponsorship/ (Stand: 07.05.2022); International Dairy Foods Association, »Government's 2015 Dietary Guidelines Affirms Role of Dairy Foods in Healthy Eating Patterns«, 07.01.2016, verfügbar auf https://www.idfa.org/news/government-s-2015-dietary-guidelines-affirms-role-of-dairy-foods-in-healthy-eating-patterns (Stand: 07.05.2022).
**196** Informationen über das ADA-Förderprogramm für Unternehmen finden Sie unter http://www.eatrightpro.org.
**197** NutritionFacts.org, »Dairy & Cancer«, 13.03.2019, verfügbar auf https://nutritionfacts.org/ *video/dairy-and-cancer* (Stand: 07.05.2022); Ingegerd Johansson, Lena Maria Nilsson, Anders Esberg, Jan-Håkan Jansson und Anna Winkvist, »Dairy Intake Revisited – Associations between Dairy Intake and Lifestyle Related Cardio-Metabolic Risk Factors in a High Milk Consuming Population«, *Nutrition Journal*, 17.110 (2018), https:/doi.org/10.1186/s12937-018-0418-y; W. Lu et al., »Dairy Products Intake and Cancer Mortality Risk: A Meta-Analysis of 11 Population-Based Cohort Studies«, *Nutrition Journal*, 15.91 (2016), https://doi.org/10.1186/s12937-016-0210-9.
**198** K. I. Mills, »More Shocking Results: New Research Replicates Milgram's Findings«, Monitor on Psychology, 40.3 (2009), S. 13, verfügbar auf https://www.apa.org/monitor/2009/03/milgram (Stand: 07.05.2022).

**199** Siehe Allan G. Johnson, *Privilege, Power, and Difference* (New York: McGraw-Hill Education, 2005).
**200** Lifton, *Ärzte im Dritten Reich*; Lifton und Markusen, *Psychologie des Völkermordes.*
**201** Weitere Informationen zur Verbindung zwischen Fleisch und Männlichkeit siehe Fiddes. Siehe außerdem Carol J. Adams, *Zum Verzehr bestimmt: Eine feministisch-vegetarische Theorie.* (Wien/Mülheim a. d. R.: Guthmann-Peterson, 2002) [Originaltitel: *The Sexual Politics of Meat: A Feminist-Vegetarian Critical Theory* (New York: Continuum, 1992)] sowie Carol J. Adams und Josephine Donovan (Hrsg.), *Animals and Women: Feminist Theoretical Explorations* (Durham: Duke University Press, 1995).
**202** Physicians Committee for Responsible Medicine, »The Protein Myth«, http://www.pcrm.org/health/diets/vsk/vegetarian-starter-kitprotein (Stand: 26.3.2013).
**203** Lifton, *Ärzte im Dritten Reich*; Lifton und Markusen, *Psychologie des Völkermordes.*
**204** Farb und Armelagos, *Consuming Passions.*
**205** Paul Slovic, »If I Look at the Mass I Will Never Act: Psychic Numbing and Genocide«, *Judgment and Decision Making*, 2.2 (2007), S. 79–95.
**206** Zu Moral und Ekel siehe die Arbeiten von Rozin *et al.* im Literaturverzeichnis. Siehe außerdem Andras Angyal, »Disgust and Related Aversions«, *Journal of Abnormal and Social Psychology*, 36 (1941), S. 393–412; Michael Lemonick, »Why We Get Disgusted«, *Time*, 24.5.2007, verfügbar auf http://www.time.com/time/magazine/article/0,9171,1625167,00.html (Stand: 26.3.2013); Simone Schnall, Jonathan Haidt und Gerald L. Clore, »Disgust as Embodied Moral Judgment«, *Personality and Social Psychology Bulletin*, 34.8 (2008), S. 1096–1109; Trine Tsouderos, »Some Facial Expressions Are Part of a Primal ›Disgust Response‹, University of Toronto Study Finds«, *Chicago Tribune*, 27.2.2009, verfügbar auf http://articles.chicagotribune.com/2009-02-27/news/0902260433_1_disgusting-primal-researchers (Stand: 26.3.2013); Thalia Wheatley und Jonathan Haidt, »Hypnotically Induced Disgust Makes Moral Judgments More Severe«, *Psychological Science*, 16 (2005), S. 780–784.
**207** Tsouderos, »Some Facial Expressions«.
**208** Simoons, *Eat Not This Flesh*, S. 106.
**209** Farb und Armelagos, *Consuming Passions*, S. 167.
**210** Kathy Berghorn, »Emily the Sacred Cow: Lewis Has Asked Me to Put Down Some of My Thoughts on Emily«, 2.4.2003, http://www.peaceabbey.org/sanctuary/emily.htm#kathy (Stand: 2.7.2008).
**211** Judith Herman, *Die Narben der Gewalt: Traumatische Erfahrungen verstehen und überwinden* (Paderborn: Junfermann, 2003), S. 9. [Originaltitel: *Trauma and Recovery: The Aftermath of Violence – From Domestic Abuse to Political Terror* (New York: Basic Books, 1997).]
**212** Sandra Blakeslee, »Cells That Read Minds«, *The New York Times*, 10.1.2006, verfügbar auf http://www.nytimes.com/2006/01/10/science/10mirr.html?pagewanted=3& _r=1&incamp=article_popular_2 (Stand: 26.3.2013); V. S. Ramach-

andran, »Mirror Neurons and the Brain in the Vat«, *Edge: The Third Culture*, 10.1.2006, verfügbar auf http://www.edge.org/3rd_culture/ramachandran06/ramachandran06_index.html (Stand: 26.3.2013); »Children Are Naturally Prone to Be Empathic and Moral«, *Science Daily*, 12.7.2008, verfügbar auf http://www.sciencedaily.com/releases/2008/07/080711080957.htm (Stand: 26.3.2013).

**213** Aus dem Film *The Witness* (Produktion: James LaVeck, Regie: Jenny Stein, 2000).

**214** Zitiert in Charles Patterson, *»Für die Tiere ist jeden Tag Treblinka«: Über die Ursprünge des industrialisierten Tötens* (Frankfurt a. M.: Zweitausendeins, 2004), S. 243. [Originaltitel: *Eternal Treblinka: Our Treatment of Animals and the Holocaust* (New York: Lantern Books, 2002).]

**215** Matthew Scully, *Dominion: The Power of Man, the Suffering of Animals, and the Call to Mercy* (New York: St. Martin's Press, 2002), S. 394.

**216** Alle Informationen in diesem Absatz stammen von der Union of Concerned Scientists, http://www.ucsusa.org, 1.9.2008. Siehe auch die Anmerkungen zu Kapitel 4; Intergovernmental Panel on Climate Change, *Climate Change and Land* (Genf: IPCC, 2019), verfügbar auf https://www.ipcc.ch/site/assets/uploads/2019/11/SRCCL-Full-Report-Compiled-191128.pdf (Stand: 07.05.2022); FAO, »Livestock and Environment«, 22.11.2013, http://www.fao.org.

**217** Grand View Research, »Vegan Food Market Size, Share & Trends Analysis Report by Product (Dairy Alternative, Meat Substitute), by Distribution Channel (Online Offline), by Region (APAC, CSA, MEA, Europe, North America), and Segment Forecasts, 2019–2025«, Juni 2019, verfügbar auf https://www.grandviewresearch.com/industry-analysis/vegan-food-market.

**218** James O'Dea, »Witnessing: A Form of Compassion«, 2.3.2007, http://www.awakin.org/read/view.php?tid=502 (Stand: 26.3.2013).

**219** Zitiert in Patterson, *»Für die Tiere ist jeden Tag Treblinka«*, S. 163.

**220** Herman, *Die Narben der Gewalt*, S. 398.

# LITERATURVERZEICHNIS

Adams, Carol J. »Feeding on Grace: Institutional Violence, Christianity, and Vegetarianism«. In: C. Pinches und J. B. McDaniel (Hrsg.). *Good News for Animals? Christian Approaches to Animal Well-Being.* Maryknoll, NY: Orbis, 1993, S. 143–159.

— *Living Among Meat Eaters: The Vegetarian's Survival Handbook.* New York: Three Rivers Press, 2001.

— *Neither Man nor Beast: Feminism and the Defense of Animals.* New York: Continuum, 1995.

— *Zum Verzehr bestimmt: Eine feministisch-vegetarische Theorie.* Wien/Mülheim a. d. R.: Guthmann-Peterson, 2002. [Originaltitel: *The Sexual Politics of Meat: A Feminist-Vegetarian Critical Theory.* New York: Continuum, 1992.]

Adams, Carol J. und Josephine Donovan (Hrsg.). *Animals and Women: Feminist Theoretical Explorations.* Durham, NC: Duke University Press, 1995.

Allen, Michael *et al.* »Values and Beliefs of Vegetarians and Omnivores«. *Journal of Social Psychology*, 140.4 (2000), S. 405–422.

Allport, Gordon. *Die Natur des Vorurteils.* Köln: Kiepenheuer & Witsch, 1971. [Originaltitel: *The Nature of Prejudice.* New York: Addison-Wesley, 1958.]

American Veterinary Medical Association. »Welfare Implications of the Veal Calf Husbandry«. 13.10.2008. https://www.avma.org/KB/Resources/LiteratureReviews/Pages/Welfare-Implications-of-the-Veal-Calf-Husbandry-Backgrounder.aspx (Stand: 24.7.2014).

Anand, K. J. S., D. Phil und P. R. Hickey. »Pain and Its Effects in the Human Neonate and Fetus«. *New England Journal of Medicine*, 317.21 (1987), S. 1321–1329. http://www.cirp.org/library/pain/anand (Stand: 27.3.2009).

— *CIRP.org:* The Circumcision Reference Library, 5.9.2006. http://www.cirp.org/library/pain/anand.

Angyal, Andras. »Disgust and Related Aversions«. *Journal of Abnormal and Social Psychology*, 36 (1941), S. 393–412.

»Animal Cruelty Laws Among Fastest-Growing«. *MSNBC.* 15.2.2009. http://www.msnbc.msn.com/id/29180079 (Stand: 26.3.2009).

Araki, H. *et al.* »High-Risk Group for Benign Prostatic Hypertrophy«. *Prostate*, 4.3 (1983), S. 253–264. http://www.ncbi.nlm.nih.gov/pubmed/6189108 (Stand: 27.3.2009).

— *PubMed.* http://www.ncbi.nlm.nih.gov/pubmed/6189108 (Stand: 27.3.2009).

Arluke, Arnold. »Uneasiness Among Laboratory Technicians«. *Lab Animal*, 19.4 (1990), S. 20–39.

Arluke, Arnold und Frederic Hafferty. »From Apprehension to Fascination with ›Dog Lab‹: The Use of Absolutions by Medical Students«. *Journal of Contemporary Ethnography*, 25.2 (1996), S. 201–225.
Arluke, Arnold und Clinton Sanders. *Regarding Animals*. Philadelphia: Temple University Press, 1996.
Aronson, Elliot. »Back to the Future: Retrospective Review of Leon Festinger's A Theory of Cognitive Dissonance«. *American Journal of Psychology*, 110 (1997), S. 127–137.
— »Dissonance, Hypocrisy, and the Self-Concept«. In: E. Harmon-Jones und J. Mills (Hrsg.). *Cognitive Dissonance: Progress on A Pivotal Theory in Social Psychology*. Washington, DC: American Psychological Association, 1999, S. 103–126.
Ascherio, Alberto, Graham A. Colditz, Edward Giovannucci, Eric B. Rimm, Meir J. Stampfer und Walter C. Willett. »Intake of Fat, Meat, and Fiber in Relation to Risk of Colon Cancer in Men«. *Cancer Research*, 54 (1994), S. 2390–2397.
Augoustinos, Martha und Katherine Reynolds (Hrsg.). *Understanding Prejudice, Racism, and Social Conflict*. Thousand Oaks, CA: Sage Publications, 2001.
Austin, Liz. »Whole Foods Bans Sale of Live Lobsters«. *CBSnews.com*. 16.6.2006. http://www.cbsnews.com/stories/2006/06/16/ap/business/mainD8I99PROO.shtml (Stand: 27.3.2009).
Barrows, Anita. »The Ecopsychology of Child Development«. In: T. Roszak, M. E. Gomes und D. Kanner (Hrsg.). *Ecopsychology: Restoring the Earth, Healing the Mind*. San Francisco: Sierra Club Books, 1995, S. 101–110.
Barthes, Roland. »Toward a Psychosociology of Contemporary Food Consumption«. In: Robert Forster und Orest Ranum (Hrsg.). *Food and Drink in History: Selections from the Annales Economies, Societes, Civilisations: Vol. 5*. Baltimore/London: Johns Hopkins University Press, 1979, S. 166–173.
Beardsworth, Alan und Teresa Keil. »Contemporary Vegetarianism in the U.K.: Challenge and Incorporation?«. *Appetite*, 20 (1993), S. 229–234.
— »The Vegetarian Option: Varieties, Conversions, Motives and Careers«. *The Sociological Review*, 40 (1992), S. 253–293.
Belasco, Warren. »Food, Morality, and Social Reform«. In: Allen Brandt und Paul Rozin (Hrsg.). *Morality and Health*. New York: Routledge, 1997, S. 185–199.
Bell, A. Chris *et al.* »A Method for Describing Food Beliefs Which May Predict Personal Food Choice«. *Journal of Nutrition Education*, 13.1 (1981), S. 22–26.
Bhatnagar, Parija. »PETA's Impotence Ad a No-No with CBS«. CNN. 15.1.2004. http://money.cnn.com/2004/01/15/news/companies/peta_cbssuperbowl/index.htm (Stand: 27.3.2009).
Biermann-Ratjen, Eva Maria. »Incongruence and Psychopathology«. In: B. Thorne und E. Lambers (Hrsg.). *Person-Centered Therapy: A European Perspective*. London: Sage Publications, 1998, S. 119–130.
Bittman, Julie Cart. »Land Study on Grazing Denounced«. *Los Angeles Times*, 18.6.2005. http://articles.latimes.com/2005/jun/18/nation/na-grazing18 (Stand: 26.3.2009).

Bittman, Mark. »Rethinking the Meat-Guzzler«. *The New York Times*, 27.1.2008. http://www.nytimes.com/2008/01/27/weekinreview/27bittman.html?_r=2 (Stand: 26.3.2009).
— »Cells That Read Minds«. *The New York Times*, 10.1.2006. http://www.nytimes.com/2006/01/10/science/10mirr.html?pagewanted=3&_r=1&incamp=article_popular_2 (Stand: 26.3.2009).
Blakeslee, Sandra. »Minds of Their Own: Birds Gain Respect«. *The New York Times*, 1.2.2005. http://www.nytimes.com/2005/02/01/science/01bird.html (Stand: 31.3.2009).
Boat, Barbara. »The Relationship Between Violence to Children and Violence to Animals: An Ignored Link?«. *Journal of Interpersonal Violence*, 10.2 (1995), S. 228–235.
Booth, David. *The Psychology of Nutrition*. Bristol, PA: Taylor & Francis, 1994.
Brown, Culum, Kevin Laland und Jens Krause (Hrsg.). *Fish Cognition and Behavior*. Oxford, UK: Blackwell Publishing, 2006.
Brown, Lesley Melville. *Cruelty to Animals: The Moral Debt*. London: Macmillan Press, 1988.
Calkins, A. »Observations on Vegetarian Dietary Practice and Social Factors: The Need for Further Research«. *Perspectives in Practice*, 74 (1979), S. 353–355.
Campbell, T. Colin und Thomas M. Campbell. *Die »China Study« und ihre verblüffenden Konsequenzen für die Lebensführung*. Bad Kötzting: Verlag für Ganzheitliche Medizin Dr. Erich Wühr, 2010. [Originaltitel: *The China Study: The Most Comprehensive Study of Nutrition Ever Conducted and the Startling Implications for Diet, Weight Loss and Long-Term Health*. Dallas: Benbella Books, 2006.]
Cart, Julie. »Land Study on Grazing Denounced«. *Los Angeles Times*, 18.6.2005. http://articles.latimes.com/2005/jun/18/nation/na-grazing18 (Stand: 26.3.2009).
Center for Responsive Politics. »Money in Politics – See Who's Giving and Who's Getting«. http://www.opensecrets.org/index.php (Stand: 25.3.2009).
Center for Science in the Public Interest (CSPI). http://www.cspinet.org.
Chamberlain, David B. »Babies Remember Pain«. *CIRP.org:* The Circumcision Reference Library, 15.12.2006. http://www.cirp.org/library/psych/chamberlain/ (Stand: 27.3.2009).
— »Babies Remember Pain«. *Journal of Prenatal and Perinatal Psychology and Health*, 3.4 (1989), S. 297–310. http://www.cirp.org/library/psych/chamberlain (Stand: 27.3.2009).
Chambers, J. P. *et al.* »Self-Selection of the Analgesic Drug Carprofen by Lame Broiler Chickens«. *The Veterinary Record*, 146.11 (2000), S. 307–311.
Chambers, P. G. *et al.* »Slaughter of Livestock«. Food and Agriculture Organization of the United Nations. April 2001. http://www.fao.org/docrep/003/x6909e/x6909e09.htm (Stand: 26.3.2009).
»Children Are Naturally Prone to Be Empathic and Moral«. *Science Daily*, 12.7.2008. http://www.sciencedaily.com/releases/2008/07/080711080957.htm (Stand: 27.3.2009).

Chong, Jia-Rui. »Wood-Chipped Chickens Fuel Outrage«. *Los Angeles Times*, 22.11.2003. http://articles.latimes.com/2003/nov/22/local/me-chipper22 (Stand: 26.3.2009).

Clarke, Paul und Andrew Linzey. *Political Theory and Animal Rights*. Winchester, MA: Pluto Press, 1990.

Colditz, G. A. *et al.* »Relation of Meat, Fat, and Fiber Intake to the Risk of Colon Cancer in a Prospective Study Among Women«. *New England Journal of Medicine*, 323.24 (13.12.1990), S. 1664–1672.

Compa, Lance und Jamie Fellner. »Meatpacking's Human Toll«. *The Washington Post*, 3.8.2005. http://www.washingtonpost.com/wp-dyn/content/article/2005/08/02/AR2005080201936.html (Stand: 27.3.2009).

Comstock, Gary L. »Pigs and Piety: A Theocentric Perspective on Food Animals«. In: Charles Pinches und Jay B. McDaniel (Hrsg.). *Good News for Animals? Christian Approaches to Animal Well-Being*. Maryknoll, NY: Orbis, 1993, S. 105–127.

Cone, Tracie. »Dairy Cows Head for Slaughter as Milk Prices Sour«. Associated Press. 16.2.2009. http://www.azcentral.com/offbeat/articles/2009/02/16/20090216CowSlaughter16-ON.html (Stand: 24.07.2014).

Conrad, Peter und Joseph Schneider. *Deviance and Medicalization: From Badness to Sickness*. Toronto: C.V. Mosby & Co., 1980.

Cooper, Charles Thomas Wise und Lee Mann. »Psychological and Cognitive Characteristics of Vegetarians«. *Psychosomatics*, 26.6 (1985), S. 521–527.

Counihan, Carol M. »Food Rules in the United States: Individualism, Control, and Hierarchy«. *Anthropological Quarterly*, 65 (1992), S. 55–66.

Davis, Karen. »Thinking Like a Chicken: Farm Animals and the Feminine Connection«. In: Carol J. Adams und Josephine Donovan (Hrsg.). *Animals and Women: Feminist Theoretical Explorations*. Durham, NC: Duke University Press, 1995, S. 192–212.

Dawn, Karen. *Thanking the Monkey: Rethinking the Way We Treat Animals*. New York: Harper, 2008.

Descartes, René. *Discours de la méthode / Von der Methode des richtigen Vernunftgebrauchs und der wissenschaftlichen Forschung*. Übers. Lüder Gäbe. Hamburg: Meiner, 1997.

Devine, Tom. »Shielding the Giant: USDA's ›Don't Look, Don't Know‹ Policy for Beef Inspection«. *Foodwhistleblower.org*, http://www.foodwhistleblower.org/storage/documents/shielding_the_giant.pdf (Stand: 24.7.2014).

Dietz, Thomas *et al.* »Social Psychological and Structural Influences on Vegetarian Beliefs«. *Rural Sociology*, 64.3 (1999), S. 500–511.

— *et al.* »Values and Vegetarianism: An Exploratory Analysis«. *Rural Sociology*, 60.3 (1995), S. 533–542.

Dilanian, Ken. »Bill Includes Billions in Farm Subsidies«. *USA Today*, 15.5.2008. http://www.usatoday.com/news/washington/2008-05-15-farmbill_N.htm (Stand: 25.3.2009).

Donaldson, Tammy McCormick. »Is Boredom Driving Pigs Crazy?«. University of Idaho, College of Natural Resources. http://www.cnr.uidaho.edu/range556/Appl_BEHAVE/projects/pigs_ster.html (Stand: 26.3.2009).
Douglas, Mary. *Implicit Meanings: Essays in Anthropology*. London: Routledge & Kegan Paul, 1975.
Draycott, Simon und Alan Dabbs. »Cognitive Dissonance: An Overview of the Literature and Its Integration into Theory and Practice in Clinical Psychology«. *British Journal of Clinical Psychology*, 37 (1998), S. 341–353.
Du, Wayne. »Porcine Stress Syndrome Gene and Pork Production«. Ontario Ministry of Agriculture Food and Rural Affairs, Juni 2004. http://www.omafra.gov.on.ca/english/livestock/swine/facts/04-053.htm (Stand: 27.3.2009).
Dunayer, Joan. *Animal Equality: Language and Liberation*. Derwood, MD: Ryce Publishing, 2001.
Eisler, Riane. *Kelch und Schwert: Von der Herrschaft zur Partnerschaft; weibliches und männliches Prinzip in der Geschichte*. München: Goldmann, 1993. [Originaltitel: *The Chalice and the Blade: Our History, Our Future*. New York: HarperCollins, 1987.]
Eisnitz, Gail. *Slaughterhouse: The Shocking Story of Greed, Neglect, and Inhumane Treatment Inside the U.S. Meat Industry*. Amherst, NY: Prometheus Books, 1997.
Esselstyn, Caldwell B. *Prevent and Reverse Heart Disease: The Revolutionary, Scientifically Proven, Nutrition-Based Cure*. New York: Penguin, 2008.
Ewers, Justin. »Don't Read This Over Dinner«. *U.S. News and World Report*. 7.8.2005. http://www.usnews.com/usnews/culture/articles/050815/15meat.htm (Stand: 31.3.2009).
»EWG Farm Bill 2007 Policy Analysis Database«. *Environmental Working Group*. http://farm.ewg.org/sites/farmbill2007/ (Stand: 25.3.2009).
Farb, Peter und George Armelagos. *Consuming Passions: The Anthropology of Eating*. Boston: Houghton Mifflin, 1980.
Feldman, Megan. »Swift Meat Packing Plant and Illegal Immigrants«. *The Houston Press*, 4.4.2007. http://www.houstonpress.com/2007-04-05/news/swift-meatpacking-plant-and-illegal-immigrants (Stand: 27.3.2009).
Fessler, Daniel M. T. und Carlos David Navarrette. »Meat Is Good to Taboo: Dietary Proscriptions as a Product of the Interaction of Psychological Mechanisms and Social Processes«. *Journal of Cognition and Culture*, 3.1 (2003), S. 1–40. http://www.sscnet.ucla.edu/anthro/faculty/fessler/pubs/MeatIsGoodToTaboo.pdf (Stand: 26.3.2009).
— UCLA. http://www.sscnet.ucla.edu/anthro/faculty/fessler/pubs/MeatIsGoodToTaboo.pdf (Stand: 26.3.2009).
Festinger, Leon. *Theorie der kognitiven Dissonanz*. Bern: Huber, 1978. [Originaltitel: *A Theory of Cognitive Dissonance*. Evanston, IL: Row, Peterson, 1957.]
Fiddes, Nick. *Fleisch: Symbol der Macht*. Frankfurt a. M.: Zweitausendeins, 2001. [Originaltitel: *Meat: A Natural Symbol*. New York: Routledge, 1991.]
Finsen, Lawrence und Susan Finsen. *The Animal Rights Movement in America: From Compassion to Respect*. New York: Twayne Publishers, 1994.

Fischler, Claude. »Food Habits, Social Change and the Nature/Culture Dilemma«. *Social Science Information*, 19.6 (1980), S. 937–953.

— »Food, Self and Identity«. *Social Science Information*, 27.2 (1988), S. 275–292.

»Fish May Actually Feel Pain and React to It Much Like Humans Do«. *Science Daily*, 1.5.2009. http://www.sciencedaily.com/releases/2009/04/090430161242.htm (Stand: 4.6.2009).

Food and Agriculture Organization of the United Nations. »Livestock's Long Shadow: Environmental Issues and Options«. 2006. http://www.fao.org/docrep/010/a0701e/a0701e00.htm (Stand: 27.3.2009).

— »Pro-Poor Livestock Policy Initiative«. http://www.fao.org/AG/AGAInfo/programmes/en/pplpi/docarc/pb_hpaibiosecurity.html (Stand: 26.3.2009).

»Food Taboos: It's All a Matter of Taste«. *National Geographic News*, 19.4.2004. http://news.nationalgeographic.com/news/2004/04/0419_040419_TVfoodtaboo.html (Stand: 26.3.2009).

Fox, Michael Allen. *Deep Vegetarianism*. Philadelphia: Temple University Press, 1999.

Francione, Gary. *Animals, Property, and the Law*. Philadelphia: Temple University Press, 1995.

Friedman, Stanley. »On Vegetarianism«. *Journal of the American Psychoanalytic Association*, 23.2 (1975), S. 396–406.

Frommer, Frederic J. »Video Shows Workers Abusing Pigs«. *The Guardian Unlimited*, 17.9.2008. http://usatoday30.usatoday.com/news/nation/2008-09-16-467433543_x.htm (Stand: 24.07.214).

Furst, Tanis *et al.* »Food Choice: A Conceptual Model of the Process«. *Appetite*, 26 (1996), S. 247–266.

Garner, Robert (Hrsg.). *Animal Rights: The Changing Debate*. New York: New York University Press, 1996.

Gaudette, Karen. »USDA Expands Ground-Beef Recall«. *The Seattle Times*, 4.7.2008. http://seattletimes.nwsource.com/html/nationworld/2008033109_beefrecall04.html (Stand: 27.3.2009).

Gofton, L. »The Rules of the Table: Sociological Factors Influencing Food Choice«. In: Christopher Ritson, Leslie Gofton und John McKenzie. *The Food Consumer*, New York: John Wiley & Sons, 1986, S. 127–153.

Greger, Michael. *Bird Flu: A Virus of Our Own Hatching*. New York: Lantern Books, 2006.

Grossman, Dave. *On Killing: The Psychological Cost of Learning to Kill in War and Society*. New York: Back Bay Books, 1996.

Gurian-Sherman, Doug. »CAFOs Uncovered: The Untold Costs of Confined Animal Feeding Operations«. Union of Concerned Scientists, April 2008. http://www.ucsusa.org/assets/documents/food_and_agriculture/cafos-uncovered-executive-summary.pdf (Stand: 31.3.2009).

Halpin, Zuleyma Tang. »Scientific Objectivity and the Concept of the ›Other‹«. *Women's Studies International Forum*, 12.3 (1989), S. 285–294.

Hamilton, Malcolm. »Wholefoods and Healthfoods: Beliefs and Attitudes«. *Appetite*, 20 (1993), S. 223–228.

Harmon-Jones, Eddie und Judson Mills (Hrsg.). *Cognitive Dissonance: Progress on a Pivotal Theory in Social Psychology.* Washington, DC: American Psychological Association, 1999.

Hedges, Stephen J. und Washington Bureau. »E. Coli Loophole Cited in Recalls Tainted Meat Can Be Sold if Cooked«. *Chicago Tribune*, 11.11.2007. http://articles.chicagotribune.com/2007-11-11/news/0711100508_1_coli-contamination-usda-inspectors-usda-officials (Stand: 24.07.2014).

— »Topps Meat Recall Raises Questions About Inspections Workload«. *Chicago Tribune*, 14.10.2007. http://articles.chicagotribune.com/2007-10-14/news/0710131204_1_stan-painter-fsis-records-inspector-and-union-representative (Stand: 24.07.2014).

Heffernan, William und Mary Hendrickson. »Concentration of Agricultural Markets«. *National Farmer's Union*, April 2007. http://www.foodcircles.missouri.edu/07contable.pdf (Stand: 24.07.2014).

Hegeman, Roxana. »Injuries Propel Union's Offences«. *Arkansas Democrat Gazette*, 18.2.2007. http://www.nwanews.com/adg/Business/182284 (Stand: 27.3.2009).

Herman, Judith. *Die Narben der Gewalt: Traumatische Erfahrungen verstehen und überwinden.* Paderborn: Junfermann, 2003. [Originaltitel: *Trauma and Recovery: The Aftermath of Violence – From Domestic Abuse to Political Terror.* New York: Basic Books, 1997.]

Hindley, M. Patricia. »›Minding Animals‹: The Role of Animals in Children's Mental Development«. In: F. L. Dolins (Hrsg.). *Attitudes to Animals: Views in Animal Welfare.* Cambridge, UK: Cambridge University Press, 1999, S. 186–199.

Holm, Lotte and M. Mohl. »The Role of Meat in Everyday Food Culture: An Analysis of an Interview Study in Copenhagen«. *Appetite*, 34 (2000), S. 277–283.

Howard, George S. *Ecological Psychology: Creating a More Earth-Friendly Human Nature.* Notre Dame, IN: University of Notre Dame Press, 1997.

Human Rights Watch. »Blood, Sweat and Fear«. *HRW.org*, 24.1.2005. http://www.hrw.org/en/node/11869/section/5 (Stand: 27.3.2009).

Humane Society of the United States. »Undercover Investigation Reveals Rampant Animal Cruelty at California Slaughter Plant – A Major Beef Supplier to America's School Lunch Program«. 30.1.2008. http://www.humanesociety.org/news/news/2008/01/undercover_investigation_013008.html (Stand: 24.07.2014).

Irvin, David. »Control Debate, Growers Advised«. *Arkansas-Democrat Gazette*, Northwest Arkansas edition, 22.9.2007. http://www.nwanews.com/adg/Business/202171 (Stand: 26.3.2009).

Jabs, Jennifer, Carol Devine und J. Sobal. »Model of the Process of Adopting Vegetarian Diets: Health Vegetarians and Ethical Vegetarians«. *Journal of Nutrition Education*, 30.4 (1998), S. 196–202.

Jacobsen, Ken und Linda Riebel. *Eating to Save the Earth: Food Choices for a Healthy Planet.* Berkeley, CA: Celestial Arts, 2002.

Johns Hopkins Bloomberg School of Public Health. »Public Health Association Calls for Moratorium on Factory Farms; Cites Health Issues, Pollution«. 9.1.2004. http://www.jhsph.edu/publichealthnews/press_releases/PR_2004/farm_moratorium.html (Stand: 26.3.2009).
Johnson, Allan G. *The Forest and the Trees: Sociology as Life, Practice and Promise.* Philadelphia: Temple University Press, 1997.
Joy, Melanie. »From Carnivore to Carnist: Liberating the Language of Meat«. *Satya*, 8.2 (2001), S. 26–27.
— »Humanistic Psychology and Animal Rights: Reconsidering the Boundaries of the Humanistic Ethic«. *Journal of Humanistic Psychology*, 45.1 (2005), S. 106–130.
— »Psychic Numbing and Meat Consumption: The Psychology of Carnism«. Diss., Saybrook Graduate School, 2003.
— *Strategic Action for Animals: A Handbook on Strategic Movement Building, Organizing, and Activism for Animal Liberation.* New York: Lantern Books, 2008.
Jung, C. G. »The Problem of Evil Today«. In: C. Zweig und J. Abrams (Hrsg.). *Meeting the Shadow: The Hidden Power of the Dark Side of Human Nature.* New York: Putnam, 1991, S. 170–173.
Kapleau, Philip. *To Cherish All Life: A Buddhist Case for Becoming Vegetarian.* Rochester, NY: The Zen Center, 1986.
Kellert, Stephen R. und Alan Felthous. »Childhood Cruelty Toward Animals Among Criminals and Noncriminals«. *Human Relations*, 38.12 (1985), S. 1113–1129.
Kelly, Daniel. »The Role of Psychology in the Study of Culture«. Purdue University. http://web.ics.purdue.edu/~drkelly/KellyMacheryMallonMasonStichCommentonMesoudietal.htm (Stand: 24.07.2014).
Kirby, Alex, »Fish Do Feel Pain, Scientists Say«. *BBC News Online.* http://news.bbc.co.uk/2/hi/science/nature/2983045.stm (Stand: 4.6.2009).
Kowalski, Gary. *Dein Tier, eine empfindsame Seele.* Neuwied: Die Silberschnur, 1992. [Originaltitel: *The Souls of Animals.* Walpole, NH: Stillpoint, 1991.]
Lea, Emma und Anthony Worsley. »Influences on Meat Consumption in Australia«. *Appetite*, 36 (2001), S. 127–136.
Lee, Jennifer. »Neighbors of Vast Hog Farms Say Foul Air Endangers Their Health«. *The New York Times*, 11.5.2003. http://www.nytimes.com/2003/05/11/us/neighbors-of-vast-hog-farms-say-foul-air-endangers-their-health.html (Stand: 26.3.2009).
Lemonick, Michael. »Why We Get Disgusted«. *Time*, 24.5.2007. http://www.time.com/time/magazine/article/0,9171,1625167,00.html (Stand: 26.3.2009).
Lifton, Robert Jay. *Ärzte im Dritten Reich.* Stuttgart: Klett-Cotta, 1988. [Originaltitel: *The Nazi Doctors: Medical Killing and the Psychology of Genocide.* New York: Basic Books, 1986.]
— »Beyond Psychic Numbing: A Call to Awareness«. *American Journal of Orthopsychiatry*, 52.4 (1982), S. 619–629.
— »A Nuclear Age Ethos: Ten Psychological-Ethical Principles«. *Journal of Humanistic Psychology*, 25.4 (1985), S. 39–40.

Lifton, Robert Jay und Eric Markusen. *Die Psychologie des Völkermordes: Atomkrieg und Holocaust.* Stuttgart: Klett-Cotta, 1992. [Originaltitel: *The Genocidal Mentality: Nazi Holocaust and Nuclear Threat.* New York: Basic Books, 1990.]

Lilliston, Ben. »A Fair Farm Bill for Competitive Markets«. Institute for Agriculture and Trade Policy, 2007. http://www.iatp.org/files/258_2_98445.pdf (Stand: 24.07.2014).

Lindeman, Marjaana und M. Väänänen. »Measurement of Ethical Food Choice Motives«. *Appetite*, 34 (2000), S. 55–59.

LJ. »Stop the Dog Meat Industry«. ASPCA Online Community, 18.2.2009. http://aspcacommunity.ning.com/forum/topics/stop-the-dog-meat-industry (Stand: 26.3.2009).

Lobo, Phillip. »Animal Welfare and Activism: What You Need to Know«. PowerPoint-Präsentation auf der Fleischkonferenz der FMI/AMI. 10.3.2008. http://www.meatconference.com/ht/a/GetDocumentAction/i/38151 (Stand: 26.3.2009).

Locatelli, Margaret Garrett und Robert Holt. »Antinuclear Activism, Psychic Numbing, and Mental Health«. *International Journal of Mental Health*, 15.1–3 (1986), S. 143–161.

Lovelock, James. *Unsere Erde wird überleben: GAIA, eine optimistische Ökologie.* Piper, München 1982. [Originaltitel: *Gaia: A New Look at Life on Earth.* Oxford, UK: Oxford University Press, 1979.]

Macy, Joanna. »Working Through Environmental Despair«. In: T. Roszak, M. E. Gomes und A. D. Kanner (Hrsg.). *Ecopsychology: Restoring the Earth, Healing the Mind.* San Francisco: Sierra Club Books, 1995, S. 240–259.

Marcus, Erik. *Meat Market: Animals, Ethics, and Money.* Ithaca, NY: Brio Press, 2005.

— *Vegan: The New Ethics of Eating.* Ithaca, NY: McBooks, 1998.

Maslow, Abraham H. *Motivation und Persönlichkeit.* Reinbek: Rowohlt, 1981. [Originaltitel: *Motivation and Personality.* New York: Harper & Row, 1954.]

Masson, Jeffrey. *The Face on Your Plate: The Truth About Food.* New York: W. W. Norton, 2009.

Mattera, Philip. »USDA Inc.: How Agribusiness Has Hijacked Regulatory Policy at the U.S. Department of Agriculture«. Good Jobs First, Corporate Research Project. 23.7.2004. http://www.nffc.net/Issues/Corporate%20Control/USDA%20INC.pdf (Stand: 24.07.2014).

Mattes, Richard D. »Learned Food Aversions: A Family Study«. *Physiology and Behavior*, 50 (1991), S. 499–504.

Maurer, Donna. *Vegetarianism: Movement or Moment?* Philadelphia: Temple University Press, 2002.

McDonald, Barbara, Ronald M. Cervero und Bradley C. Courtenay. »An Ecological Perspective of Power in Transformational Learning: A Case Study of Ethical Vegans«. *Adult Education Quarterly*, 50.1 (1999), S. 5–23.

McDougall, John A. und Mary McDougall. *The McDougall Program: Twelve Days to Dynamic Health.* New York: Plume, 1991.

McElroy, Damien. »Korean Outrage as West Tries to Use World Cup to Ban Dog Eating«. *The Telegraph.* 6.1.2002. http://www.telegraph.co.uk/news/worldnews/europe/france/1380569/Korean-outrage-as-West-tries-to-use-World-Cup-to-ban-dog-eating.html (Stand: 24.07.2014).

Messina, Virginia und Mark Messina. *The Vegetarian Way.* New York: Crown Trade Paperbacks, 1996.

Metzner, Ralph. *Das Mystische Grün: Die Wiedervereinigung des Heiligen mit dem Natürlichen.* Engerda: Arun, 2000. [Originaltitel: *Green Psychology: Transforming Our Relationship to the Earth.* Rochester, VT: Park Street Press, 1999.]

Midei, Aimee. »Identification of the First Gene in Posttraumatic Stress Disorder«. *Bio-Medicine.* 22.9.2002. http://news.bio-medicine.org/biology-news-2/Identification-of-the-first-gene-in-posttraumatic-stress-disorder-6692-1 (Stand: 26.3.2009).

Midgley, Mary. *Animals and Why They Matter: A Journey Around the Species Barrier.* New York: Penguin, 1983.

Milgram, Stanley. *Das Milgram-Experiment: Zur Gehorsamsbereitschaft gegenüber Autorität.* Reinbek: Rowohlt, 1982. [Originaltitel: *Obedience to Authority: An Experimental View.* New York: Harper & Row, 1974.]

Mintz, Sidney. *Tasting Food, Tasting Freedom: Excursions into Eating, Culture, and the Past.* Boston: Beacon Press, 1996.

Mitchell, C. E. »Animals—Sacred or Secondary? Ideological Influences on Therapist and Client Priorities and Approaches to Decision-Making«. *Psychology*, 30.1 (1993), S. 22–28.

Mittal, Anuradha. »Giving Away the Farm: The 2002 Farm Bill«. The Oakland Institute. Juni 2002. http://media.oaklandinstitute.org/node/2200 (Stand: 24.07.2014).

»More Urban, Suburban Homes Have Pet Chickens«. *Dallas Morning News.* 16.7.2007. http://www.dallasnews.com/sharedcontent/dws/news/localnews/stories/071707dnmetpetchickens.ca7efd.html (Stand: 26.3.2009).

Morgan, Dan, Gilbert M. Gaul und Sarah Cohen. »Harvesting Cash: A Year-Long Investigation into Farm Subsidies«. *The Washington Post.* 2006. http://www.washingtonpost.com/wp-srv/nation/interactives/farmaid/ (Stand: 25.3.2009).

Morrow, Julie. »An Overview of Current Dairy Welfare Concerns from the North American Perspective«. 19.12.2002. http://www.nal.usda.gov/awic/pubs/dairy/overview.htm (Stand: 27.3.2009).

Motovalli, Jim. »The Meat of the Matter: Our Livestock Industry Creates More Greenhouse Gas Than Transportation Does«. *E Magazine*, 19.4 (Juli/August 2008).

Murcott, A. »You Are What You Eat: Anthropological Factors Influencing Food Choice«. In: Christopher Ritson, Leslie Gofton und John McKenzie (Hrsg.). *The Food Consumer.* New York: John Wiley & Sons, 1986, S. 107–125.

National Endowment for the Humanities. »Voting Rights for Women: Pro- and Anti- Suffrage«. *edsitement.neh.gov* . 11.6.2002. http://edsitement.

neh.gov/lesson-plan/voting-rights-women-pro-and-anti-suffrage (Stand: 24.07.2014).
National Resources Defense Council. »Pollution from Giant Livestock Farms Threatens Public Health«. 15.7.2005. http://www.nrdc.org/water/pollution/nspills.asp (Stand: 24.07.2014).
»Nebraska Beef Recalls 1.2 Million Pounds of Beef«. *MSNBC.com.* 10.8.2008. http://www.msnbc.msn.com/id/26101733 (Stand: 27.3.2009).
Nestle, Marion. *Food Politics: How the Food Industry Influences Nutrition and Health.* Berkeley: University of California Press, 2007.
Nibert, David Allen. *Animal Rights/Human Rights: Entanglements of Oppression and Liberation.* Lanham, MD: Rowman & Littlefield, 2002.
Norberg-Hodge, Helena. »Compassion in the Age of the Global Economy«. In: G. Watson, S. Batchelor und G. Claxton (Hrsg.). *The Psychology of Awakening: Buddhism, Science, and Our Day-to-Day Lives.* York Beach, ME: Samuel Weiser, 2000, S. 55–67.
Passariello, Phyllis. »Me and My Totem: Cross-Cultural Attitudes Towards Animals«. In: F. L. Dolins (Hrsg.). *Attitudes to Animals: Views in Animal Welfare.* Cambridge, UK: Cambridge University Press, 1999, S. 12–25.
Patterson, Charles. *»Für die Tiere ist jeden Tag Treblinka«: Über die Ursprünge des industrialisierten Tötens.* Frankfurt a. M.: Zweitausendeins, 2004. [Originaltitel: *Eternal Treblinka: Our Treatment of Animals and the Holocaust.* New York: Lantern Books, 2002.]
Petrinovich, L., P. O'Neill und M. Jorgensen. »An Empirical Study of Moral Intuition: Toward an Evolutionary Ethics«. *Journal of Personality and Social Psychology*, 64.3 (1993), S. 467–478.
Phillips, Mary T. »Savages, Drunks, and Lab Animals: The Researcher's Perception of Pain«. *Society and Animals*, 1.1 (1993), S. 61–81.
Phillips, R. L. »Coronary Heart Disease Mortality Among Seventh Day Adventists with Differing Dietary Habits; a Preliminary Report«. *Cancer Epidemiology, Biomarkers and Prevention*, 13 (2004), S. 1665.
Physicians Committee for Responsible Medicine. »The Protein Myth«. http://pcrm.org/health/diets/vsk/vegetarian-starter-kit-protein (Stand: 24.07.2014).
Pickert, Kate. »Undercover Animal-Rights Investigator«. *Time.* 9.3.2009. http://www.time.com/time/nation/article/0,8599,1883742,00.html (Stand: 26.3.2009).
Pilisuk, Marc. »Cognitive Balance and Self-Relevant Attitudes«. *Journal of Abnormal and Social Psychology*, 6.2 (1962), S. 95–103.
— »The Hidden Structure of Contemporary Violence«. *Peace and Conflict: Journal of Peace Psychology*, 4 (1998), S. 197–216.
Pilisuk, Marc und Melanie Joy. »Humanistic Psychology and Ecology«. In: K. J. Schneider, J. T. Bugental und J. F. Pierson (Hrsg.). *The Handbook of Humanistic Psychology: Leading Edges in Theory, Research and Practice.* Thousand Oaks, CA: Sage Publications, 2000, S. 101–114.
Plous, Scott. »Psychological Mechanisms in the Human Use of Animals«. *Journal of Social Issues*, 49.1 (1993), S. 11–52.

Pollan, Michael. *Das Omnivoren-Dilemma: Wie sich die Industrie der Lebensmittel bemächtigte und warum Essen so kompliziert wurde.* München: Arkana, 2011. [Originaltitel: *The Omnivore's Dilemma: A Natural History of Four Meals.* New York: Penguin, 2006.]

— »Power Steer«. *The New York Times.* 31.3.2002, Abt. 6.

Prilleltensky, Isaac. »Psychology and the Status Quo«. *American Psychologist*, 44.5 (1989), S. 795–802.

Public Broadcasting Service (PBS). »Meatpacking in the U.S.: Still a ›Jungle‹ Out There?« Ankündigungstext zur Sendung *NOW.* 15.12.2006. http://www.motherjones.com/politics/2001/07/dangerous-meatpacking-jobs-eric-schlosser (Stand: 24.07.2014).

Ramachandran, V. S. »Mirror Neurons and the Brain in the Vat«. *Edge: The Third Culture.* 10.1.2006. http://www.edge.org/3rd_culture/ramachandran06/ramachandran06_index.html (Stand: 26.3.2009).

Randour, Mary Lou. *Animal Grace: Entering a Spiritual Relationship with Our Fellow Creatures.* Novato, CA: New World Library, 2000.

Regan, Tom. *The Case for Animal Rights.* Berkeley: University of California Press, 1983.

»Retailer Recalls Parkas Trimmed in Dog Fur«. *The New York Times.* 16.12.1998. http://www.nytimes.com/1998/12/16/nyregion/retailer-recalls-parkas-trimmed-in-dog-fur.html?n=Top/News/Science/Topics/Dogs (Stand: 27.3.2009).

Richardson, N. J. »UK Consumer Perceptions of Meat«. *Proceedings of the Nutrition Society*, 53 (1994), S. 281–287.

Richardson, N. J., R. Shepard und N. A. Elliman. »Current Attitudes and Future Influences on Meat Consumption in the U.K.«. *Appetite*, 21 (1993), S. 41–51.

Rifkin, Jeremy. *Das Imperium der Rinder.* Frankfurt a. M./New York: Campus Verlag, 1994. [Originaltitel: *Beyond Beef: The Rise and Fall of the Cattle Culture.* New York: Plume, 1992.]

Robbins, John. *Ernährung für ein neues Jahrtausend.* Waldfeucht: Nietsch, 1995. [Originaltitel: *Diet for a New America.* Tiburon, CA: H. J. Kramer, 1987.]

— *Food Revolution.* Freiburg: Nietsch, 2003. [Originaltitel: *The Food Revolution: How Your Diet Can Help Save Your Life and the World.* Berkeley, CA: Conari Press, 2001.]

Rogers, Carl. *Entwicklung der Persönlichkeit: Psychotherapie aus der Sicht eines Therapeuten.* Stuttgart: Klett-Cotta, 2012. [Originaltitel: *On Becoming a Person.* Boston: Houghton Mifflin, 1961.]

»Role of the Meat and Poultry Industry in the U.S. Economy«. *American Meat Institute.* 2000. http://www.meatami.com//content/PressCenter/FactSheets_InfoKits/Intl_trade_kit.htm (Stand: 1.11.2001).

Rosen, Steven. *Diet for Transcendence: Vegetarianism and the World Religions.* Badger, CA: Torchlight Publishing, 1997.

Rostler, Suzanne. »Vegetarian Diet May Mask Eating Disorder in Teens«. *Journal of Adolescent Health*, 29 (2001), S. 406–416.

Rozin, Paul. »Moralization«. In: A. Brandt und P. Rozin (Hrsg.). *Morality and Health.* New York: Routledge, 1997, S. 379–401.
— »A Perspective on Disgust«. *Psychological Review*, 94.1 (1987), S. 23–41.
Rozin, Paul und April Fallon. »The Psychological Categorization of Foods and Non-Foods: A Preliminary Taxonomy of Food Rejections«. *Appetite*, 1 (1980), S. 193–201.
Rozin, Paul, Maureen Markwith und Caryn Stoess. »Moralization and Becoming a Vegetarian: The Transformation of Preferences into Values and the Recruitment of Disgust«. *Psychological Science*, 8.2 (1977), S. 67–73.
Rozin, Paul, M. L. Pelchat und A. E. Fallon. »Psychological Factors Influencing Food Choice«. In: C. Ritson, L. Gofton und J. McKenzie (Hrsg.). *The Food Consumer.* New York: John Wiley & Sons, 1986, S. 85–106.
Ryder, Richard D. *The Political Animal: The Conquest of Speciesism.* Jefferson, NC: McFarland & Company, 1998.
Sapp, Stephen G. und Wendy J. Harrod. »Social Acceptability and Intentions to Eat Beef: An Expansion of the Fishbein-Ajzen Model Using Reference Group Theory«. *Rural Sociology*, 54.3 (1989), S. 420–438.
Schafer, Robert und Elizabeth A. Yetley. »Social Psychology of Food Faddism«. *Journal of the American Dietetic Association*, 66 (1975), S. 129–133.
Schlosser, Eric. »The Chain Never Stops«. *Mother Jones.* Juli/August 2001. http://www.motherjones.com/news/feature/2001/07/meatpacking.html (Stand: 27.3.2009).
— *Fast Food Gesellschaft: Die dunkle Seite von McFood & Co.* München: Riemann, 2002. [Originaltitel: *Fast Food Nation: The Dark Side of the All-American Meal.* New York: Houghton Mifflin, 2001.]
— »Fast Food Nation: Meat and Potatoes«. *Rolling Stone*, 3.9.1998. http://www.mcspotlight.org/media/press/rollingstone2.html .
— »Tyson's Moral Anchor«. *The Nation.* 24 June 2004. http://www.thenation.com/article/tysons-moral-anchor (Stand: 24.7.2014).
Schnall, Simone, Jonathan Haidt und Gerald L. Clore. »Disgust as Embodied Moral Judgment«. *Personality and Social Psychology Bulletin*, 34.8 (2008), S. 1096–1109.
Schwartz, Richard H. *Judaism and Vegetarianism.* New York: Lantern Books, 2001.
Scully, Matthew. *Dominion: The Power of Man, the Suffering of Animals, and the Call to Mercy.* New York: St. Martin's Griffin Press, 2002.
Serpell, James A. »Sheep in Wolves' Clothing? Attitudes to Animals Among Farmers and Scientists«. In: F. L. Dolins (Hrsg.). *Attitudes to Animals: Views in Animal Welfare.* Cambridge, UK: Cambridge University Press, 1999, S. 26–33.
— *Das Tier und wir: Eine Beziehungsstudie.* Rüschlikon-Zürich/Stuttgart/Wien: Müller, 1990. [Originaltitel: *In the Company of Animals.* New York: Basil Blackwell, 1986.]
Severson, Kim. »Upton Sinclair, Now Playing on You Tube«. *The New York Times.* 12.3.2008. http://www.nytimes.com/2008/03/12/dining/12animal.html?pagewanted=1&_r=3 (Stand: 26.3.2009).

Shapiro, Kenneth J. »Animal Rights Versus Humanism: The Charge of Speciesism«. *Journal of Humanistic Psychology*, 30.2 (1990), S. 9–37.
Shepard, Paul. *The Tender Carnivore and the Sacred Game.* New York: Scribners, 1973.
Shickle, D. *et al.* »Differences in Health, Knowledge and Attitudes Between Vegetarians and Meat Eaters in a Random Population Sample«. *Journal of the Royal Society of Medicine*, 82 (1989), S. 18–20.
»Short Supply of Inspectors Threatens Meat Safety«. *MSNBC.com.* 21.2.2008. http://www.msnbc.msn.com/id/23282496/ (Stand: 27.3.2009).
Simoons, Frederick J. *Eat Not This Flesh: Food Avoidances in the Old World.* Madison: University of Wisconsin Press, 1961.
Sims, L. S. »Food-Related Value-Orientations, Attitudes, and Beliefs of Vegetarians and Non-Vegetarians«. *Ecology of Food and Nutrition*, 7 (1978), S. 23–35.
Sinclair, Upton. *Der Dschungel.* Zürich: Europa, 2013. [Originaltitel: *The Jungle.* New York: Penguin Classics, 2006.]
Singer, Peter. *Animal Liberation: Die Befreiung der Tiere.* Reinbek: Rowohlt, 1996. [Originaltitel: *Animal Liberation.* New York: Avon Books, 1990.]
Slovic, Paul. »›If I Look at the Mass I Will Never Act‹: Psychic Numbing and Genocide«. *Judgment and Decision Making*, 2.2 (2007), S. 79–95.
Smith, Allen C. und Sherryl Kleinman. »Managing Emotions in Medical School: Students' Contacts with the Living and the Dead«. *Social Psychology Quarterly*, 52.1 (1989), S. 56–69.
Sneddon, L.U., V. A. Braithwaite und M. J. Gentle. »Do Fishes Have Nociceptors? Evidence for the Evolution of a Vertebrate Sensory System«. *Proceedings of the Royal Society of London*, B 270.1520 (7.6.2003), S. 1115–1121.
Spencer, Colin. *The Heretic's Feast: A History of Vegetarianism.* Hanover, NH: University Press of New England, 1995.
Spiegel, Marjorie. *The Dreaded Comparison: Human and Animal Slavery.* New York: Mirror Books, 1988.
Stamm, B. Hudnall (Hrsg.). *Sekundäre Traumastörungen: Wie Kliniker, Forscher und Erzieher sich vor traumatischen Auswirkungen ihrer Arbeit schützen können.* Paderborn: Junfermann, 2002. [Originaltitel: *Secondary Traumatic Stress: Self-Care Issues for Clinicians, Researchers, and Educators.* Baltimore, MD: Sidran Press, 1999.]
Stepaniak, Joanne. *The Vegan Sourcebook.* Los Angeles: Lowell House, 1998.
Stout, Martha. *Der Soziopath von nebenan: Die Skrupellosen; ihre Lügen, Taktiken und Tricks.* Wien: Springer, 2006. [Originaltitel: *The Sociopath Next Door.* New York: Broadway Books, 2005.]
Thich Nhat Hanh. *Die fünf Pfeiler der Weisheit: Liebe, Achtsamkeit und Einsicht – der buddhistische Weg für den westlichen Menschen.* Wien: Barth, 1995. [Originaltitel: *For a Future to Be Possible: Commentaries on the Five Wonderful Precepts.* Berkeley, CA: Parallax Press, 1993.]
Tolle, Eckhart. *Jetzt! Die Kraft der Gegenwart: Ein Leitfaden zum spirituellen Erwachen.* Bielefeld: Kamphausen, 2001. [Originaltitel: *The Power of Now: A Guide to Spiritual Enlightenment.* Novato, CA: New World Library, 1999.]

— *Eine neue Erde: Bewusstseinssprung anstelle von Selbstzerstörung.* München: Goldmann, 2005. [Originaltitel: *A New Earth: Awakening to Your Life's Purpose.* New York: Plume, 2005.]

Tsouderos, Trine. »Some Facial Expressions Are Part of a Primal ›Disgust Response‹, University of Toronto Study Finds«. *Chicago Tribune.* 27.2.2009. http://articles.chicagotribune.com/2009-02-27/news/0902260433_1_disgusting-primal-researchers (Stand: 24.7.2014).

Twigg, Julia. »Vegetarianism and the Meanings of Meat«. In: A. Murcott und A. Aldershot (Hrsg.). *The Sociology of Food and Eating.* England: Gomer Publishing, 1983, S. 18–30.

Union of Concerned Scientists. »Outbreak of a Resistant Food Borne Illness«. 18.7.2003. http://www.ucsusa.org/food_and_agriculture/science_and_impacts/impacts_industrial_agriculture/outbreak-of-a-resistant.html (Stand: 27.3.2009).

— »They Eat What? The Reality of Feed at Animal Factories«. 8.8.2006. http://www.ucsusa.org/food_and_agriculture/science_and_impacts/impacts_industrial_agriculture/they-eat-what-the-reality-of.html (Stand: 27.3.2009).

U.S. Department of Agriculture. »Nebraska Firm Recalls Beef Products Due to Possible E. coli O157:H7 Contamination«. 30.6.2008. http://1.usa.gov/1qEIVdk (Stand: 24.07.2014).

U.S. Department of Agriculture, Grain Inspection, Packers, and Stockyards Administration (GIPSA). http://www.gipsa.usda.gov/GIPSA/webapp?area=newsroom&subject=landing&topic=cc-budget-03 (Stand: 30.3.2009). Stellungnahme zum US-Haushaltsentwurf für das Etatjahr 2003 von David R. Shipman, Leiter der GIPSA, vor dem Kongress-Unterausschuss für Landwirtschaft, ländliche Entwicklung und die zuständigen Stellen.

U.S. Department of Labor. »Safety and Health Guide for the Meatpacking Industry«. 1988. http://www.osha.gov/Publications/OSHA3108/osha3108.html (Stand: 27.3.2009).

Vann, Madeline. »High Meat Consumption Linked to Heightened Cancer Risk«. *U.S. News & World Report.* 11.12.2007. http://consumer.healthday.com/cancer-information-5/colon-cancer-news-96/high-meat-consumption-linked-to-heightened-cancer-risk-610734.html (Stand: 24.07.2014).

Vansickle, Joe. »Preparing Pigs for Transport«. *The National Hog Farmer,* 15.9.2008. http://nationalhogfarmer.com/behavior-welfare/0915-preparing-pigs-transport (Stand: 24.07.2014).

Verhovek, Sam. »Gain for Winfrey in Suit by Beef Producers in Texas«. *The New York Times.* 18.2.1998. http://query.nytimes.com/gst/fullpage.html?res=9407E0DE153FF93BA25751C0A96E958260&sec=health&spon=&pagewanted=1 (Stand: 27.3.2009).

Warrick, Joby. »They Die Piece by Piece«. *The Washington Post.* 10.4.2001. https://www.uta.edu/philosophy/faculty/burgess-jackson/Warrick,%20They%20Die%20Piece%20by%20Piece%20%282001%29.pdf (Stand: 24.07.2014).

Weingarten, Kaethe. *Common Shock: Witnessing Violence Every Day*. New York: New American Library, 2004.
WGBH Educational Foundation. »Inside the Slaughterhouse«. http://www.pbs.org/wgbh/pages/frontline/shows/meat/slaughter/slaughterhouse.html (Stand: 27.3.2009).
— »What Is HACCP?« http://www.pbs.org/wgbh/pages/frontline/shows/meat/evaluating/haccp.html (Stand: 27.3.2009).
Wheatley, Thalia und Jonathon Haidt. »Hypnotically Induced Disgust Makes Moral Judgments More Severe«. *Psychological Science*, 16 (2005), S. 780–784.
Wolf, David B. »Social Work and Speciesism«. *Social Work*, 45.1 (2000), S. 88–93.
Worldwatch Institute. »Worldwatch Institute: Vision for a Sustainable World«. 26.3.2009. http://www.worldwatch.org/ (Stand: 27.3.2009).
Worsley, Anthony und Grace Skrzypiec. »Teenage Vegetarianism: Prevalence, Social and Cognitive Contexts«. *Appetite*, 30 (1998), S. 151–170.
Zey, Mary und William Alex McIntosh. »Predicting Intent to Consume Beef: Normative Versus Attitudinal Influences«. *Rural Sociology*, 57.2 (1992), S. 250–265.
Zur, Ofer. »On Nuclear Attitudes and Psychic Numbing: Overview and Critique«. *Contemporary Social Psychology*, 14.2 (1990), S. 96–119.
Zwerdling, Daniel. »A View to a Kill«. *Gourmet*. Juni 2007. http://www.gourmet.com/magazine/2000s/2007/06/aviewtoakill (Stand: 26.3.2009).

# REGISTER

**H**



**I**



**J**

**T**



**U**

Niko Rittenau

**Vegan-Klischee ade!**

Wissenschaftliche Antworten auf kritische Fragen zu pflanzlicher Ernährung

Das Standardwerk des bekannten Ernährungswissenschaftlers

ISBN 978-3-95575-195-1

Niko Rittenau / Dr. Anastasia Pyanova / Carolin Wiedmann

**Vegan von Anfang an**

Optimal versorgt: Schwangerschaft, Stillzeit, Beikost, Kindesalter

ISBN 978-3-95575-196-8

Friederike Schmitz
**Anders satt**

Wie der Ausstieg aus der Tierindustrie gelingt

Radikal-realistischer Fahrplan für eine umfassende Agrar- und Ernährungswende.

ISBN 978-3-95575-192-0

Niko Rittenau /
Patrick Schönfeld /
Ed Winters
**»Vegan ist Unsinn!«**

Populäre Argumente gegen den Veganismus und wie man sie entkräftet

ISBN 978-3-95575-193-7

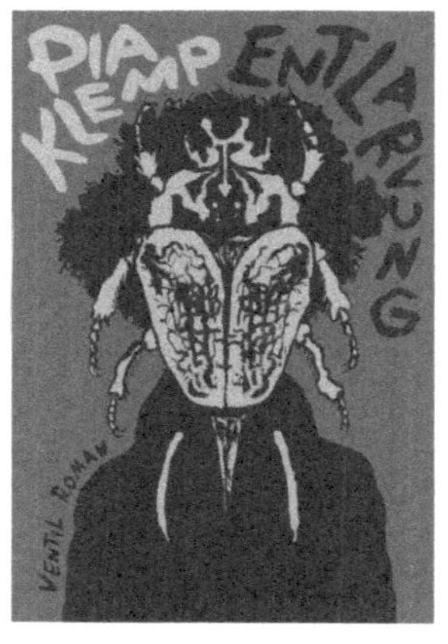


Pia Klemp
**Entlarvung**

Ein Roman über Klimagerechtigkeit, Umweltschutz und Aktivismus

ISBN 978-3-95575-142-5

Mechthild Bachmann (Hg.)
**Schlemmen for Future**

Rezepte für die klimafreundliche Pflanzenküche

Unter Mitwirkung zahlreicher bekannter Köch:innen

ISBN 978-3-95575-150-0

www.ventil-vegan.de